FEISHUISHOURU JI SHEBAOJIJIN XUEXIZHINAN

非税收入及社保基金学习指南

财税优学堂编写组◎编著

中国市场出版社
China Market Press
·北 京·

图书在版编目（CIP）数据

非税收入及社保基金学习指南 / 财税优学堂编写组编著. —北京：中国市场出版社，2019.2
ISBN 978-7-5092-1738-2

Ⅰ. ①非… Ⅱ. ①财… Ⅲ. ①非税收收入－财政管理－中国－指南 ②社会保障资金－投资管理－中国－指南 Ⅳ. ①F812.43-62 ②F832.21-62

中国版本图书馆CIP数据核字（2018）第263492号

非税收入及社保基金学习指南
FEISHUISHOURU JI SHEBAOJIJIN XUEXIZHINAN

作　　者 财税优学堂编写组
责任编辑 钱　伟　张　瑶（zhangyao9903@126.com）
出版发行 中国市场出版社 China Market Press
社　　址 北京月坛北小街2号院3号楼　**邮政编码** 100837
电　　话 编辑部（010）68032104　读者服务部（010）68022950
发行部（010）68021338　68020340　68053489
68024335　68033577　68033539
总编室（010）68020336　盗版举报（010）68020336
经　　销 新华书店
印　　刷 河北鑫兆源印刷有限公司
规　　格 170mm×240mm　16开本　**版　　次** 2019年2月第1版
印　　张 29　**印　　次** 2019年2月第1次印刷
字　　数 386千字　**定　　价** 78.00元
书　　号 ISBN 978-7-5092-1738-2

本书思维导图

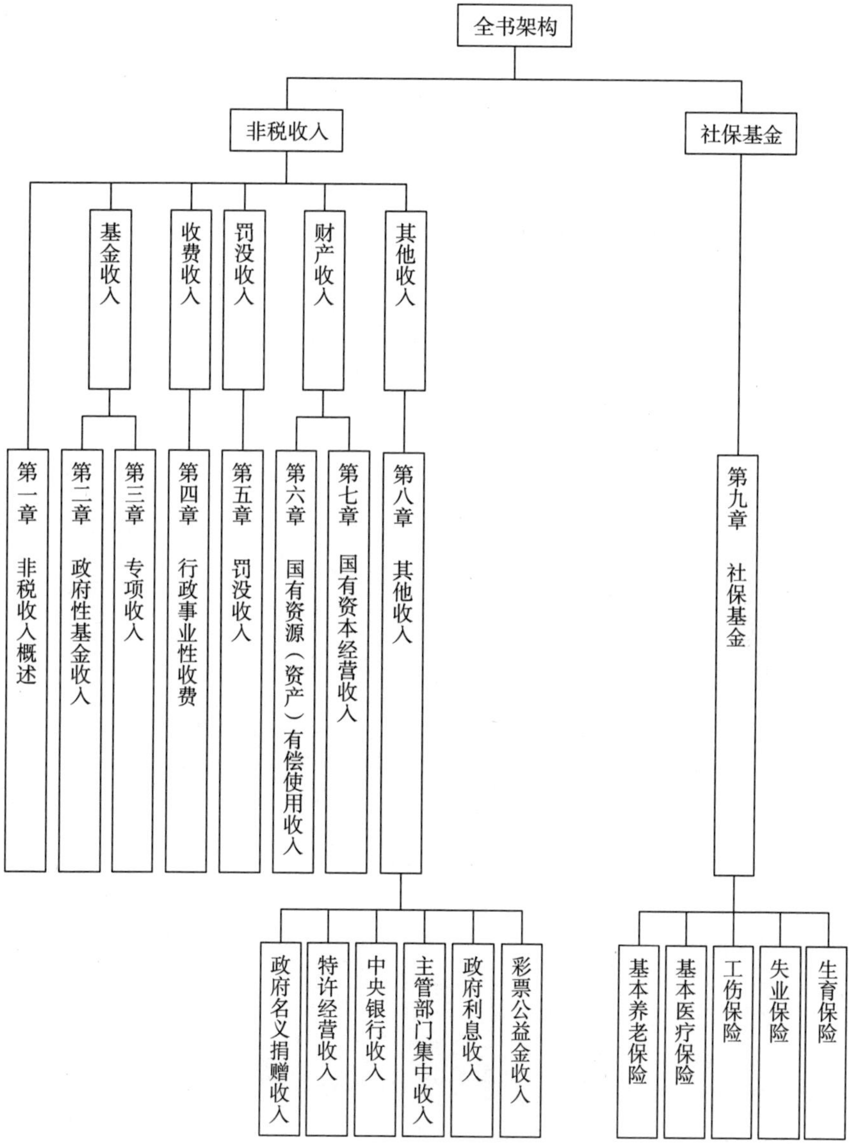
全书架构
非税收入
社保基金
基金收入
收费收入
罚没收入
财产收入
其他收入
第一章 非税收入概述
第二章 政府性基金收入
第三章 专项收入
第四章 行政事业性收费
第五章 罚没收入
第六章 国有资源（资产）有偿使用收入
第七章 国有资本经营收入
第八章 其他收入
第九章 社保基金
政府名义捐赠收入
特许经营收入
中央银行收入
主管部门集中收入
政府利息收入
彩票公益金收入
基本养老保险
基本医疗保险
工伤保险
失业保险
生育保险

前言

PREFACE

《深化党和国家机构改革方案》做出了由税务部门“承担所辖区域内各项税收、非税收入征管等职责”的部署，按照这一部署，改革后税务部门将承担几乎所有社保费和非税收入征管职责。目前，国税地税征管体制改革正向逐级接收社保费和非税收入征管职责划转等领域纵深推进，为了做好社保费和非税收入的全部划转准备工作，确保改革新政平稳落地，我们未雨绸缪，提前做好学习指导书的准备工作。2018年8月，财税优学堂组织人员深入各地各部门对非税收入及城乡居民养老保险、医疗保险征收情况进行调研，摸清现行非税收入、社保、医保等征收标准和征缴模式，组织撰写了这本《非税收入及社保基金学习指南》，力求为征管职责划转后税务征收做好智力支撑和知识准备，为税务部门全面规范非税收入及社保费征收管理打下良好的基础。

认真对照国家税务总局发布的《改革国税地税征管体制征管业务作业图》，各省税务局已梳理出《总局非税收入和社会保险费征管职责划转设定的工作内容和时间节点》《省局非税收入和社会保险费征管职责划转涉及的工作内容和时间节点》，对征管职责划转工作内容、路线图和完成任务的时间节点做到了心中有数。在此基础上，本书编写组成员进行谋篇布局。

本书共有九章，分别是："非税收入概述""政府性基金收入""专项收入""行政事业性收费""罚没收入""国有资源（资产）有偿使用收入""国有资本经营收入""其他收入""社会保险基金"，由财税优学堂第一批学员——国家税务总局南平市税务局八位业务骨干编写，具体编写人员与分工是：高松、何秋艳编写第一、四章，张伟超、曾炜编写第二、三章，范陈旭、吕震澜编写第五、六、七章，陈李强编写第八章，姚磊编写第九章。全书由姚磊审改并负责总纂。

本书主要特点包括：

1. 简明扼要。作者萃取关键知识点进行归纳梳理，每章都给出内容提要和学习要点，化繁为简，去粗存精，以适应读者的快速阅读节奏。

2. 过关训练。本书各章均根据章节的内容编写了单选、多选、判断、计算、问答等题型供学习者自测，达到过关的学习效果。书末附有四份自测模拟卷，用于检验学习成效。

3. 可读性强。本书选取与实际工作紧密结合的丰富的案例，同时附有涉及方方面面的延伸阅读材料，既可以拓宽视野，又可以加深对非税收入知识的理解，同时还可以激发学习兴趣。

4. 政策完整。本书附有截至 2018 年底各非税收入的全面政策法规，具有系统性、规范性和准确性，方便学习者检索查阅，提高非税收入的政策水平。

需要特别说明的是，本书涉及的国家行政机关有部分在2018年国务院机构改革中有所变动，敬请读者留意。

本书编写过程中，参阅了福建省税务干部学校林国庆、洪孝庆等编写的《非税收入基础知识》(2018年10月校本教材)，还参阅了大量的文章和书籍。由于数量和作者众多，本书不一一列举，我们在此衷心感谢。

由于社保费和非税收入的职能划转是税收征管体制改革的一项重要内容，政策性强，且随着改革进程的推进，以及未来大数据的应用，一定会有新的政策出台，尤其是非税收入和社保费征管职责划转之后，征收管理措施会发生根本性的变化，因此，读者应随时关注新政新规，学习应用时以正式颁发的文件为准。此外，由于时间和水平的限制，书中问题和不足难免，请读者批评指正。

本书编写组

2019年1月

目录

CONTENTS

第一章　非税收入概述 ………………………………… 001

内容提要 ………………………………………………… 003

【学习要点】 …………………………………………… 003

一、非税收入的定义 ……………………………………… 003

二、非税收入的分类 ……………………………………… 006

三、非税收入的性质 ……………………………………… 007

四、非税收入的特点 ……………………………………… 007

五、非税收入的理论基础 ………………………………… 008

六、非税收入的管理体制 ………………………………… 009

七、非税收入的发展历程 ………………………………… 013

八、国际非税收入 ………………………………………… 015

【政策依据】 …………………………………………… 016

【随堂练习】 …………………………………………… 017

一、单选题 ………………………………………………… 017

二、多选题 ………………………………………………… 018

三、判断题 ………………………………………………… 020

四、辨析题 ………………………………………………… 021

五、问答题 ………………………………………………… 023

【案例分享】 …………………………………………… 025

“被‘没缴款’”何去何从 ………………………………… 025

【延伸阅读】 027

非税收入与税务机构新职能，你懂了吗？ 027

划转前我国非税收入规模有多大？为何居高不下？ 028

非税收入、FDI 与民间投资 031

非税收入征收模式怎样更合理？ 032

第二章 政府性基金收入 035

内容提要 037

【学习要点】 037

一、政府性基金概述 037

二、农网还贷资金收入 038

三、铁路建设基金收入 039

四、民航发展基金收入 040

五、港口建设费收入 043

六、旅游发展基金收入 048

七、国家电影事业发展专项资金收入 049

八、大中型水库移民后期扶持基金收入 050

九、大中型水库库区基金收入 053

十、国家重大水利工程建设基金收入 054

十一、核电站乏燃料处理处置基金收入 058

十二、可再生能源电价附加收入 059

十三、船舶油污损害赔偿基金收入 062

十四、废弃电器电子产品处理基金收入 065

十五、政府住房基金收入 070

【政策依据】 072

【随堂练习】 077

一、单选题 077

二、多选题 082

三、判断题…………………………………………………………… 085
四、计算题…………………………………………………………… 088
五、辨析题…………………………………………………………… 090
【案例分享】 …………………………………………………… 091
关于停止征收铁路建设基金的讨论………………………………… 091
一个住房公积金使用误区的案例…………………………………… 093
【延伸阅读】 …………………………………………………… 094
全国财政收支运行良好……………………………………………… 094
公租房租金在线缴…………………………………………………… 095
企事业的住房基金财务处理………………………………………… 096

第三章　专项收入 ………………………………… 099

内容提要…………………………………………………………… 101
【学习要点】 …………………………………………………… 101
一、专项收入概述…………………………………………………… 101
二、教育费附加收入………………………………………………… 102
三、地方附加教育收入……………………………………………… 104
四、文化事业建设费收入…………………………………………… 105
五、残疾人就业保障金收入………………………………………… 106
六、教育资金收入…………………………………………………… 108
七、森林植被恢复费………………………………………………… 110
八、水利建设专项收入……………………………………………… 112
九、油价调控风险准备金收入……………………………………… 113
十、三峡库区移民专项收入………………………………………… 115
十一、场外核应急准备收入………………………………………… 116
【政策依据】 …………………………………………………… 119
【随堂练习】 …………………………………………………… 120
一、单选题…………………………………………………………… 120

二、多选题…… 122
三、判断题…… 125
四、计算题…… 126
【案例分享】…… 129
残疾人就业保障金调整实例…… 129
【延伸阅读】…… 131
如何正确看待残疾人就业保障金…… 131

第四章　行政事业性收费…… 135

内容提要…… 137
【学习要点】…… 137
一、行政事业性收费概述…… 137
二、外交部门的行政事业性收费…… 138
三、教育部门的行政事业性收费…… 139
四、公安部门的行政事业性收费…… 141
五、民政部门的行政事业性收费…… 142
六、自然资源部门的行政事业性收费…… 143
七、住房城乡建设部门的行政事业性收费…… 145
八、交通运输部门的行政事业性收费…… 146
九、卫生健康部门的行政事业性收费…… 148
十、法院系统的行政事业性收费…… 149
十一、食品药品监管部门的行政事业性收费…… 155
【政策依据】…… 157
【随堂练习】…… 159
一、单选题…… 159
二、多选题…… 162
三、判断题…… 164
四、辨析题…… 166

五、问答题…… 167

【案例分享】 …… 168

高校违规收费现象较多…… 168

土地复垦费答疑…… 170

移泊费的收取…… 171

审计发现违反行政事业性收费相关规定…… 172

【延伸阅读】 …… 173

我国加快了清理涉企收费的速度…… 173

关于身份证，这些知识你知道多少？ …… 173

机动车号牌工本费…… 175

在中国“送”走一个人到底需要花多少钱？ …… 175

政府还贷公路和经营性收费公路的主要区别有哪些…… 177

水资源费知多少…… 179

第五章　罚没收入 …… 181

内容提要…… 183

【学习要点】 …… 183

一、罚没收入概述…… 183

二、公安罚没收入…… 186

三、检察院罚没收入…… 186

四、法院罚没收入…… 187

五、工商罚没收入…… 187

六、食品药品监督罚没收入…… 189

七、卫生罚没收入…… 189

八、检验检疫罚没收入…… 192

九、证监会罚没收入…… 193

十、交通罚没收入…… 197

十一、其他一般罚没收入…… 200

十二、缉私和缉毒罚没收入…………………………………… 203
十三、罚没收入的预算管理…………………………………… 204
十四、罚没收入的退库…………………………………… 205
【政策依据】 …………………………………… 206
【随堂练习】 …………………………………… 208
一、单选题…………………………………… 208
二、多选题…………………………………… 209
三、判断题…………………………………… 211
四、辨析题…………………………………… 212
【案例分享】 …………………………………… 213
以信访为由拉横幅，罚！ …………………………………… 213
超载的处罚实例…………………………………… 213
如果违法当事人死亡，行政处罚该怎么处理…………………… 214
"老鼠仓"的处罚 …………………………………… 215
【延伸阅读】 …………………………………… 216
徐翔案宣判　被罚 110 亿 …………………………………… 216
2018 年问题疫苗事件 …………………………………… 218

第六章　国有资源（资产）有偿使用收入……… 223

内容提要…………………………………… 225
【学习要点】 …………………………………… 225
一、国有资源（资产）的定义…………………………………… 225
二、国有资源（资产）有偿使用收入的概念和内容……………… 226
三、海域使用金收入…………………………………… 227
四、场地和矿区使用费收入…………………………………… 228
五、利息收入…………………………………… 230
六、非经营性国有资产收入…………………………………… 231
七、无居民海岛使用金收入…………………………………… 234

八、转让政府还贷道路收费权收入…… 236
九、石油特别收益金专项收入…… 237
十、矿产资源专项收入…… 240
十一、排污权出让收入…… 245
十二、航班时刻拍卖和使用费收入…… 246
十三、新增建设用地土地有偿使用费收入…… 247
十四、水资源费收入…… 248

【政策依据】 …… 250

【随堂练习】 …… 254

一、单选题…… 254
二、多选题…… 255
三、判断题…… 256
四、计算题…… 257

【案例分享】 …… 259

无居民海岛使用金征收管理实例…… 259
新增建设用地土地有偿使用费征收实例…… 260

【延伸阅读】 …… 262

石油特别收益金就是一种“暴利税”…… 262
排污权交易十年推而不广，问题出在哪了？…… 264
航班时刻改革：拍卖、抽签 + 使用费…… 268

第七章　国有资本经营收入…… 271

内容提要…… 273

【学习要点】 …… 273

一、国有资本经营收入概述…… 273
二、国有资本经营收入的内容…… 274
三、利润收入…… 275
四、股利、股息收入…… 276

五、产权转让收入…… 276
六、清算收入…… 279
七、国有资本收益申报…… 280
八、国有资本收益核定…… 281
九、国有资本收益缴库管理…… 282
【政策依据】 …… 283
【随堂练习】 …… 284
一、单选题…… 284
二、多选题…… 284
三、判断题…… 285
【案例分享】 …… 286
多名国企领导干部违规经营投资被追究责任…… 286
【延伸阅读】 …… 287
试点探路“管资本” 国投亮出转型“成绩单”…… 287
关于 2017 年中央国有资本经营预算的说明 …… 288
对国企违规经营投资责任追究问题的思考…… 292

第八章 其他收入 …… 297

内容提要…… 299
【学习要点】 …… 299
一、其他非税收入概述…… 299
二、以政府名义接受的捐赠收入…… 300
三、特许经营收入…… 301
四、中央银行收入…… 302
五、主管部门集中收入…… 303
六、政府利息收入…… 304
七、彩票公益金收入…… 304

【政策依据】 …… 306

【随堂练习】 …… 307

一、单选题 …… 307

二、多选题 …… 308

三、判断题 …… 309

四、问答题 …… 311

【案例分享】 …… 312

利用微信朋友圈非法经营香烟案 …… 312

购买免税商品入境后售卖，涉走私被判刑 …… 313

彩票公益金曾经去向成谜 …… 315

【延伸阅读】 …… 319

政府不宜接受企业捐赠 …… 319

烟草暴利在哪里 …… 320

彩票销售收入暴涨 20 倍　秒杀 BAT 三大互联网巨头 …… 321

第九章　社会保险基金 …… 323

内容提要 …… 325

【学习要点】 …… 325

一、社会保险制度概述 …… 325

二、基本养老保险 …… 326

三、基本医疗保险 …… 328

四、工伤保险 …… 330

五、失业保险 …… 332

六、生育保险 …… 333

七、单位和个人的权利与义务 …… 334

八、社保基金运营管理 …… 335

【政策依据】 …… 337

【随堂练习】 …… 338
一、单选题 …… 338
二、多选题 …… 344
三、判断题 …… 350
四、计算题 …… 352
【案例分享】 …… 356
未缴社会保险费用人单位须担责 …… 356
欠缴医保，企业应承担部分医疗费用 …… 358
【延伸阅读】 …… 360
社会保障制度的起源 …… 360
我国社会保障制度的变迁 …… 360
我国社会保障制度的法律依据 …… 361
养老保险交满 15 年，退休后能领取多少钱呢 …… 361
养老险知识延伸 …… 366
税务机关征收社会保险费 …… 368
社保统一归税务征收的误读 …… 370
国务院最新会议：降社保税率确保不增加企业负担 …… 373
基本养老保险基金开展中央调剂的影响 …… 373

附　录　过关测试 …… 377

非税收入知识测试试卷一 …… 379
非税收入知识测试试卷二 …… 394
非税收入知识测试试卷三 …… 409
社会保险相关知识测试试卷 …… 424

第一章

非税收入概述

本章思维导图

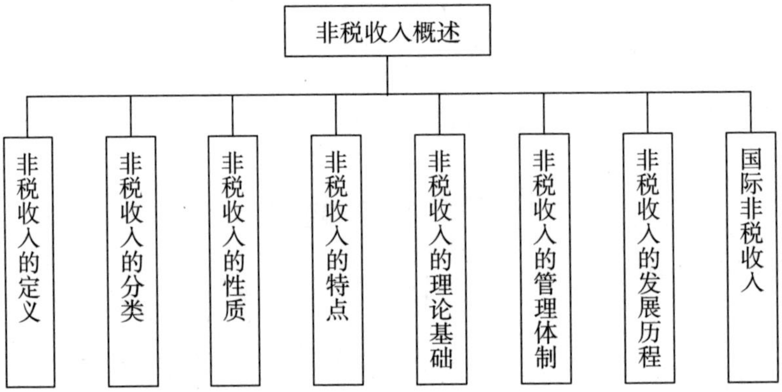
非税收入概述
非税收入的定义
非税收入的分类
非税收入的性质
非税收入的特点
非税收入的理论基础
非税收入的管理体制
非税收入的发展历程
国际非税收入

第一章　非税收入概述

内容提要

本章主要内容包括非税收入的定义、分类、性质、特征，以及非税收入的理论基础、管理概况、发展历程，详细介绍了非税收入的两大理论基础和三大管理原则，并对国外非税收入作了简要介绍，从收入占比、收入构成、管理制度等多个方面对中国与其他国家有关非税收入的相关规定进行了比较，最后对纳入预算管理的政府非税收入进行了讲解，主要包括预算管理、过程管理、决算管理、稽查管理、票据管理等内容。

【学习要点】[1]

一、非税收入的定义

非税收入就是政府通过合法程序获得的除税收收入以外的一切收入。划转前的非税收入是指除税收收入以外，由各级国家机关、事业单位、代行政府职能的社会团体及其他组织依法利用国家权力、政府信誉和国有资源（资产）所有者权益等取得的各项收入。

[1] 本部分参考了洪孝庆编写的《非税收入概述》(2018 年 10 月)。

（一）财政收入与非税收入的关系

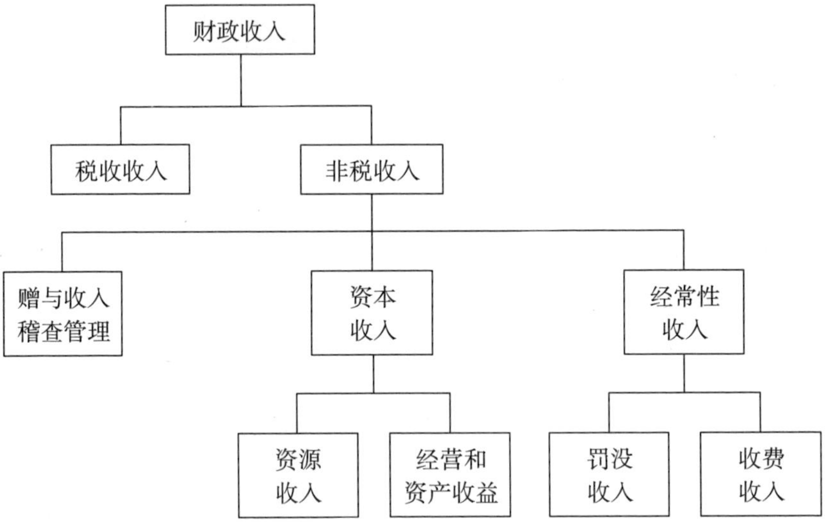

图 1–1　财政收入与非税收入的关系

（二）非税收入的具体内容

非税收入是由各级人民政府及其所属部门和单位依法利用行政权力、政府信誉、国家资源、国有资产或提供特定公共服务征收、收取、提取、募集的除税收和政府债务收入以外的财政收入，包括行政事业性收费、政府性基金、国有资源有偿使用收入、国有资产有偿使用收入、国有资本经营收益、彩票公益金、罚没收入、以政府名义接受的捐赠收入、主管部门集中收入、政府财政资金产生的利息收入、特许经营收入、中央银行收入等 12 类。

1. 行政事业性收费。

是指国家机关、事业单位、代行政府职能的社会团体及其他组织根据法律、行政法规、地方性法规等有关规定，依照国务院规定程序批准，在向公民、法人提供特定服务的过程中，按照成本补偿和非营利原则向特定服务对象收取的费用。

2. 政府性基金。

是指各级政府及其所属部门根据法律、行政法规和中央有关文件规定，为支持某项特定基础设施建设和社会公共事业发展，向公民、法人和其他组织无偿征收的具有专项用途的财政资金。

3. 国有资源有偿使用收入。

是指各级政府及其所属部门根据法律、法规、国务院和省（自治区、直辖市）人民政府及其财政部门的规定，设立和有偿出让土地、海域、矿产、水、森林、旅游、无线电频率以及城市市政公共设施和公共空间等国有有形或无形资源的开发权、使用权、勘查权、开采权、特许经营权、冠名权、广告权等取得的收入。

4. 国有资产有偿使用收入。

是指国家机关、事业单位、代行政府职能的社会团体、党团组织按照国有资产管理规定，对其固定资产和无形资产出租、出售、出让、转让等取得的收入。

5. 国有资本经营收益。

是指国家以所有者身份从国家出资企业依法取得的国有资本收益，包括国有资本分享的企业税后利润，国有股股利、红利、股息，企业国有产权（股权）出售、拍卖、转让收益和依法由国有资本享有的其他收益。

6. 彩票公益金。

是指国家为促进社会公益事业发展，根据法律、法规、国务院和财政部的规定，特许发行彩票筹集的专项财政资金。

7. 罚没收入。

是指执法机关依据法律、法规和规章，对公民、法人或者其他组织实施处罚取得的罚款、没收款、没收非法财物的变价收入。

8. 以政府名义接受的捐赠收入。

是指各级政府、国家机关、事业单位、代行政府职能的社会团体以及其他组织以政府名义接受的非定向捐赠货币收入。

9. 主管部门集中收入。

是指国家机关、事业单位、代行政府职能的社会团体及其他组织根据同级财政部门的规定，集中的所属事业单位收入。

10. 政府财政资金产生的利息收入。

是指税收和非税收入产生的利息收入。

11. 特许经营收入。

即特许经营权有偿出让或转让收入。

12. 中央银行收入。

即中国人民银行按规定上缴国家的利润。

二、非税收入的分类

非税收入的分类有两种方法。

（1）根据《政府非税收入管理办法》（财税〔2016〕33号）第三条的规定，“本办法所称非税收入，是指除税收以外，由各级国家机关、事业单位、代行政府职能的社会团体及其他组织依法利用国家权力、政府信誉、国有资源（资产）所有者权益等取得的各项收入。具体包括：（一）行政事业性收费收入；（二）政府性基金收入；（三）罚没收入；（四）国有资源（资产）有偿使用收入；（五）国有资本收益；（六）彩票公益金收入；（七）特许经营收入；（八）中央银行收入；（九）以政府名义接受的捐赠收入；（十）主管部门集中收入；（十一）政府收入的利息收入；（十二）其他非税收入。

本办法所称非税收入不包括社会保险费、住房公积金（指计入缴存人个人账户部分）”。

（2）根据2017年8月1日出台的《支出经济分类科目改革方案》（财预〔2017〕98号文件发布），将非税收入进行分类并分别分布在“四本”

预算里（分别是“一般公共预算收入”、“政府性基金预算收入”、“国有资本经营预算收入”和“社会保险基金预算收入”）。

三、非税收入的性质

（1）非税收入是利用政府权力、国家资源、国有资产、政府信誉取得的除税收以外的收入。

（2）非税收入是有关部门和单位在提供特定公共服务、准公共服务时从其消费者或使用者取得的除税收以外的收入。

四、非税收入的特点

非税收入具有灵活性、不稳定性、非普遍性、多样性、资金使用上的特定性等特点，这些特点在政府非税收入上表现得尤为明显。

1. 灵活性。

表现为形式多样和时间、标准灵活。政府非税收入既可以按照受益原则采取收费形式收取，又可以以特定项目筹集资金而采取各种基金形式收取等。政府非税收入是为政府某一特定活动的需要，而在特定条件下出现的过渡性措施，各地可以根据不同时期本地的实际情况制定不同的征收标准。

2. 不稳定性。

由于政府非税收入是对特定行为和特定管理对象征收的，因此一旦该行为或该对象消失或剧减，该项政府非税收入也会随之消失或剧减。

3. 非普遍性。

政府非税收入总是和社会管理职能结合在一起，有特定的管理对象和收取对象，但不具有普遍性，未发生受管制行为的单位和个人排除在这一管理和征收范围之外。

4. 多样性。

政府非税收入项目有很多种，而且每年都有变化，给征收和管理带来一定难度。

5. 资金使用上的特定性。

非税收入资金的使用通常与收入来源联系在一起，一般具有特定用途。如教育费附加专门用于弥补教育经费不足。

五、非税收入的理论基础

政府非税收入的取得，凭借的是政府拥有的公共权力和对国有资产的产权权利。

（一）公共物品与非税收入的取得

政府提供的公共物品包括纯公共物品和准公共物品。根据边际成本定价原则，政府在向社会提供纯公共物品时，不应向使用者直接收费，也很难通过征收非税收入的方式为该公共物品筹资。政府提供纯公共物品的成本只能通过强制征税加以弥补。而对准公共物品成本的补偿，应当采用非税的形式，按照消费主体从准公共物品使用中获得的收益收取相关费用。

一般认为，通过收费方式对准公共物品的成本进行补偿，可起到改善公共资源的使用效率、降低经济制度的扭曲程度、改进公共资源的配置效率、实现行政事业性收费符合受益公平原则以及提高公共服务质量的作用。

（二）外部经济与非税收入的取得

政府具有的社会职能决定了政府必须对社会成员在社会活动中产生的

负外部效应进行社会治理，从而矫正负外部效应。

政府按照社会治理负的外部效应所需成本来确定收费，让产生负外部效应的主体承担其活动成本。这种带有惩罚性的非税收入，是政府利用利益机制约束微观主体产生负的外部效应的重要手段，它与行政手段、法律手段相互配合，能够比较有效地矫正微观主体的行为模式，从而约束负外部效应频繁发生。

在政府非税收入中，各种罚没收入即属于矫正性收入。

（三）国有产权与非税收入的取得

国有资产收益是国家凭借其拥有的国有资产产权，从国有资产使用者手中取得的收入。

政府代表国家拥有大量的国有资产，包括经营性国有资产和非经营性国有资产，由此，政府可以凭借资本所有权获得经营性国有资产收益，并凭借公共权力获得非经营性国有资产收益。

在政府非税收入中，体现国有产权的收入为国有资源有偿使用收入、国有资产有偿使用收入和国有资本经营收益。

六、非税收入的管理体制

（一）非税收入的收入管理体制

非税收入管理体制是确定中央与地方及地方各级政府之间，财政与相关部门、单位之间非税收入管理的职责权限和收支范围的一项根本制度，是财政管理体制的重要组成部分。

非税收入管理体制的内容包括非税收入立项权、非税收入征收管理权以及非税收入的资金使用权三个方面。

1. 非税收入立项权。

非税收入立项权是指对非税收入法律、条例、细则等的制定和颁布施行的权限，具体包括：非税收入制度解释权、非税收入项目的开征与停征权、收费标准的调整权、收费减免权。

2. 非税收入征收管理权。

非税收入征收管理权是非税收入征收、稽查和行政处理等权力的总称，具体包括征收权、申报受理权、漏管漏征清理权、减免审核权、缓征审批权等。征收管理权是执法权的核心，其他的税收执法权都围绕着这项权力展开。

3. 非税收入资金使用权。

非税收入资金使用权也称非税收入收益权、非税收入分配权或非税收入收益归属权，是非税收入征收管理权的一项附随性的权力，具体包括谁有权支配非税收入、收入缴入哪个国库等。

非税收入资金使用权的配置，对于各级政府尤其是政府各部门、单位的财力、履行事权的能力有着直接且重要的影响。公平与效率是非税收入的资金使用权的配置原则。

（二）非税收入的预算管理

1. 政府预算管理方式。

在我国，政府预算管理方式从制度层面来看，在两个方面通过财政预算管理制度的形式确定下来。一是在政府预算编制的形式上，《中华人民共和国预算法》（以下简称《预算法》）明确，我国政府预算改革的目标是逐步建立起公共预算、国有资本经营预算、社会保障预算等各有分工、功能互补的复式预算体系。我国现行的政府预算在编制形式上由一般预算和基金预算组成。二是在预算级次上，我国政府预算由政府总预算、政府本级预算和部门预算组成。

2. 我国预算形式。

我国的预算分为一般预算、基金预算和部门预算。纳入预算管理的政府非税收入的内容包括：政府性收费、政府性基金、罚没收入、国有财产收益、专项收入和社保基金。

（三）非税收入管理的三项原则

（1）统一领导、分级（权）管理的原则：既是制定财政管理体制的基本原则，也是制定非税收入管理体制的基本原则。统一领导就是非税收入管理政策和制度由政府制定，并要求政府各部门、单位贯彻执行。

（2）责、权、利相结合的原则：是制定非税收入管理体制必须遵循的原则。

（3）财权、财力与事权相匹配的原则：本质上就是事权与支出责任相适应。

（四）现行非税收入的管理机构

现行非税收入管理机构设置一般是收费立项由财政部门负责，收费标准则主要由价格主管部门负责。

管理权责的双向划分：

（1）管理权责的纵向划分。现行非税收入（含债务收入）在政府间的配置概览见表 1–1。

表 1–1　现行非税收入（含债务收入）在政府间的配置概览

项目	立项审批权	征收权	收益权或资金管理权	资金是否纳入国库
政府基金	中央	中央与地方	中央	是
规费	中央与省级政府	地方各级	中央与地方	是

续表

项目	立项审批权	征收权	收益权或资金管理权	资金是否纳入国库
使用费	中央与省级政府	地方各级	中央项目：中央与地方各级政府间分成	部分
			地方项目：地方各级政府间分成	
财产收益	中央与地方	地方各级政府	中央与地方各级政府分享，地方占主要部分	部分
罚款	中央与省级政府	中央与地方各级政府	中央罚款归中央	是
			地方罚款归地方	
债务筹资及其他	中央（虽然没有法律依据，但我国地方政府事实上也有债务筹资权）		中央代地方发行债券转贷给地方政府；地方政府银行贷款、通过担保等融资等	部分

（2）管理权责的横向划分。

各权限部门对现行非税收入立项、审定、征收、分配上的权责概览见表 1–2。

表 1–2　各权限部门对现行非税收入立项、审定、征收、分配上的权责概览

权限部门	立项审批		标准审定		征收权		收入分配使用	
	纳入财政管理	未纳入财政管理	纳入财政管理	未纳入财政管理	纳入财政管理	未纳入财政管理	纳入财政管理	未纳入财政管理
人大	监督	——	监督	——	监督	——	监督	——
财政部门	省级财政立项	——	省级财政立项	——	管理、监督	——	预算管理	——
价格主管部门	——	省级价格主管部门立项	省级价格主管部门立项	省级价格主管部门立项	监督	——	监督	监督

续表

权限部门	立项审批		标准审定		征收权		收入分配使用	
	纳入财政管理	未纳入财政管理	纳入财政管理	未纳入财政管理	纳入财政管理	未纳入财政管理	纳入财政管理	未纳入财政管理
其他职能部门（执收单位）	申请	申请	执行	执行	委托征收	征收	预算执行	纳入部门或单位预算
非税收入管理机构	——	——	——	——	部分征收、票据管理	——	资金管理	——

说明：1. 纳入财政管理的部分是指资金纳入政府国库和财政专户管理的资金；未纳入财政管理的部分是指由价格主管部门批准的经营性收费项目，这部分资金目前并未纳入财政部门管理。

2. 未纳入财政管理的非税收入（经营性收费）往往是由各级政府职能部门下属的机构负责收取，且这些机构大都属于事业单位，就是人们通常所讲的制度外收入。

3. 本表第一列中的部门除有标明外，指的是省及省以下各级。

七、非税收入的发展历程

（一）非税收入的历史沿革

长期以来，我国并没有"非税收入"这个概念，各级政府文件中广泛使用的都是"预算外资金"这一概念。在正式文件里，最早出现"非税收入"一词是在《财政部、中国人民银行关于印发财政国库管理制度改革试点方案的通知》（财库〔2001〕24号）中。其后，财政部在《关于2002年中央和地方预算执行情况及2003年中央和地方预算草案的报告》中提出要"确实加强各种非税收入的征收管理"。2003年5月发布的《财政部、国家发展和改革委员会、监察部、审计署关于加强中央部门和单位行政事业性收费等收入"收支两条线"管理的通知》（财综〔2003〕29号）中，第一次对非税收入给出了一个较明确的界定："中央部门和单位按照国家有关规定收取或取得的行政事业性收费、政府性基金、罚款和罚没收入、彩票公益金和发行费、国有资产经营收益、以政府名义接受的捐赠收入、主管部门集中收入等属于政府非税收入。”

从“预算外资金”到“非税收入”的转变，标志着我国在建立公共财政体系、规范政府收入机制上认识的深化。现有非税收入的主体还是原来的预算外资金，但是，非税收入的范围要大于预算外资金。非税收入与预算外资金相比，既有区别又有联系。非税收入是按照收入形式对政府收入进行的分类；预算外资金则是按照资金管理方式对政府收入进行的分类。

随着“非税收入”概念的提出，“预算外资金”概念逐渐退出历史，表明预算管理制度改革（部门预算和综合预算的实施）和规范政府收入机制工作进入了一个新的阶段。

中国政府非税收入管理的历史沿革可以归纳为：

1982—1994 年：征收“两金”，即国家能源交通重点建设基金和国家预算调节基金；

1994—1998 年：预算外资金管理体制；

1998 年至今：预算外资金管理向非税收入管理转变。

（二）非税收入规模

非税收入同税收收入一样，都是政府取得财政收入的形式，都是 GDP 的一部分。因此，比较非税收入与税收收入，可以了解我国非税收入的发展趋势。从 2005—2016 年的情况来看，我国政府非税收入占 GDP 的比重是逐年上升的，税收收入占 GDP 的比重也逐年上升。

（三）非税收入的衡量指标及影响因素

1. 非税收入的衡量指标。

非税收入的衡量指标有总量指标和结构指标两类，通常用绝对数（如非税收入总额）或相对数（如非税收入占财政收入、支出或 GDP 的比重）来表示。

2. 影响非税收入结构指标设计的因素。

包括：政府职能因素、财政体制因素、经济发展因素。

（1）政府职能因素。从政府职能范围来看，政府职能范围的大小，决定了非税收入的来源和使用方向。从政府履行职能的方式来看，政府履行其职能的方式对非税收入的来源与使用也有重大影响。

（2）财政体制因素。一方面，高度集权的管理体制，使地方政府取得非税收入的权限较小，非税收入来源就受到限制；另一方面，税收与非税收管理权限划分上的差异以及收支关系处理上的不同，也对非税收入的来源与使用有着重要影响。

（3）经济发展因素。在经济发展水平较低的阶段，在可能性方面，经济发展水平低，决定了非税收入的来源有限；在必要性方面，非税收入筹集经济发展资金的任务就更紧迫。

在经济发展水平较高的阶段，经济发达，生产力水平较高，在可能性方面，经济发展水平较高，决定了非税收入的来源相对比较充足；在必要性方面，为满足日益增长的人民群众的物质文化生活需要使得非税收入筹集社会发展资金的任务更突出。

八、国际非税收入

税务部门征收非税收入是非税收入财政资金属性的要求。众所周知，税务部门是政府财政收入的主要征收机构。在国外，它不仅收税，而且征收非税收入。正因为如此，很多国家的征税机构不叫税务局，而叫收入局。比如美国叫国内收入局，加拿大叫加拿大收入局，英国叫皇家收入与关税局。也有国家征收机构叫税务局，如澳大利亚税务局，也负责征收一部分非税收入。关于国际非税收入，应当了解以下内容：

①国际上通常将政府收入分为经常性收入、资本收入、赠与收入三大类，非税收入包含于经常性收入中；②世界银行将经常性非税收入认定为是政府为公共目的而取得的无须偿还的收入；③经济合作与发展组织界定税收收入与非税收入以是否有对应的报偿性为标准，并对税与费进行分类界定；④国际货币基金组织的政府财政统计体系关于非税收入的定义与世界银行基本一致，即非税收入指政府在税收之外取得的收入，是因公共目的而获得的不需要归还的补偿性收入以及非政府单位自愿和无偿向政府支付的款项，具体包括经营和资产收益、罚款收入、收费等。

【政策依据】

详见表 1–3。

表 1–3　文件汇总

序号	项目名称	文号	文件名
1	非税收入概念	财税〔2016〕33 号	财政部关于印发政府非税收入管理办法的通知
		财综〔2004〕53 号	财政部关于加强非税收入管理的通知
		福建省人民政府令第 153 号（2015 年）	福建省非税收入管理办法
		闽财非税〔2018〕1 号	福建省 2018 年度非税收入项目目录
		浙财综〔2018〕3 号	浙江省 2017 年政府非税收入项目目录
		财预〔2017〕106 号	财政部关于印发《2018 年政府收支分类科目》的通知
2	非税收入发展历程	财库〔2001〕24 号	财政部、中国人民银行关于印发财政国库管理制度改革试点方案的通知
		财综〔2003〕29 号	财政部、国家发展和改革委员会、监察部、审计署关于加强中央部门和单位行政事业性收费等收入“收支两条线”管理的通知

【随堂练习】

一、单选题

1. 非税收入的征收通常与政府的社会服务和管理职能结合在一起，有特定的服务与管理对象、征收对象，其收费对象具有特定性，未消费服务或发生受管制行为的单位和个人则不属于征收对象，这体现了非税收入的（　　）特征。

A. 多样性　　B. 固定性　　C. 特殊性　　D. 重要性

答案：C

2. 下列各项中不属于政府非税收入管理范围的是（　　）。

A. 国有资产有偿使用收入　　B. 国有资本经营收益

C. 彩票公益金　　D. 住房公积金

答案：D

3. 政府非税收入票据的主管机关是（　　）。

A. 各级财政部门　　B. 各级税务部门

C. 各级检察机关　　D. 各级人民政府

答案：A

4. 国际上对非税收入的分类中均不包括的收入类型是（　　）。

A. 出售商品收入　　B. 财产收入

C. 政府债务收入　　D. 规费收入

答案：C

5. 政府利用自身优势在公共领域里提供商品或服务给自愿接受的消费者或使用者并收取一定费用，体现了消费或使用政府提供（生产）的公共服务取得的非税收入的显著特征是（　　）。

A. 自愿性　　B. 有偿性　　C. 客观性　　D. 垄断性

答案：B

6. 非竞争性和非排他性是公共物品区分于私人物品的主要标志，据此，进一步推演出公共物品的基本特征。下列各项中不属于公共物品特征的是（　　）。

A. 提供目的的营利性　　B. 收费的非排他性

C. 提供成本的非竞争性　　D. 效用的不可分割性

答案：A

7. 下列各项中既是制定财政管理体制的基本原则，也是制定非税收入管理体制基本原则的是（　　）。

A. 统一领导、分级（权）管理的原则

B. 权利与义务相结合的原则

C. 财权、财力与事权相匹配的原则

D. 责、权、利相结合的原则

答案：A

8. 以"成本补偿"为原则制定政府性收费标准，规定非税收入收费不能以营利为目的国家是（　　）。

A. 美国　　B. 中国　　C. 澳大利亚　　D. 韩国

答案：C

二、多选题

1. 非税收入不包括（　　）。

A. 社会保险费　　B. 公安罚没款

C. 土地出让收入　　D. 计入缴存人个人账户部分的住房公积金

答案：AD

2. 非税收入管理体制与税收管理体制一样，不仅必须与社会经济基础相适应，也必须与财政经济管理体制相配套。那么根据非税收入管理体制的内涵与内容，非税收入管理应坚持的原则有（　　）。

A. 统一领导、分级（权）管理的原则

B. 权利与义务相结合的原则

C. 财权、财力与事权相匹配的原则

D. 责、权、利相结合的原则

答案：ACD

3. 利用国有财产取得的非税收入，其最显著的特征包括（　　）。

A. 无偿性　　B. 垄断性　　C. 经营性　　D. 有偿性

答案：BCD

4. 非税收入是为了满足公共物品需求的一种筹资方式，其具有相应的经济理论基础。下列各项中属于非税收入理论基础的有（　　）。

A. 公共财政理论　　B. 公共事业理论

C. 公共物品理论　　D. 公共需求理论

答案：AC

5. 当市场这只“看不见的手”失灵，通过公共财政支出运用政府这只“看得见的手”来调节经济运行时，体现出公共财政具有的职能有（　　）。

A. 资源配置职能　　B. 收入分配职能

C. 经济稳定职能　　D. 社会稳定职能

答案：ABC

6. 非税收入稽查的依据是具有法律效力的各种非税收入法律、法规及各种政策规定，下列各项中属于非税收入稽查具体形式的有（　　）。

A. 重点稽查　　B. 日常稽查　　C. 交叉稽查　　D. 专项稽查

答案：BD。（说明：非税收入稽查具体包括日常稽查、专项稽查和专案稽查。）

7. 下列各项中符合国际上对政府收入分类的标准有（　　）。

A. 经常性收入　B. 非税收入　　C. 资本收入　　D. 赠与收入

答案：ACD。（说明：国际上对政府收入的分类有经常性收入、资本收入、赠与收入三大类，其中经常性收入又分为税收收入和非税收入。国外非税收入是政府经常性收入中的一个概念。）

三、判断题

1. 政府非税收入包括行政事业性收费、政府性基金、土地国有资源有偿使用收入、国有资产有偿使用收入、国有资本经营收益、彩票公益金、罚没收入、以政府名义接受的捐赠收入、社会保障基金、住房公积金等。（　　）

答案：错误。

2. 政府非税收入就是不纳税的收入，因此，只要纳税的收入就不是政府非税收入。（　　）

答案：错误。

3. 对于不出具规定的非税收入票据的，缴款义务人有权拒绝缴款。（　　）

答案：正确。

4. 利用政府信誉取得的非税收入，其最显著特征是满意度、客观性，即社会和群众对政府的满意度，对政府遵从承诺的意愿、能力、行为的评价，既考虑群众的看法和态度，也强调客观后果。（　　）

答案：错误。（说明：利用政府信誉取得的非税收入，其最显著特征是信任性、客观性。）

5. 相对于税收收入的强制性、固定性、无偿性三大特征，非税收入具有多样性、特殊性、重要性等独有的特征。（　　）

答案：正确。

6. 税收收入是以筹集满足公共需要的资金为目标，属于一般预算收入，不同税收收入均纳入预算统筹安排，非税收入项目所筹集的资金一般具有明

确的用途和范围，属于“专款专用”。(　　)

答案：正确。

7. 非税收入管理体制的内容包括非税收入管理权限的划分、非税收入管理机构的设置以及资金使用权限的确定等几个方面，其中划分非税收入管理机构的设置是非税收入管理体制的核心内容。(　　)

答案：错误。(说明：划分非税收入管理权限是非税收入管理体制的核心内容。)

四、辨析题

辨析非税收入与税收收入的异同点。

答案：非税收入和税收收入同为政府财政收入的主要组成部分，但二者在内容要素、职能作用、性质目的、预算管理和征管模式等方面具有较大的差异。

税收收入是国家为了向社会提供公共产品、满足社会共同需要，按照法律的规定，强制、无偿取得的财政收入。我国目前一共有 18 个税种，虽然具体征收要素不同，但基本属性类似。

非税收入是指除税收收入以外，由各级国家机关、事业单位、代行政府职能的社会团体及其他组织依法利用国家权力、政府信誉和国有资源（资产）所有者权益等取得的各项收入。与税收收入相比，非税收入具有种类多、项目多的特点，具体征收要素差异较大。按照《政府非税收入管理办法》的规定，政府非税收入分为 12 种，具体包括行政事业性收费、政府性基金、罚没收入、国有资源（资产）有偿使用收入、国有资本收益、彩票公益金、特许经营收入、中央银行收入、以政府名义接受的捐赠收入、主管部门集中收入、政府收入的利息收入、其他非税收入等。根据其性质和征收目的、依据，归为“费、类税、租、利、罚、捐”六大类。

非税收入和税收收入相比，在作用、特点、核算和征管等方面差异显著：

（1）职能作用不同。税收收入的主要功能是增加财政资金，另外还有调节经济运行和收入分配、监督管理经济社会活动等职能，一般坚持税收中性原则，尽量减少对市场经济的干预。而非税收入除了组织财政收入之外，还承担了更多的职能作用：一是减少拥挤和补偿成本。对准公共产品由受益者付费，既能够弥补服务成本，在一定程度上减少对公共产品的过度消费，减少拥堵点，还可以充分体现"谁受益谁负担，多收益多负担"的原则，有益于准公共产品提供与分配的经济效率和社会福利最大化。二是减少负外部效应。当税收手段无法有效解决负外部效应时，便可依据政府强制性行政权力，采用收费或罚没的方式，促使缴费人自觉减少负外部效应。三是国有资产保值增值。国家凭借国有资产所有者的身份，对其进行管理和经营，使其保值增值，并从中获取收益。

（2）性质目的不同。与税收收入的强制性、无偿性、固定性不同，非税收入呈现多种特点：有的具有自愿性、有偿性和一次性，比如各种考试收费、检验检测收费等，缴费人自愿缴纳，大多是一次性缴费，随事而收；有的具有强制性、无偿性和固定性，比如企业缴纳的教育费附加、地方教育附加和残疾人就业保障金等，需要按月缴纳，具有一定的强制性，且缴费人和受益人不直接关联。有的具有强制性、无偿性和一次性，比如各种罚没收入，没有固定的收缴对象。

（3）预算管理方式不同。①预算类别不同。根据《预算法》，政府的全部收入和支出都应当纳入预算。税收只在一般公共预算中核算，非税收入分布在一般公共预算、政府性基金预算和国有资本经营预算 3 个预算中。②收入分成方式不同。税收一般分税种按比例确定中央与地方的收入分成。非税收入的分成方式呈现多样化：一是按比例分成方式，比如水资源费 10% 归中央，90% 归地方；二是按地区分，比如国家重大水利工程建设基金，在北京等 14 个省（直辖市）属于中央收入，在山西等 16 个省属于地方收入；三是按照缴费对象分，比如国有资本收益，中央企业缴纳的属于中央收入，地方企业缴纳的属于地方收入。

（4）征管模式不同。税收收入的征管模式基本一致，分为登记、申报、征收、检查、处罚和保全强制等征管环节。非税收入征收模式却差异比较大：一是自愿与强制并存。有的是缴费人自愿缴纳，比如捐赠收入等；有的是强制缴纳，比如残疾人就业保障金。二是征收部门多样化。税收的征管集中于税务机关和海关，非税收入的执收部门比较多，大多数政府机关都涉及。三是管理方式不同。税务机关大多使用征收管理模式。非税收入大多为收缴或执收，采取事前核对的方式，核对无误后再开具缴款书征收入库，一般无须事后风险管理。四是票据管理方式不同。目前税收收入的征收使用税收票证，非税收入的征收一般使用非税收入票据。为了方便缴费人，税务机关征收的非税收入一般使用税收票证。

五、问答题

1. 举例说明非税收入划转税务机关征缴有何好处。

答案：非税收入中的很多具体项目，从征收对象上来看，很适宜交由税务部门来征缴。如农网还贷资金和国家重大水利工程建设基金，此前是由电网经营企业向用户征收后汇缴到省级电力企业，再由省级电力企业向省级财政部门或财政部驻当地财政监察专员办事处申报并缴款。电网经营企业除了按照规定征收标准向电力用户征缴这两项非税收入外，还要向税务局缴纳同这些基金收入相关的流转税费。从农网还贷资金和国家重大水利工程建设基金收入的征缴环节来看，将税务部门作为这些政府基金收入的征缴主体，不仅可以减轻电力企业的行政负担，而且能充分利用国家专业征收系统资源，将极大降低征缴成本，发挥税务部门规模经济效益，并缩短资金入库时间。

2. 税务机关在征收非税收入实践中，目前存在哪些制度性障碍？

答案：与税收收入相比，非税收入具有法律层次复杂、政策规定多样等特点，税务机关在征收非税收入实践中，存在一些制度性障碍，具体是：

（1）征收主体授权不充分。实际执行中，除了教育费附加等有明文授权外，税务机关在征收非税收入时大多凭借受托的身份。征收主体授权不充分，在一定程度上制约了征管效率的提升。

（2）执法权限受到限制。《中华人民共和国税收征收管理法》（以下简称《税收征收管理法》）第二条规定："凡依法由税务机关征收的各种税收的征收管理，均适用本法。"因此，《税收征收管理法》只适用于税务机关对税收的征收管理。在非税收入的实际征管中，虽然税务机关可按照税收的管理方式，采取登记、申报和征收入库等管理性措施，但在保全、强制等手段上，尚不能依据《税收征收管理法》直接采用。即使对于已授权由税务机关征收的教育费附加和文化事业建设费，如果当事人拒不缴纳，税务机关也不能直接强制执行，只能根据行政强制法的相关规定，申请人民法院强制执行。

（3）行政处罚权存在真空。现行征收管理办法中，对于非税收入，财政等相关部门主要依照《财政违法行为处罚处分条例》和《违反行政事业性收费和罚没收入收支两条线管理规定行政处分暂行规定》等有关规定，实施相应行政处罚，追究缴费人法律责任。而税务机关在征收非税收入时，如何适用这些规定等问题尚未明确。

（4）加收滞纳金政策难以落实。行政强制法规定，加收滞纳金是一种行政强制执行方式，必须由法律设定。但一些规范性文件又对非税收入的征收规定了加收滞纳金条款，税务机关如果按照这些规范性文件加收滞纳金，会因违反行政强制法的禁止性规定导致程序违法。

针对目前存在的制度障碍，建议从以下方面着手加以清除：

（1）修订完善《税收征收管理法》及其实施细则。建议按照《国税地税征管体制改革方案》要求，根据税务机关征收非税收入、实行税费同征同管的实际需要，对《税收征收管理法》及其实施细则加以修订，对税务机关征收非税收入授予相应执法权限，并明确按照税收征管法加收滞纳金。

（2）尽快完善非税收入相关制度文件。建议进一步梳理税务机关已征收非税收入相关制度文件，对存在和行政强制法等法律法规相冲突的规定进行调整完善，使相关的征管措施、执法手段等规定与具体征收部门的职责相匹配，为实现优化高效统一的征管模式奠定制度基础。

（3）明确税务机关的征收主体地位。建议修订相应授权文件，或者采取一揽子授权的方式，将税务机关现行的受托身份改为直接征收主体，赋予税务机关完全的征收管理权限，保障税务机关征收非税收入于法有据。

【案例分享】

"被'没缴款'"何去何从
——谈政府非税收入的管理

案情描述

某年 3 月，一位司机在进行年检时，突然发现上一年的一次违章停车"被'没交罚款'"。据该司机回忆，那年的 3 月 17 日，刚拿到车牌很兴奋，当天晚上，很小心地将车停在划有停车线的地段，刚半小时，就被交警同志贴上了罚款单，既然罚了那就只能规规矩矩地接受处理。拿到处理通知书和罚款通知书后，到长江市场园门口的中国农业银行交了 100 元罚款，在"看了一眼缴款单"后，就把回单交给了交警。缴款的印象如此深刻，然而一年后却被告知没交罚款。交警大队的回应是，一是老老实实把罚款交了，二是到农行把当时的缴款记录调出来作为证据。可是该司机来来回回跑了一个星期，仍然没有查到当时的缴款记录。一个星期后，交警部门告诉该司机，只能作为“没缴款”处理。

案情评析

案例中的“罚款”是罚没收入，即属于政府的非税收入。大多数市场经济国家均由财政部门集中管理非税收入。在我国，非税收入的管理相对分散，如，行政事业性收费项目和标准分别由中央和省两级财政、价格主管部门牵头审批；政府性基金按规定应当集中由国务院或财政部审批，但在实际执行过程中，越权审批现象时有发生；国有资源（资产）有偿使用收入等，有相当一部分由其他部门负责管理；而罚没收入则笼统地由财政部门管理，在执行过程中，财政部门内部缺乏非税收入牵头负责机构，容易形成管理脱节。

在本案例中，该司机明明清楚自己已缴罚款，却苦于找不到证据——自己没有实质收据，银行也难以配合查询，于是不得不“被‘没缴款’”，公民的利益得到了无奈的无视。此现象虽小，却能折射出政府对非税收入的管理中存在不少纰漏。首先，对于罚款记录的管理，一方面，没有给被罚款人留下任何缴款证明，只是“看一眼”；另一方面，缴款地银行不配合查询，交警部门也无法进行记录的查询。由此可见，参与罚款的三方责任人都无法出具相关证明，“罚款”成了一个可以在未来被任意篡改的行为，遭受损失的是无奈的人民群众。其次，对应的款项又何去何从？交警系统里显示的是未交款项，可是账户上却实实在在地存在着，这部分资金是上缴国库，还是留着“搞内部建设”？最后，罚款的缘由含糊不清，案例中的司机清楚记得车是停在划有停车线地段的，可是依旧被开了违章停车罚款单，这种时候只能是有理没处说，交警系统对于罚款条例的设置是否完善还有待考察，而交警对于罚款的实际操作必须严格控制，若出现乱开罚单、乱填数额的现象，不但损害了公民的利益，还有损政府相关部门的形象。

虽然罚款是为了维持更加和谐健康的生活秩序，但是若操作不当，甚至掺杂私人不当的思想和行为，又无法诉诸法律，受害者只能默默无奈地承受，就会招来人民更多的不满。所以要规范罚没收入的管理，必须有一套具有法律效益的非税收入的管理规范体系。

【延伸阅读】

非税收入与税务机构新职能，你懂了吗？

深化征税体制改革方案中明确：改革国地税征管体制，将省级和省级以下国税地税机构合并，具体承担所辖区内各项税收、非税收入征管等职能。

大家只注意到了国税地税机构合并，却没注意到合并后税务局的新职能——对非税收入的征管。

什么是非税收入？通俗地说，就是除了税以外的所有的政府其他收入。

有人肯定地说，这个非税收入的征管，不算新职能，以前地税局就负责各种基金（费）的征收。但仔细分析一下，就会发现，如果仅仅是原来的基金（费）的征收，完全没必要用“非税收入”这几个字，要知道，改革方案可是字斟句琢、一个字一个字审议的，怎么可能把“非税收入”与“基金（费）的征收”这两个范围大小完全不一样的词等同起来呢？

分析中央长期以来的政策方针，可以发现，中央一直想规范地方上非税收入这块的征管，但苦于非税收入往往零散于地方各个部门之间，规范起来困难重重。

而如果将非税收入这块统一归一个部门进行征管，则规范起来要方便得多。

将非税收入统一为一个部门征管，至少有以下几个有利之处：

第一，有利于地方政府统筹规划财政收支。通过统一的一个部门征管，更能准确预测财政收入，从而更精准地确定财政支出预算。

第二，有利于降低企业负担。通过统一由一个部门征管，一方面降低了企业的遵从成本，即企业再也不用跑七八个部门去交费，而只用跑一个部门，大大减少企业的跑路成本；另一方面，由于是一个部门征管，再也不会多部门检查，大大减少企业常年被多部门检查的可能性。

第三，有利于规范防止乱收费等违法违规行为。防止乱收费，切实减轻企业负担，一直是中央的重大政策方针，但由于以前的多部门征收，使得对乱收费的监管困难重重，而统一由一个部门征管之后，监管部门只需要对这一个部门进行监管，有效提高了监管的效率。

当然，虽然将非税收入统一由一个部门征管利多利好，但同样地，中央也考虑到各地情况的复杂性，专门在两会报告中提出加大地方自主权，也就是地方政府在大方针不变的情况下，可以根据自身情况，对非税收入这块是全部还是部分先归统为一个部门征管，进行调整。

总之，将非税收入统归一个部门征管，无疑是利民利企的好事。

（资料来源：搜狐财经，http://www.sohu.com/a/225761839_395649,2018-03-17.）

划转前我国非税收入规模有多大？为何居高不下？

非税收入和税收收入都是国家财政收入的重要组成部分，及时、足额地征收非税收入是国家财力的重要保障。非税收入指除税收收入外，由各级国家机关、事业单位、代行政府职能的社会团体及其他组织依法利用国家权力、政府信誉、国有资源（资产）所有者权益等取得的各项收入，主要包括行政事业性收费收入、政府性基金收入、国有资源（资产）有偿使用收入、国有资本收益、彩票公益金、特许经营收入、罚没收入等。

2016 年 3 月财政部颁布了《政府非税收入管理办法》（以下简称《办法》），《办法》里的非税收入在财政预算中分三个大类来列示：一般公共预算收入中的“非税收入”、政府性基金收入和国有资本经营收入。根据全国财政决算表，2017 年一般公共预算收入总额为 172 592.77 亿元，一般公共预算中的“非税收入”总额是 28 222.9 亿元，政府性基金收入总额为 61 479.66 亿元，国有资本经营收入总额为 2 580.9 亿元。2017 年非税收入总额占财政收入总额近 39%。考虑到社会保险费实际上也是国家财政收入的重要组成部分，如果将社会保险费也计入财政收入盘子，2017 年社会保险费和非税收入在财政收入总额中的占比约为 52.48%（2017 年全国社会保险基金收入 67 154 亿元）。从这个数据可以看出，非税收入和社会保险费已撑起国家财政收入的半壁江山，税务部门对此统一征收能够精准管理国家财政收入底数，进而直接影响国家财政实力，提升国家治理能力。

尽管中央出台了多项措施简政放权、实行普遍降费，但在一些地方财政收入中，“税不够，费来凑”，非税收入却大幅增加、居高不下。这不仅令财政收入质量变差，也给企业带来了沉重负担。特别是一些不规范的收费，还会成为滋生腐败的温床。

2017 年下半年，财政部财科所兵分几路，对全国 8 个省份 16 个县的经济运行和财政收入情况进行调研。结果显示，一些地方公共财政收入中，非税收入比重连年上升，非税收入的增速明显高于税收收入增速。

各省财政收入“账本”陆续公布。从已经公布的地区看，财政收入结构问题依然突出，部分地区非税收入增长较快，明显超过税收增幅。2015 年数据显示：福建税收收入增幅为 2.9%，非税收入增幅达到 9.3%；内蒙古税收收入增幅为 5.6%，非税收入增幅达到 8.5%；甘肃税收收入增幅为 8.1%，非税收入增幅达到 17.4%。从现有数据看，税收收入同比增长的仅有浙江、广东、山东三地，分别为 8.1%、0.8%、0.2%。

财政收入分为税收收入和非税收入两个部分，其中税收收入应当是财政收入的主体。在一地的财政收入中，如果税收收入比重高，一方面说明当地税源基础扎实、法治化水平高、可持续发展能力强，另一方面也说明当地行政事业性收费、罚没收入等与行政权力相关的非税收入占比较低，企业和居民负担较轻。

除了乱收费给企业增加的额外负担，企业需要按规定缴纳的“五险一金”等费用，也让企业承受了很大压力。“五险一金”，指的是职工的养老保险、医疗保险、失业保险、工伤保险、生育保险和公积金，主要由企业和职工按照工资的一定比例来共同缴纳。其中，养老保险单位缴费费率为20%，失业保险单位缴费费率为2%，医疗保险单位缴费费率为8%。“五险一金”加起来，企业需要缴纳的费率超过了40%。浙江宁波一家打火机生产企业老总说，实在没办法，去年企业花上百万元购置了自动化生产设备，实行“机器换人”。

有的收费虽然合法，但收费标准却不那么合理，也不符合实际情况。比如，国家规定，凡安排残疾人就业达不到规定比例的用人单位，按其差额人数全额征收保障金，这个比例是在职职工人数的1.5%。

“格力员工近8万人，要安排上千位残疾人就业才能免缴保障金。我们上哪儿去找这么多残疾人？”格力电器董事长董明珠表示，安排的残疾人不够，就得按规定每年缴几千万元的残疾人就业保障金，这对劳动密集型企业来说，是一笔沉重的负担。

中央经济工作会议提出，要降低制度性交易成本，转变政府职能、简政放权，进一步清理规范中介服务。要降低企业税费负担，进一步正税清费，清理各种不合理收费，营造公平的税负环境，研究降低制造业增值税税率。要降低社会保险费，研究精简归并“五险一金”。

2015年3月1日起，我国失业保险费率由之前规定的3%降至2%。仅此一项，每年可减轻企业负担约400亿元。当年6月，国务院常务会议决定，在已降低失业保险费率的基础上，从10月1日起，将工伤保险平均费率由1%降至0.75%，并根据行业风险程度细化基准费率档次，根据工伤发生率对单位（企业）适当上浮或下浮费率；将生育保险费率从不超过 1% 降到不超过 0.5%；工伤保险和生育保险基金超过合理结存量的地区应调低费率。上述政策实施后，预计每年将减轻企业负担约 270 亿元。

适当降低社保缴费，并用国有资本来补充养老保险，可以在不影响社保正常运转的情况下，有效降低企业成本，有利于企业轻装上阵，进一步提高企业竞争力、激发市场活力。总之，在经济下行和税收增长乏力的情况下，应防止以非税收入的非正常快速增长来弥补税收增长的不足。

（资料来源：新华网，李丽辉，http://www.xinhuanet.com//fortune/2016-02/01/c_128690122.htm，2016-02-01.）

非税收入、FDI 与民间投资

近年来中国地方政府非税收入过快增长，引发企业非税负担加重、投资意愿下降的现象日益成为各方关注的焦点。许多研究者从非税收入过快增长原因、非税收入规范化研究等诸多方面进行了理论和实证研究。但是，政府非税收入对企业投资是否存在显著影响这个具备中国特色的突出问题，却未有文献涉及。

有研究探寻了非税收入占比和人均非税收入指标对外商直接投资及民间投资的影响。结果显示，非税收入对外商直接投资的影响，以 2011 年内外资企业税费制度统一政策的发布为分界点，2011 年前非税收入的作用不显著，2011 年后，伴随外资企业教育费附加等非税优惠政策的取消，FDI 增速伴随非税收入增长而显著下降。而非税收入对民间投资的影响并不显著，可能的原因在于民营企业相对外资企业，主动调整投资地域的能力有限，无法像外资企业那样快速将新增投资转移至非税缴费负担更低的其他国家。

类似的研究对政策的启示有两点：一是近年来非税收入增加对外商直接投资下降存在显著影响的结论表明，中国地方政府非税收入仍处世界较高水平。目前外资仍在国内经济中扮演重要角色，应加强对外资的引导，为外资战略性产业提供与国际税费尺度相匹配的非税收费政策。二是民间投资地区流动性相对受限，在整体经济运行良好时，非税收费政策对民间投资影响不显著，但面临整体经济减速换挡阶段，其可能对非税收费政策更加敏感，地方政府的非税收费政策应充分考虑民营企业的盈利能力，采取相机抉择的民企非税收费政策优惠。

（资料来源：王恺，吴文锋．地方政府非税收入、FDI 与民间投资［J］．区域经济，2018（3）：45–47.）

非税收入征收模式怎样更合理？

根据国际货币基金组织（IMF）对政府财政收入的分类，财政收入包括税收收入、社会保险缴费、赠予和其他收入。其中，其他收入又分为政府的财产收入、商品和服务收入、罚没收入。从性质上分，财政收入大致可以分为税、捐、费三类：税是政府凭借政治权力强制、无偿取得的财政收入；捐是政府专门为了某项计划，如社会保险，而强制征收的缴费，又称为目的税；费是政府向企业或个人提供某些资源或服务时收取的对价或报酬。不同的国家这三类财政收入比例不尽相同，但总的来看，税收收入都占大头，社会保险缴费的比重有大有小，这主要是各国采取的社会保障计划方式不同造成的。例如，德国、奥地利和法国等倚重社会保险方式实施社会保障计划的国家，其社会保险缴费在财政收入中占的比重就大；而瑞典、丹麦和澳大利亚等国的社会保障计划主要用一般税收筹资的普遍津贴或社会扶助，所以社会保险缴费的比重就很小。各国政府在筹集财政收入时对费的依赖也不尽相同，捐税高的国家往往轻费，即很多服务都由政府免费提供，而捐税负担较轻的国家往往倚重收费。尽管各国税、捐、费之间的比例不同，但都有一个共同特点，就是统筹考虑税、捐、费三者之间的数量关系。特别是税和捐，因为这两类收入都是政府强制征收的，它们加到一起的规模要能够为社会所承受，不能给企业和个人造成过重的负担。为此，在很多国家这两类收入都要纳入国家预算并统一由税务部门负责征收。非税收入是捐和费的统称，有些收费是企业和个人在享受政府服务时支付的成本，所以并不一定要由税务部门统一征收；有些收费具有捐的性质，交由税务部门负责征收就有一定的合理性。由于各国政府提供服务收费的规模不同，所以税务部门征收上来的捐税收入占全部财政收入的比重也有很大的差距。例如，爱沙尼亚、拉脱维亚、秘鲁和瑞典等国家税务部门课征的收入占财政收入的比重都在 80% 以上；荷兰、匈牙利、爱尔兰、罗马尼亚和丹麦等国家这个比重在 70% 以上；韩国、斯洛伐克、印度尼西亚、波兰、瑞士和日本这一比重却不到 40%。

目前，很多非税收入是各部门自收自支，这不符合公共资金多部门共管、相互监督的原则。现代政府组织理论和规制经济学理论都主张对一种经济活动要由多个政府部门进行管理，认为这种管理模式有利于抑制腐败行为的发生。法国著名经济学家拉丰在《分散规制者以对付共谋行为》一文中提出，要防止规制者和被规制的利益集团结成联盟，这是分权理论的基础。分权理论的假设前提是政府管理部门存在一些不能洁身自好者，他们可能会利用手中的权力来追求个人利益，损坏公众的利益。如果将一项事业的管理部门分散化，让不同的部门或不同的规制者只能从中获得部分信息，那么就会减弱各个部门或规制者的权力，从而有利于抑制以权谋私，使社会福利最大化。非税收入的征收也是如此，如果让非税收入的使用者自己征收，没有一定的外部监督和相互制约，那么很容易出现多征或漏征的状况。

本着这个原则，非税收入应尽可能地实行“税务收、财政管、部门支、审计查”的多部门共管模式，即：由税务部门征收非税收入，并纳入财政预算管理，再由相关部门或单位将这笔收入支付给用款单位或个人，整个非税收入的“收、支、管”全过程都要接受审计的监督。从这个意义上来说，税务征收有利于保障非税收入的安全性。

（资料来源：2018 年《中国税务报》朱青答记者问。）

第二章

政府性基金收入

本章思维导图

- 政府性基金收入
  - 政府性基金概述
  - 农网还贷资金收入
  - 铁路建设基金收入
  - 民航发展基金收入
  - 港口建设费收入
  - 旅游发展基金收入
  - 国家电影事业发展专项资金收入
  - 大中型水库移民后期扶持基金收入
  - 大中型水库库区基金收入
  - 城市基础设施配套费收入
  - 国家重大水利工程建设基金收入
  - 核电站乏燃料处理处置基金收入
  - 可再生能源电价附加收入
  - 船舶油污损害赔偿基金收入
  - 废弃电器电子产品处理基金收入
  - 政府住房基金收入

第二章　政府性基金收入

内容提要

本章主要内容包括政府性基金的概念、特点、种类、范围和性质，以及农网还贷资金收入、铁路建设基金收入、民航发展基金收入、港口建设费收入、旅游发展基金收入、国家电影事业发展专项资金收入、大中型水库移民后期扶持基金收入、大中型水库库区基金收入、国家重大水利工程建设基金收入、核电站乏燃料处理处置基金收入、可再生能源电价附加收入、船舶油污损害赔偿基金收入、废弃电器电子产品处理基金收入、政府住房基金收入等政府性基金的征收与管理。

【学习要点】

一、政府性基金概述

政府性基金，是指各级人民政府及其所属部门根据法律、行政法规和中共中央、国务院文件的规定，为支持特定公共基础设施和公共事业发展，向公民、法人和其他组织征收的具有专项用途的财政资金。

政府性基金实行中央一级审批制度，遵循统一领导、分级管理的原则。政府性基金属于政府非税收入，全额纳入财政预算，实行“收支两条线”

管理。

除法律、行政法规和中共中央、国务院或者财政部规定外，其他任何部门、单位和地方各级人民政府均不得批准设立或者征收政府性基金，不得改变征收对象，调整征收范围、标准及期限，不得减征、免征、缓征、停征或者撤销政府性基金，不得以行政事业性收费名义变相设立政府性基金项目。

二、农网还贷资金收入

农网还贷资金收入，是指按《农网还贷资金征收使用管理办法》征收的农网还贷资金收入。农网还贷资金是对农网改造贷款“一省多贷”的省、自治区、直辖市（指该省份的农网改造工程贷款由多个电力企业承贷，下同）电力用户征收的政府性基金，专项用于农村电网改造贷款还本付息。

（一）农网还贷资金的征收标准

农网还贷资金按社会用电量每千瓦时 0.02 元的标准，并入电价收取。

（二）农网还贷资金的减免范围

（1）农业排灌、抗灾救灾及氮肥、磷肥、钾肥和原化工部颁发生产许可证的复合肥生产用电免征农网还贷资金；

（2）自备电厂自用电量免征农网还贷资金；

（3）国有重点煤炭企业生产用电、核工业铀扩散厂和堆化工厂生产用电农网还贷资金暂按每千瓦时用电量 0.003 元的标准征收。

（三）农网还贷资金的征缴方式

农网还贷资金由电网经营企业在向用户收取电费时一并收取，并在电费收款凭证中注明农网还贷资金的征收电量、征收标准和征收金额。除规定的减免用量外，电力用户必须及时足额交纳农网还贷资金。

农网还贷资金缴库比例见表 2–1。

表 2–1 农网还贷资金缴库比例表

省 份	缴入中央国库比例（%）	缴人地方国库比例（%）
山西	92.5	7.5
吉林	86.7	13.3
湖南	82.1	17.9
湖北	97.3	2.7
广东	91.7	8.3
广西	63.6	36.4
四川	51.5	48.5
重庆	46.6	53.4
云南	84.6	15.4
陕西	50.5	49.5

三、铁路建设基金收入

铁路建设基金收入，是指铁路运输部门按《铁路建设基金管理办法》征收的铁路建设基金。铁路建设基金是指经国务院批准征收的专门用于铁路建设的政府性基金。

（一）铁路建设基金的征收管理

铁路建设基金必须严格按照国家规定的范围和标准收取，未经国务院批准，不准任意调整。铁路建设基金由铁路运输企业在核收铁路货运费时一并核收，在运费收款凭证中应注明铁路建设基金的征收标准和征收金额，并纳入铁路运输企业运输收入单独核算。铁路建设基金纳入政府性基金预算管理，专款专用，年终结余的转下年度继续使用。

（二）铁路建设基金的使用管理

铁路建设基金主要用于国家计划内大中型铁路建设项目以及与建设有关的支出，主要包括：铁路基本建设项目投资，购置铁路机车车辆，与建设有关的还本付息，建设项目的铺底资金，铁路勘测设计前期工作费用，合资铁路的注册资本金，建设项目的周转资金以及经财政部批准的其他支出。

（三）铁路建设基金的监督管理

铁路建设基金的征收、管理和使用应接受财政、审计和税务等部门的监督，财政部驻各地财政监察办事机构就地负责日常监督。凡未经国务院、财政部批准，将铁路建设基金挪作他用的，一律按违反财经纪律论处。财政部负责对铁路建设基金的使用情况进行监督管理。

四、民航发展基金收入

民航发展基金收入，是指按《民航发展基金征收使用管理暂行办法》征收的民航发展基金收入。民航发展基金由原民航机场管理建设费和原民航基础设施建设基金合并而成。民航发展基金属于政府性基金，收入上缴中央国库，纳入政府性基金预算，专款专用。民航发展基金的征收、使用、管理等应当接受财政、审计部门的监督检查。

（一）民航发展基金的征收管理

1. 民航发展基金的征收范围。

在中国境内乘坐国内、国际和地区（包括香港、澳门和台湾，下同）

航班的旅客（以下简称航空旅客），以及在中国境内注册设立并使用中国航线资源从事客货运输业务的航空运输企业和从事公务飞行的通用航空企业（以下简称航空公司），应当按照《民航发展基金征收使用管理暂行办法》规定缴纳民航发展基金。

2. 民航发展基金的征收标准。

（1）航空旅客：乘坐国内航班的旅客每人次 50 元；乘坐国际和地区航班出境的旅客每人次 90 元（含旅游发展基金 20 元）；

（2）航空公司：航空公司按照飞行航线分类、飞机最大起飞全重、飞行里程以及适用的征收标准缴纳民航发展基金。

具体征收标准如表 2-2 所示。

表 2-2 征收标准

单位：元 / 公里

飞机最大起飞全重	第一类航线	第二类航线	第三类航线
≤50 吨	1.15	0.90	0.75
50～100 吨（含）	2.30	1.85	1.45
100～200 吨（含）	3.45	2.75	2.20
>200 吨	4.60	3.65	2.90

上述航线分类的具体内容如下：

第一类航线：大陆至港澳台地区航线，东中部 16 个省、直辖市（包括北京、天津、上海、河北、山西、江苏、浙江、福建、山东、安徽、江西、河南、湖北、湖南、广东、海南，下同）范围内的航线。

第二类航线：东中部 16 个省、直辖市与西部和东北 15 个省、自治区、直辖市（包括内蒙古、广西、四川、云南、贵州、西藏、重庆、陕西、甘肃、宁夏、青海、新疆、辽宁、吉林、黑龙江，下同）之间的航线，国际航线国内段，飞越内地空域的航线，以及大陆串飞至港澳台的航班。

第三类航线：西部和东北 15 个省、自治区、直辖市范围内的航线。

3. 民航发展基金的减免范围。

（1）航空旅客：持外交护照乘坐国际及地区航班出境的旅客；年龄在12周岁以下（含12周岁）的乘机儿童；乘坐国内支线航班的旅客。

（2）航空公司：为鼓励和支持支线航空运输发展，飞机最大起飞全重在50吨以下的机型在省（自治区、直辖市）内飞行或跨省（自治区、直辖市）飞行且里程在600千米以内（含600千米）的，按照相应航线类型的征收标准减半计征民航发展基金。

专机、航空公司调机、训练飞行、中止的商业运输（航班返航）以及除公务飞行以外的其他通用航空业务免缴民航发展基金。

国内联程、经停航班以两点间航段作为航线归类和结算依据。备降航班按实际飞行的航线、航班计算征收民航发展基金。

4. 民航发展基金的征缴方式。

民航发展基金由财政部委托民航局统一组织征收，民航局清算中心（以下简称清算中心）具体负责民航发展基金的征收工作。

航空旅客应缴纳的民航发展基金，由航空公司或者销售代理机构在旅客购买机票时一并代征。航空公司或者销售代理机构开具的民航客票行程单中应当单独列明代征的民航发展基金，并套印财政部财政票据监制章。旅客在办理退票时，航空公司或者销售代理机构应全额退还代征的民航发展基金。航空公司或者销售代理机构代征的民航发展基金，由清算中心负责征收并全额上缴中央国库。

航空公司应缴纳的民航发展基金由清算中心直接征收，并全额上缴中央国库。

（二）民航发展基金的使用管理

1. 民航发展基金的使用原则。

应当遵循以收定支、统筹安排、专款专用、注重效益的原则。

2. 民航发展基金的使用范围。

（1）民航基础设施建设，包括机场飞行区、航站区、机场围界、民航安全、空中交通管制系统、科教、信息等基础设施建设，以及归还上述建设项目贷款，安排上述建设项目的前期费用和贷款贴息。

（2）对货运航空、支线航空、国际航线、中小型民用运输机场（含军民合用机场）进行补贴。

（3）民航节能减排，包括支持民航部门及机场、航空企业节能减排新技术研发和推广应用，节能设施或设备更新改造，行业节能减排管理体系建设等。

（4）通用航空发展，包括支持通用航空企业开展应急救援、农林飞行等作业项目，通航飞行员教育培训，通航基础设施建设投入和设备更新、改造等。

（5）民航科教、信息等重大科技项目研发和新技术应用。

（6）加强持续安全能力和适航审定能力建设。

（7）征管经费、代征手续费以及国务院批准的其他支出。

（三）民航发展基金的监督管理

财政部、民航局负责对民航发展基金的征收、使用和管理情况进行监督检查。财政部驻各省、自治区、直辖市、计划单列市财政监察专员办事处以及民航各地区管理局对本辖区民航发展基金征收、使用和管理情况进行监督检查，督促各航空公司及时足额上缴民航发展基金。各省、自治区、直辖市、计划单列市财政部门负责对本辖区内地方单位使用的民航发展基金的使用管理情况进行监督检查。

五、港口建设费收入

港口建设费收入，是指交通运输部门按《港口建设费征收办法》征收的港口建设费。港口建设费属于政府性基金，收入全额上缴国库，纳入财政预算，实行“收支两条线”管理。港口建设费的征收、解缴、使用等，应当接受财政、审计部门的监督检查。

（一）港口建设费的征收管理

1. 港口建设费的征收对象。

港口建设费的征收对象是经对外开放口岸港口辖区范围内所有码头、浮筒、锚地、水域装卸（含过驳）的货物。

2. 港口建设费的义务缴纳人。

港口建设费的义务缴纳人是货物的托运人（或其代理人）或收货人（或其代理人）。

3. 港口建设费的征收标准。

（1）国内出口货物每重量吨（或换算吨）4 元；国外进出口货物每重量吨（或换算吨）5.6 元。

（2）国内出口集装箱和内支线集装箱 20 英尺每箱 32 元，40 英尺每箱 48 元；国外进出口集装箱 20 英尺每箱 64 元，40 英尺每箱 96 元。20 英尺和 40 英尺以外的其他非标准集装箱按照相近箱型的收费标准征收。自 2016 年 4 月 1 日起，对 30 英尺以下的非标准集装箱，按 20 英尺集装箱的征收标准征收港口建设费。对 30 英尺（含 30 英尺）以上的非标准集装箱，按 40 英尺集装箱的征收标准征收港口建设费。

货物的装船港和卸船港均为对外开放口岸港口，且托运人（或其代理人）未按规定在装船港缴纳港口建设费的，收货人（及其代理人）应在卸船港按装船港和卸船港适用的征收标准择高缴纳港口建设费。

4. 港口建设费的减免范围。

水泥、粮食、化肥、农药、盐、砂土、石灰粉按照《港口建设费征收使用管理办法》中港口建设费的具体征收标准（一）规定的征收标准减半征收。黄沙、磷矿石、碎石等低值货物暂缓征收港口建设费。

南京以上（不含南京）长江干线港口和其他内河港口在港口建设费的具体征收标准的基础上减半征收。

下列货物免征港口建设费：

（1）我国军用物品，使馆物品，联合国机构的物品。

（2）国际过境货物、国际中转货物、保税货物（办理完进口清关手续的除外）。

（3）邮件（不包括邮政包裹）和按客运手续办理的行李、包裹。

（4）船舶自用的燃、物料，装货垫缚材料，随货物同行的包装备品。

（5）渔船捕获的鱼鲜以及同行的防腐用冰和盐，随活畜、活禽同行的必要饲料。

（6）空集装箱（商品箱除外）。

（7）国务院规定的其他货物。

对国内出口货物，装船港是南京长江大桥以上长江干线和其他内河的非对外开放口岸港口，且卸船港或转运港是沿海和南京长江大桥以下长江干线对外开放口岸港口的，由卸船港或转运港按现行征收标准减半征收港口建设费。

5. 进出口货物的港口建设费规定。

（1）出口国外的货物，由征收（代收）单位在装船港按每张装货单向托运人（或其代理人）计征一次港口建设费。

（2）国外进口的货物，由征收（代收）单位在卸船港按每张提单向收货人（或其代理人）计征一次港口建设费。

（3）国外进口到港未卸，换单后原船又运往国内其他港口的货物，征收（代收）单位在换单港口按照国外进出口货物的征收标准向国内收货人（或其代理人）计征一次港口建设费。

（4）国外进口未提离港口库场，又装船转为国内出口的货物（包括船过船作业的货物），只计征一次国外进口货物的港口建设费。

（5）国内出口货物，由征收（代收）单位在装船港向托运人（或其代理人）征收一次港口建设费；装船港不是对外开放口岸港口，卸船港是对外开放口岸港口的，由卸船港向收货人（或其代理人）征收一次港口建设费。

（6）国内水路集运转出口国外的货物，由征收（代收）单位在国内出口的第一装船港向托运人（或其代理人）计征一次国内出口货物港口建设费。出口国外时，再由征收（代收）单位在出口国外的转运港按国外进出口和国内出口货物收费标准的差额补征港口建设费。如果第一装船港不是对外开放口岸港口，由出口国外的转运港按国外进出口收费标准直接计征。

（7）国内外出口货物缴费人在办理装船手续时缴纳港口建设费，国外进口货物缴费人在办理提货手续时缴纳港口建设费。海事管理机构在货物装船或货物提离港口时，应查验港口建设费缴讫凭证。未缴清港口建设费的国内外进出口货物，不得装船或提离港口。

（8）自 2016 年 4 月 1 日起，对水运进港货物中属于船过船作业以及卸船未提离港口库场又直接办理转船转运的，无论收货人（或其代理人）是否发生变更，在水运全过程只征收一次港口建设费。但在转运港口提离港口库场并重新办理托运手续的，在转运港口应征收港口建设费。

6. 港口建设费的征缴方式。

交通运输部负责港口建设费的征收管理工作。港口所在地海事管理机构具体负责本港口辖区内港口建设费的征收工作。海事管理机构应建立健全征收港口建设费工作机制，直接向缴费人征收港口建设费。根据征收工作需要，海事管理机构可以与船舶代理公司、货物承运人（仅限内贸货物）等单位签订委托代收协议代收港口建设费。海事管理机构负责对港口建设费代收单位的代收行为进行日常管理和监督。海事管理机构应将拟委托代收港口建设费单位的名单报交通运输部、财政部核准。

（二）港口建设费的使用管理

1. 港口建设费的使用原则。

遵循以收定支、专款专用的原则。

2. 港口建设费的使用范围。

（1）沿海港口公共基础设施建设支出，包括沿海港口航道、防波堤、锚地等基础设施建设，陆岛交通码头建设。

（2）内河水运建设支出，包括内河航道、船闸、升船机、航电枢纽、中西部内河港口建设等。

（3）支持保障系统建设支出，包括沿海和内河水域的海事、救助打捞、安全及应急通信、航道等。

（4）专项性支出，包括交通建设发展前期工作经费、日用还贷支出等。

（5）征管经费。

（6）支付船舶代理公司或货物承运人的港口建设费代征手续费。

（7）国务院批准的其他支出。

地方分成的港口建设费主要用于辖区内港口公共基础设施以及航运支持保障系统的建设和维护。

（三）港口建设费的监督管理

财政部负责对港口建设费的征收使用情况进行监督检查。财政部、交通运输部、地方财政部门按照职责分工，依法对港口建设费的征收、监缴以及使用情况实施日常监督检查，中国人民银行分支机构按照《中华人民共和国国家金库条例》及《中华人民共和国国家金库条例实施细则》等规定，对商业银行办理港口建设费的收纳、解缴入库等业务情况实施日常监督检查。

六、旅游发展基金收入

旅游发展基金，是指按《旅游发展基金管理暂行办法》征收的旅游发展基金收入。旅游发展基金属中央财政资金，纳入国家旅游局部门预算统一管理。旅游发展基金管理的基本原则是：量入为出，收支平衡；保证重点兼顾一般；注重资金使用效益。

（一）旅游发展基金的征收管理

1. 旅游发展基金的征收标准。

根据《国务院办公厅转发民航总局、国家计委、财政部关于整顿民航机场代收各种建设基金意见的通知》（国办发〔1995〕57号）精神，旅游发展基金从乘坐国际和地区航班出境的中外旅客缴纳的机场管理建设费中提取，提取数额为每次每位旅客20元。

2. 旅游发展基金的免缴规定。

为支持支线航空发展，旅客于2011年1月1日及以后购买支线飞机执飞的支线航班机票，免缴机场管理建设费，其他机场管理建设费征收标准保持不变。支线飞机以中国民用航空局、财政部公布的机型为准。

3. 旅游发展基金的收缴方式。

旅游发展基金由财政部授权驻各省、自治区、直辖市、计划单列市政监察专员办事处负责就地按月收缴。各缴款机场于每月终了后7天内向财政部驻各地专员办填报《旅游发展基金缴纳申报表》，由专员办审核后再据以填制“一般缴款书”，于当月10日前向开户银行缴纳，入中央金库；逾期不缴的，除限期追缴外，还要从滞纳之日起，按日加收2‰的滞纳金。

（二）旅游发展基金的监督管理

财政部、国家旅游局和有关省级财政、旅游部门根据国家有关法律法规和财务规章的规定，监督检查旅游发展基金的使用管理情况。主要内容包括：

（1）根据旅游发展基金支出预算，对旅游发展基金的支出范围和使用情况进行审核、检查。

（2）通过建立科学合理的投入产出指标体系，考核项目资金的使用效益，加强追踪问效。

（3）参与重点开发项目的考察。立项和验收工作，加强对项目资金使用的事前、事中和事后各个环节的监督。

七、国家电影事业发展专项资金收入

国家电影事业发展专项资金收入反映广电部门按《国家电影事业发展专项资金收入征收使用管理办法》从电影票房收入中收取的国家电影事业发展专项资金。电影专项资金属于政府性基金，全额上缴中央和地方国库，纳入中央和地方政府性基金预算管理。电影专项资金的征收、使用和管理应当接受财政部门的监督检查和审计机关的审计监督。

（一）国家电影事业发展专项资金的征收管理

1. 国家电影事业发展专项资金的征收标准。

办理工商注册登记的经营性电影放映单位，应当按其电影票房收入的5% 缴纳电影专项资金。

2. 国家电影事业发展专项资金的征缴方式。

电影专项资金由省级管委会办公室负责按月征收。经营性电影放映单位应当于每月 8 日前，向省级管委会办公室申报上月电影票房收入和应缴纳的电影专项资金，并按省级管委会办公室指定的账户足额上缴资金。

（二）国家电影事业发展专项资金的监督管理

电影专项资金按照4:6的比例分别缴入中央和省级国库。应缴中央国库的资金，由各省级管委会办公室于每月20日前，缴入财政部为国家管委会开设的中央财政汇缴专户，并由财政部及时划转中央国库。应缴省级国库的资金，具体缴库办法按照省级财政部门的规定执行。各省级管委会要确保将中央分成的电影专项资金收入及时足额上缴中央国库，不得截留、占压或者拖延上缴。

经营性电影放映单位应当按全国电影票务综合信息管理系统的管理要求，及时、准确报送电影票房收入情况，并按规定如实申报缴纳电影专项资金。

省级管委会办公室应当核实各经营性电影放映单位全年电影票房收入，在次年2月底前完成对其全年应缴电影专项资金的汇算清缴工作，并向国家管委会办公室书面报告本地区全年电影专项资金征缴情况。

任何单位和个人均不得违反《国家电影事业发展专项资金征收使用管理办法》规定，擅自减免或缓征电影专项资金，不得自行改变电影专项资金的征收对象、范围和标准。

省级管委会办公室应当将电影专项资金的征收依据、征收主体、征收标准、征收程序、法律责任等进行公示。

八、大中型水库移民后期扶持基金收入

大中型水库移民后期扶持基金（以下简称后期扶持基金），是国家为扶持大中型水库农村移民解决生产生活问题而设立的政府性基金。各省、自治区、直辖市纳入后期扶持的移民人数，2006年6月30日以前搬迁的按现状人口一次核定，不再调整；2006年7月1日以后搬迁的，按原迁人口

核定；转为非农业户口的农村移民不再纳入后期扶持范围。对2006年6月30日前搬迁的符合扶持范围的移民，自2006年7月1日起再连续扶持20年；对2006年7月1日后搬迁的移民，从其完成搬迁之日起连续扶持20年。后期扶持基金属于政府性基金，按照“收支两条线”原则纳入中央财政预算管理。

（一）大中型水库移民后期扶持基金的征收管理

1. 后期扶持基金的筹集原则。

后期扶持基金的筹集原则包括：

（1）全国统筹，分省（自治区、直辖市）计征。

（2）企业、社会、中央与地方合理负担。

（3）工业反哺农业，城市支持农村。

（4）东部地区支持中西部地区。

2. 后期扶持基金的筹集渠道。

后期扶持基金的筹集渠道包括：

（1）对省级电网企业在本省（自治区、直辖市）区域内扣除农业生产用电后的全部销售电量加价征收。

（2）财政预算安排的大中型水库移民后期扶持专项资金，包括用对销售电量加价部分征收的增值税安排的资金和用于解决中央直属水库移民遗留问题的定额补助资金。

（3）经营性大中型水库应承担的移民后期扶持资金。具体办法由国家发展改革委会同财政部、水利部另行制定。

3. 后期扶持基金的征收标准。

后期扶持基金从2006年6月30日起开始征收，以6月30日抄见电量计征。

各省（自治区、直辖市）从销售电价加价中征收的后期扶持基金标准

（单位：厘/千瓦时）：北京8.3，天津8.3，上海8.3，河北3.5，山西3.2，内蒙古3.1，辽宁8.3，吉林5.5，黑龙江3.9，江苏8.3，浙江8.3，安徽8.3，福建8.3，江西8.3，山东8.3，河南8.3，湖北8.3，湖南8.3，广东8.3，广西8.3，海南8.3，重庆8.3，四川8.3，贵州6.3，云南5.0，陕西8.3，甘肃3.5，青海1.9，宁夏2.1，新疆2.8。

（二）大中型水库移民后期扶持基金的监督管理

后期扶持基金由各省级电网企业在向电力用户收取电费时一并代征，按月上缴中央国库。中央财政按电网企业代征额的2‰付给其代征手续费。代征手续费在该项基金的预算支出中安排，由中央财政分别支付给国家电网公司、中国南方电网有限责任公司和内蒙古自治区电力有限责任公司，具体支付方式按照财政部有关规定执行。代征电网企业不得在代征收入中直接提留代征手续费。

财政部驻各地财政监察专员办事处（以下简称专员办）负责对当地电网企业代征的后期扶持基金进行征缴，并实行直接缴库方式。省级电网企业应于每月10日前向驻当地专员办申报上月实际销售电量和应缴纳的后期扶持基金，专员办应于每月12日前完成对申报的审核，并向申报企业开具征缴后期扶持基金《非税收入一般缴款书》。省级电网企业应在每月15日前，按照专员办开具的《非税收入一般缴款书》所规定的缴款额，足额上缴资金。驻各地专员办应根据省级电网企业全年实际销售电量，在次年3月底前完成对当地省级电网企业全年应缴后期扶持基金的清算和征缴。

电网企业应按照《大中型水库移民后期扶持基金征收使用管理暂行办法》规定及时足额上缴代征的后期扶持基金，不得延期缴纳。如发生延期缴纳，专员办应责令其尽快足额缴纳基金，并从逾期之日起按每日2‰的标准加收滞纳金。电网企业代中央财政征收的后期扶持基金不计征企业所得税。未经国务院批准，任何单位和部门均不得减免后期扶持基金。

财政部会同国务院移民管理机构，按照发展改革委、财政部、水利部等部门核定的各省、自治区、直辖市后期扶持移民人数和规定的扶持标准，核定应分配给各省、自治区、直辖市的移民后期扶持基金。

九、大中型水库库区基金收入

大中型水库库区基金收入，是指按《大中型水库库区基金征收使用管理暂行办法》征收的库区基金收入。

国家将原库区维护基金、原库区后期扶持基金及经营性大中型水库承担的移民后期扶持资金进行整合，设立大中型水库库区基金（以下简称库区基金）。这里的大中型水库是指装机容量在 2.5 万千瓦及以上有发电收入的水库和水电站。

（一）大中型水库库区基金的征收管理

1. 大中型水库库区基金的征收标准。

库区基金从有发电收入的大中型水库发电收入中筹集，根据水库实际上网销售电量，按不高于 0.008 元 / 千瓦时的标准征收。

2. 大中型水库库区基金的征缴方式。

库区基金属于政府性基金，实行分省统筹，纳入财政预算，实行“收支两条线”管理。

（二）大中型水库库区基金的监督管理

应缴纳库区基金的大中型水库应在每月终了后 7 日内，按规定上缴库区基金。跨省、自治区、直辖市大中型水库库区基金，由相关省、自治区、直辖市按照国家审定的相关大中型水库移民人数比例分享。跨省、自治区、直辖市的大中型水库库区基金，按照发电企业所在地区的库区基金征收标准征收，全额缴入中央国库，由中央财政按相关省份应分享的比例，根据资金入库情况按季拨付给相关省级财政。

十、国家重大水利工程建设基金收入

国家重大水利工程建设基金（以下简称重大水利基金）是国家为支持南水北调工程建设、解决三峡工程后续问题以及加强中西部地区重大水利工程建设而设立的政府性基金。重大水利基金利用三峡工程建设基金停征后的电价空间设立。

（一）国家重大水利工程建设基金的征收管理

1. 重大水利基金的筹集和分配原则。

（1）三峡工程建设基金向重大水利基金平稳过渡，保持三峡工程建设基金现行征收政策基本不变。

（2）南水北调和三峡工程直接受益省份筹集的重大水利基金，专项用于南水北调工程建设和三峡工程后续工作。

（3）南水北调和三峡工程非直接受益省份筹集的重大水利基金，留给所在省份用于本地重大水利工程建设。

2. 重大水利基金的征收标准。

重大水利基金在除西藏自治区以外的全国范围内筹集，按照各省、自治区、直辖市扣除国家扶贫开发工作重点县农业排灌用电后的全部销售电量和规定征收标准计征。各省、自治区、直辖市全部销售电量包括省级电网企业销售给电力用户的电量、省级电网企业扣除合理线损后的趸售电量（即实际销售给转供单位的电量）、省级电网企业销售给子公司的电量和对境外销售电量、企业自备电厂自发自用电量、地方独立电网销售电量（不含省级电网企业销售给地方独立电网企业的电量，下同）。跨省、自治区、直辖市电力交易，计入受电省份销售电量。

各省、自治区、直辖市重大水利基金的具体征收标准如表 2-3 所示。

表 2-3　重大水利工程建设基金征收标准

（单位：0.001 元 / 千瓦时）

省　份	基金征收标准
北　京	7
天　津	7
上　海	13.92
河　北	7
山　西	7
内蒙古	4
辽　宁	4
吉　林	4
黑龙江	4
江　苏	14.91
浙　江	14.36
安　徽	12.92
福　建	7
江　西	5.52
山　东	7
河　南	11.34
湖　北	0
湖　南	3.75
广　东	7
广　西	4

续表

省　份	基金征收标准
海　南	4
重　庆	7
四　川	7
贵　州	4
云　南	4
陕　西	4
甘　肃	4
青　海	4
宁　夏	4
新　疆	4

重大水利基金从2010年1月1日起开始征收，至2019年12月31日止。

3. 重大水利基金的征缴方式。

除企业自备电厂自发自用电量和地方独立电网销售电量外，重大水利基金由省级电网企业在向电力用户收取电费时一并代征。

北京、天津、河北、河南、山东、江苏、上海、浙江、安徽、江西、湖北、湖南、广东、重庆等14个南水北调和三峡工程直接受益省份（以下简称14个省份）电网企业代征的重大水利基金，由财政部驻当地财政监察专员办事处（以下简称专员办）负责征收，并全额上缴中央国库。山西、内蒙古、辽宁、吉林、黑龙江、福建、广西、海南、四川、贵州、云南、陕西、甘肃、青海、宁夏、新疆等16个南水北调和三峡工程非直接受益省份（以下简称16个省份）电网企业代征的重大水利基金，由当地省级财政部门负责征收，并全额上缴省级国库。

对企业自备电厂自发自用电量和地方独立电网销售电量应缴纳的重大水利基金，按照《国家重大水利工程建设基金征收使用管理暂行办法》第八条划分省份分别由驻当地专员办和省级财政部门直接征收，并分别缴入中央和省级国库。

（二）重大水利基金的监督管理

14 个省份的重大水利基金由专员办按月征收，实行直接缴库。省级电网企业、拥有自备电厂企业和地方独立电网企业应于每月 10 日前向驻当地专员办申报上月实际销售电量（自发自用电量）和应缴纳的重大水利基金。专员办应于每月 12 日前完成对申报的审核，确定重大水利基金征收数额，并向申报企业开具《非税收入一般缴款书》。省级电网企业、拥有自备电厂企业和地方独立电网企业应于每月 15 日前，按照专员办开具《非税收入一般缴款书》所规定的缴款额，足额上缴资金。专员办应根据省级电网企业、拥有自备电厂企业和地方独立电网企业全年实际销售电量（自发自用电量），在次年 3 月底前完成对相关企业全年应缴重大水利基金的汇算清缴工作。专员办开展汇算清缴工作时，应对电力用户欠缴电费、电网企业核销坏账损失的电量情况进行审核，经确认后不计入相关企业全年实际销售电量。16 个省份重大水利基金的具体征管办法由当地省级财政部门制定。

拥有自备电厂企业、地方独立电网企业应准确计量自发自用电量和销售电量，不能准确计量的，由专员办和省级财政部门按照其最大发电（售电）能力核定自发自用电量和销售电量，并确定重大水利基金征收数额。

14 个省份省级电网企业代征重大水利基金，由中央财政按代征额的 2‰付给代征手续费，代征手续费从重大水利基金支出预算中安排，分别支付给国家电网公司和中国南方电网有限责任公司，具体支付方式按照财政部有关规定执行。代征电网企业不得从代征收入中直接提留代征手续费。16 个省份省级电网企业代征重大水利基金，由省级财政从本级重大水利基金支出预算中付给代征手续费，具体办法由省级财政部门规定。

省级电网企业应将代征的重大水利基金与其正常业务收入分账核算。省级电网企业、拥有自备电厂企业和地方独立电网企业应及时足额上缴重大水利基金，不得拖延缴纳，如逾期不缴纳的，专员办和省级财政部门应责令其限期缴纳，并从滞纳之日起按日加收滞纳部分2‰的滞纳金。滞纳金纳入本金一并核算。

未经国务院批准，任何地方、部门和单位均不得擅自减免重大水利基金，不得调整基金征收范围和征收标准。

十一、核电站乏燃料处理处置基金收入

核电站乏燃料处理处置基金收入是指按照《核电站乏燃料处理处置基金征收使用管理暂行办法》征收的核电站乏燃料处理处置基金收入。乏燃料处理处置基金属于政府性基金，收入全额上缴中央国库，按照“收支两条线”原则纳入中央财政预算管理。

（一）核电站乏燃料处理处置基金的征收管理

1. 核电站乏燃料处理处置基金的征收范围。

凡拥有已投入商业运行五年以上压水堆核电机组的核电厂（以下简称核电厂），应当按规定缴纳乏燃料处理处置基金。

2. 核电站乏燃料处理处置基金的征收标准。

乏燃料处理处置基金按照核电厂已投入商业运行五年以上压水堆核电机组的实际上网销售电量征收，征收标准为0.026元/千瓦时。今后，财政部会同国家发展改革委、工业和信息化部、国家能源局、国防科工局等部门根据核电发展规模及乏燃料处理处置资金需求的变化，适时调整征收标准。

3. 核电站乏燃料处理处置基金的征缴方式。

乏燃料处理处置基金由财政部驻核电厂所在省、自治区、直辖市、计

划单列市财政监察专员办事处（以下简称专员办）负责征收，并实行直接缴库。

（二）核电站乏燃料处理处置基金的监督管理

核电厂应于每年1月10日前向所在地专员办申报上年实际上网销售电量和应缴纳的乏燃料处理处置基金。专员办应于每年1月20日前完成对申报的审核，并向申报企业开具《非税收入一般缴款书》。核电厂应在5日内按照专员办开具的《非税收入一般缴款书》所确定的缴款额足额上缴资金。核电厂应按照规定及时足额上缴乏燃料处理处置基金，不得拖欠。凡无正当理由拖欠缴纳乏燃料处理处置基金的，专员办应责令其尽快补缴，并从逾期之日起按日加收滞纳金额1‰的滞纳金。滞纳金纳入乏燃料处理处置基金收入管理。

未经国务院或财政部批准，任何地方、部门和单位不得擅自改变乏燃料处理处置基金的征收对象、范围和标准，不得减征、免征、缓征、停征乏燃料处理处置基金，也不得改变乏燃料处理处置基金的使用范围和原则。

乏燃料处理处置基金的征收、解缴、使用等应当接受财政、审计、投资管理部门的监督，任何单位或者个人不得拒绝、妨碍和阻挠。

十二、可再生能源电价附加收入

可再生能源电价附加收入，是指按《可再生能源发展基金征收使用管理暂行办法》征收的可再生能源发展基金。

（一）可再生能源发展基金的征收管理

根据《中华人民共和国可再生能源法》，可再生能源，是指风能、太阳能、水能、生物质能、地热能、海洋能等非化石能源。可再生能源发展基金包括国家财政公共预算安排的专项资金（以下简称可再生能源发展专项资金）和依法向电力用户征收的可再生能源电价附加收入等。可再生能源发展专项资金由中央财政从年度公共预算中予以安排（不含国务院投资主管部门安排的中央预算内基本建设专项资金）。

1. 可再生能源电价附加的征收范围。

可再生能源电价附加在除西藏自治区以外的全国范围内，对各省、自治区、直辖市扣除农业生产用电（含农业排灌用电）后的销售电量征收。

各省、自治区、直辖市纳入可再生能源电价附加征收范围的销售电量包括：

（1）省级电网企业（含各级子公司）销售给电力用户的电量。

（2）省级电网企业扣除合理线损后的趸售电量（即实际销售给转供单位的电量，不含趸售给各级子公司的电量）。

（3）省级电网企业对境外销售电量。

（4）企业自备电厂自发自用电量。

（5）地方独立电网（含地方供电企业，下同）销售电量（不含省级电网企业销售给地方独立电网的电量）。

（6）大用户与发电企业直接交易的电量。

跨省、自治区、直辖市交易电量，计入受电省份的销售电量征收可再生能源电价附加。

2. 可再生能源电价附加的征收标准。

可再生能源电价附加征收标准为 0.008 元 / 千瓦时。根据可再生能源开发利用中长期总量目标和开发利用规划，以及可再生能源电价附加收支情况，征收标准可以适时调整。

根据《关于调整可再生能源电价附加征收标准的通知》（财综〔2013〕89 号），自 2013 年 9 月 25 日起，将向除居民生活和农业生产以外的其他用电量征收的可再生能源电价附加征收标准提高至 0.015 元 / 千瓦时。

根据《财政部 国家发展改革委关于提高可再生能源发展基金征收标准等有关问题的通知》（财税〔2016〕4号），自2016年1月1日起，将各省（自治区、直辖市，不含新疆维吾尔自治区、西藏自治区）居民生活和农业生产以外全部销售电量的基金征收标准，由每千瓦时0.015元提高到每千瓦时0.019元。

3. 可再生能源电价附加的征缴方式。

可再生能源电价附加由财政部驻各省、自治区、直辖市财政监察专员办事处（以下简称专员办）按月向电网企业征收，实行直接缴库，收入全额上缴中央国库。电力用户应缴纳的可再生能源电价附加，按照下列方式由电网企业代征：

（1）大用户与发电企业直接交易电量的可再生能源电价附加，由代为输送电量的电网企业代征。

（2）地方独立电网销售电量的可再生能源电价附加，由地方电网企业在向电力用户收取电费时一并代征。

（3）企业自备电厂自发自用电量应缴纳的可再生能源电价附加，由所在地电网企业代征。

（4）其他社会销售电量的可再生能源电价附加，由省级电网企业在向电力用户收取电费时一并代征。

省级电网企业和地方独立电网企业，应于每月10日前向驻当地专员办申报上月实际销售电量（含自备电厂自发自用电量，下同）和应缴纳的可再生能源电价附加。专员办应于每月12日前完成对企业申报的审核，确定可再生能源电价附加征收额，并向申报企业开具《非税收入一般缴款书》。省级电网企业和地方独立电网企业，应于每月15日前，按照专员办开具《非税收入一般缴款书》所规定的缴款额，足额上缴可再生能源电价附加。

专员办根据省级电网企业和地方独立电网企业全年实际销售电量，

在次年3月底前完成对相关企业全年应缴可再生能源电价附加的汇算清缴工作。专员办开展汇算清缴工作时，应对电力用户欠缴电费、电网企业核销坏账损失的电量情况进行审核，经确认后不计入相关企业全年实际销售电量。

中央财政按照可再生能源附加实际代征额的2‰付给相关电网企业代征手续费，代征手续费从可再生能源发展基金支出预算中安排，具体支付方式按照财政部的有关规定执行。代征电网企业不得从代征收入中直接提留代征手续费。

对可再生能源电价附加征收增值税而减少的收入，由财政预算安排相应资金予以弥补，并记入“可再生能源电价附加收入”科目核算。

（二）可再生能源发展基金的监督管理

财政、价格、能源、审计部门按照职责分工，对可再生能源电价附加的征收、拨付、使用和管理情况进行监督检查。省级电网企业和地方独立电网企业，应及时足额上缴可再生能源电价附加，不得拖延缴纳。

十三、船舶油污损害赔偿基金收入

船舶油污损害赔偿基金收入，是指按《船舶油污损害赔偿基金征收使用管理办法》征收的船舶油污损害赔偿基金。船舶油污损害赔偿基金纳入政府性基金管理，收入全额上缴中央国库，实行专款专用。船舶油污损害赔偿基金的征收、缴纳、使用和管理，应当接受财政、审计部门的监督检查。

（一）船舶油污损害赔偿基金的征收管理

1. 船舶油污损害赔偿基金的征收范围。

凡在中华人民共和国管辖水域内接收从海上运输持久性油类物质（包

括原油、燃料油、重柴油、润滑油等持久性烃类矿物油）的货物所有人或其代理人，应当按照《船舶油污损害赔偿基金征收使用管理办法》规定缴纳船舶油污损害赔偿基金。

对于在中华人民共和国管辖水域内接收从海上运输的非持久性油类物质，以及在中华人民共和国管辖水域内过境运输持久性油类物质，不征收船舶油污损害赔偿基金。对于在中国境内的同一货物所有人接收中转运输的持久性油类物质，只征收一次船舶油污损害赔偿基金。除上述规定外，具有以下情形之一的，也不征收该基金：

（1）经中华人民共和国管辖水域直接出口境外的持久性油类物质。

（2）船舶加装的自用燃油、润滑油。

（3）包装运输的持久性油类物质。

（4）政府抢险救灾、援助和我国军用的持久性油类物质。

在境内的同一货物所有人接收中转运输的持久性油类物质，货物所有人应当在第一卸货港缴纳基金，中转运输的货物能够提交同一货物所有人的证明材料和基金缴纳证明的，不再缴纳基金。所有人发生变更且又经海上运输的，还应当按照规定缴纳基金。

2. 船舶油污损害赔偿基金的征收标准。

船舶油污损害赔偿基金征收标准为每吨持久性油类物质 0.3 元。财政部可依据船舶油污损害赔偿需求、持久性油类物质的货物到港量以及积累的船舶油污损害赔偿基金规模等因素，并充分考虑货物所有人的承受能力，会同交通运输部确定、调整征收标准或者暂停征收。

每单持久性油类物质的最低收费额为 1 元，尾数不足 1 元的不计收。

3. 船舶油污损害赔偿基金的征缴方式。

船舶油污损害赔偿基金由交通运输部所属海事管理机构（以下简称海事管理机构）向货物所有人或其代理人征收。

货物所有人或其代理人应当在向海事管理机构办理污染危害性货物

申报时，按照船舶卸载持久性油类物质的数量及相关征收标准，将船舶油污损害赔偿基金及时足额缴入所在地海事管理机构经批准的相关银行账户。

货物所有人或其代理人应当持有效单证缴纳基金。从境外经海上运输到中华人民共和国管辖水域的持久性油类物质，以提单、海运单或者提货单记载的重量为准。在境内运输的，以水路货物运单或者调拨单记载的重量为准；没有水路货物运单或者调拨单的，以船载污染危害性货物适运申报单记载的重量为准。

（二）船舶油污损害赔偿基金的监督管理

在中华人民共和国管辖水域内接收从海上运输持久性油类物质的货物所有人或其代理人，不按照《船舶油污损害赔偿基金征收使用管理办法》规定及时足额缴纳船舶油污损害赔偿基金的，由海事管理机构督促货物所有人或其代理人补缴应缴纳的船舶油污损害赔偿基金；拒不缴纳的，海事管理机构有权停止其接收的持久性油类物质货物在中华人民共和国管辖水域进行装卸、过驳作业。对于未及时足额缴纳船舶油污损害赔偿基金的，自应缴纳之日起，按日加收未缴额万分之五的滞纳金，上缴中央国库，纳入船舶油污损害赔偿基金一并核算。

财政部驻各省、自治区、直辖市、计划单列市财政监察专员办事处应当定期或不定期地开展检查，对海事管理机构不按规定征收、上缴船舶油污损害赔偿基金，不按规定使用财政部统一监制的财政票据，截留、挤占、挪用船舶油污损害赔偿基金的，要责令改正，并按照《财政违法行为处罚处分条例》《违反行政事业性收费和罚没收入收支两条线管理规定行政处分暂行规定》等有关法律法规进行处理处罚。

十四、废弃电器电子产品处理基金收入

废弃电器电子产品处理基金收入，是指按《废弃电器电子产品处理基金征收使用管理办法》征收的废弃电器电子产品处理基金。废弃电器电子产品处理基金（以下简称基金）是国家为促进废弃电器电子产品回收处理而设立的政府性基金。基金全额上缴中央国库，纳入中央政府性基金预算管理，实行专款专用，年终结余结转下年度继续使用。

（一）废弃电器电子产品处理基金的征收管理

1. 废弃电器电子产品处理基金的征收范围。

电器电子产品生产者、进口电器电子产品的收货人或者其代理人应当按照规定履行基金缴纳义务。电器电子产品生产者包括自主品牌生产企业和代工生产企业。基金分别按照电器电子产品生产者销售、进口电器电子产品的收货人或者其代理人进口的电器电子产品数量定额征收。

2. 废弃电器电子产品处理基金的征收标准。

纳入基金征收范围的电器电子产品按照《废弃电器电子产品处理目录》（以下简称《目录》）执行，具体征收范围和标准见表 2–4、表 2–5。

表 2–4 对电器电子产品生产者征收基金的产品范围和征收标准

序号	产品种类	产品范围	征收标准（元 / 台）
1	电视机	阴极射线管（黑白、彩色）电视机	13
		液晶电视机	13
		等离子电视机	13
		背投电视机	13
		其他用于接收信号并还原出图像及伴音的终端设备	13

续表

序号	产品种类	产品范围	征收标准（元/台）
2	电冰箱	冷藏冷冻箱（柜）	12
		冷藏箱（柜）	12
		冷冻箱（柜）	12
		其他具有制冷系统、消耗能量以获取冷量的隔热箱体	12
3	洗衣机	波轮式洗衣机	7
		滚筒式洗衣机	7
		搅拌式洗衣机	7
		脱水机	7
		其他依靠机械作用洗涤衣物（含兼有干衣功能）的器具	7
4	房间空调器	整体式空调（窗机、穿墙机等）	7
		分体式空调（分体壁挂、分体柜机等）	7
		一拖多空调器	7
		其他制冷量在 14 000W 及以下的房间空气调节器具	7
5	微型计算机	台式微型计算机的显示器	10
		主机、显示器一体形式的台式微型计算机	10
		便携式微型计算机（含平板电脑、掌上电脑）	10
		其他信息事务处理实体	10

表 2-5　对进口电器电子产品征收基金适用的商品名称、海关税则号列和征收标准（2012 年版）

序号	产品种类	商品名称	税则号列	征收标准（元 / 台）
1	电视机	其他彩色的模拟电视接收机，带阴极射线显像管的	85287211	13
		其他彩色的数字电视接收机，阴极射线显像管的	85287212	13
		其他彩色的电视接收机，阴极射线显像管的	85287219	13
		彩色的液晶显示器的模拟电视接收机	85287221	13
		彩色的液晶显示器的数字电视接收机	85287222	13
		其他彩色的液晶显示器的电视接收机	85287229	13
		彩色的等离子显示器的模拟电视接收机	85287231	13
		彩色的等离子显示器的数字电视接收机	85287232	13
		其他彩色的等离子显示器的电视接收机	85287239	13
		其他彩色的模拟电视接收机	85287291	13
		其他彩色的数字电视接收机	85287292	13
		其他彩色的电视接收机	85287299	13
		黑白或其他单色的电视接收机	85287300	13
2	电冰箱	容积 >500 升的冷藏—冷冻组合机（各自装有单独外门的）	84181010	12
		200 升 < 容积 ≤500 升的冷藏—冷冻组合机（各自装有单独外门的）	84181020	12
		容积 ≤200 升的冷藏—冷冻组合机（各自装有单独外门的）	84181030	12
		容积 >150 升的压缩式家用型冷藏箱	84182110	12

续表

序号	产品种类	商品名称	税则号列	征收标准（元/台）
2	电冰箱	压缩式家用型冷藏箱（50升＜容积≤150升）	84182120	12
		容积≤50升的压缩式家用型冷藏箱	84182130	12
		半导体制冷式家用型冷藏箱	84182910	12
		电气吸收式家用型冷藏箱	84182920	12
		其他家用型冷藏箱	84182990	12
		制冷温度＞-40℃小的其他柜式冷冻箱（小的指容积≤500升）	84183029	12
		制冷温度＞-40℃小的立式冷冻箱（小的指容积≤500升）	84184029	12
3	洗衣机	干衣量≤10kg全自动波轮式洗衣机	84501110	7
		干衣量≤10kg全自动滚筒式洗衣机	84501120	7
		其他干衣量≤10kg全自动洗衣机	84501190	7
		装有离心甩干机的非全自动洗衣机（干衣量≤10kg）	84501200	7
		干衣量≤10kg的其他洗衣机	84501900	7
4	房间空调器	独立窗式或壁式空气调节器（装有电扇及调温、调湿装置，包括不能单独调湿的空调器）	84151010	7
		制冷量≤4 000大卡/时的分体式空调，窗式或壁式（装有电扇及调温、调湿装置，包括不能单独调湿的空调器）	84151021	7
		4 000大卡/时＜制冷量≤12 046大卡/时（14 000W）的分体式空调，窗式或壁式（装有电扇及调温、调湿装置，包括不能单独调湿的空调器）	ex84151022	7
		制冷量≤4 000大卡/时的热泵式空调器（装有制冷装置及一个冷热循环换向阀的）	84158110	7

续表

序号	产品种类	商品名称	税则号列	征收标准（元/台）
4	房间空调器	4 000 大卡/时＜制冷量≤12 046 大卡/时（14 000W）的热泵式空调器（装有制冷装置及一个冷热循环换向阀的）	ex84158120	7
		制冷量≤4 000 大卡/时的其他空调器（仅装有制冷装置，而无冷热循环装置的）	84158210	7
		4 000 大卡/时＜制冷量≤12 046 大卡/时（14 000W）的其他空调（仅装有制冷装置，而无冷热循环装置的）	ex84158220	7
5	微型计算机	便携式自动数据处理设备（重量≤10kg，至少由一个中央处理器、键盘和显示器组成）	84713000	10
		微型机	84714140	10
		以系统形式报验的微型机	84714940	10
		含显示器的微型机的处理部件	ex84715040	10
		专用或主要用于 84.71 商品的阴极射线管监视器	85284100	10
		专用或主要用于 84.71 商品的液晶监视器	85285110	10
		其他专用或主要用于 84.71 商品的监视器	85285190	10
		其他彩色的监视器	85285910	10
		其他单色的监视器	85285990	10

3. 废弃电器电子产品处理基金的征缴方式。

电器电子产品生产者应缴纳的基金，由各地税务局负责征收。进口电器电子产品的收货人或者其代理人应缴纳的基金，由海关负责征收。

电器电子产品生产者按季申报缴纳基金。各地税务局对电器电子产品生产者征收基金，适用税收征收管理的规定。

进口电器电子产品的收货人或者其代理人在货物申报进口时缴纳基

金。海关对基金的征收缴库管理，按照关税征收缴库管理的规定执行。

（二）废弃电器电子产品处理基金的监督管理

电器电子产品生产者、进口电器电子产品的收货人或者其代理人应当分别向当地税务局、海关报送电器电子产品销售和进口的基本数据及情况，并按照规定申报缴纳基金，自觉接受当地税务局、海关的监督检查。

十五、政府住房基金收入

政府住房基金，是按国家政策法规和财务制度规定，由国家财政和单位共同筹集，用于住房建设、维修、管理以及资助职工建立住房公积金等方面的专项资金。

（一）政府住房基金收入的征收管理

1. 主要基金来源。

（1）各级政府统筹的从直管公有住房出售收入中提取的房管机构转制资金和住房补贴资金；已购公有住房和经济适用住房上市出售上缴财政的相当于土地出让金的价款和所得收益收入；按规定上缴财政的用于公积金中心管理费用支出和廉租住房建设支出的住房公积金增值收益收入；按规定上缴财政的政策性住房金融业务利润收入；从预算外资金中按一定比例划转的资金等。

政府住房基金各项收入来源的具体项目和划转办法，由各地按照国家有关规定，结合本地实际情况自行确定。

（2）计提公共租赁住房资金。计提公共租赁住房资金是指住房公积金管理机构从住房公积金增值收益中计提用于公共租赁住房的资金。住房公积金增值收益除国家另有规定外，应按下列顺序进行分配：①住房公积金贷款风险准备金；②上交财政的公积金中心管理费用；③城市廉租住房建设补充资金。

公积金中心应接受财政部门的财务监督检查。对违纪违法行为，构成犯罪的，应依法追究刑事责任；尚不构成犯罪的，对直接负责的主管人员和其他责任人员依法给予行政处分。公积金中心应当依法接受审计部门的审计监督。

计算公式为：住房公积金提取率 = [当年住房公积金提取额 ÷（当年住房公积金提取额 + 当年住房公积金余额）] × 100%。

（3）公共租赁住房租金收入。

公共租赁住房是指由国家提供政策支持，社会各种主体通过新建或者其他方式筹集房源、专门面向中低收入群体出租居住的保障性住房，是一个国家住房保障体系的重要组成部分。

公共租赁住房租金标准：公共租赁住房租金原则上按照适当低于同地段、同类型住房市场租金水平确定。各地要结合本地区经济发展水平、财政承受能力、住房市场租金水平、建设与运营成本、保障对象支付能力等因素，进一步完善公共租赁住房的租金定价机制，动态调整租金。

租金收入使用范围：市县财政部门要加强廉租住房租金收支管理，确保及时足额缴库和专款专用，不得挪作他用。廉租住房租金用于维护开支范围，包括廉租住房在预定使用期限内正常使用所必需的修理、养护等开支；用于管理开支范围，包括支付廉租住房环境综合治理、绿化、卫生等物业管理费用开支，以及用于支付廉租住房公用水费、电费等开支。

（4）配建商业设施租售收入。

配套商业设施租售收入反映政府投资建设廉租住房和公共租赁住房项目中配建的商业设施出租出售收入。根据《国务院办公厅关于保障性安居工程建设和管理的指导意见》（国办发〔2011〕45 号）精神，公共租赁住房项目可以规划建设配套商业服务设施，统一管理经营，以实现资金平衡。

2. 政府住房基金纳入财政预算管理。

按现行财政体制和单位隶属关系，中央单位应缴纳的政府住房基金属中央基金预算收入；地方单位缴纳的政府住房基金属地方基金预算收入（省以下金融机构上缴的政策性住房金融业务利润收入属地方基金预算收入）。各项政府住房基金，由缴款单位按照有关规定，填制《一般缴款书》，分别就地缴入中央金库或地方金库。

（二）政府住房基金收入的监督管理

政府住房基金收入，应按照政府非税收入管理的规定缴入同级国库，实行“收支两条线”管理。各级财政部门要加强对廉租住房租金和转让经济适用住房补缴土地收益等价款的“收支两条线”管理的监督检查。对于违反规定截留、挤占、挪用廉租住房保障资金的，不按照规定将廉租住房租金、出售经济适用住房补缴的土地收益等价款及时足额缴入地方同级国库的，要严格按照《财政违法行为处罚处分条例》等有关规定进行处理，并依法追究有关责任人员的行政责任。

【政策依据】

详见表 2–6。

表 2–6　文件汇总

序号	项目	文件号	文件名
1	综合管理	财综〔2007〕3 号	财政部关于延续农网还贷资金等 17 项政府性基金政策问题的通知
		财综〔2010〕80 号	财政部关于印发《政府性基金管理暂行办法》的通知
		财税〔2014〕122 号	财政部、国家税务总局关于对小微企业免征有关政府性基金的通知［条款调整］

续表

序号	项目	文件号	文件名
1	综合管理	财税〔2016〕11 号	财政部关于取消、停征和整合部分政府性基金项目等有关问题的通知
		财税〔2016〕12 号	财政部 国家税务总局关于扩大有关政府性基金免征范围的通知
		财税〔2017〕18 号	财政部关于取消、调整部分政府性 基金有关政策的通知
		财税〔2018〕39 号	财政部关于降低部分政府性基金征收标准的通知
2	农网还贷资金	财税〔2015〕59 号	财政部关于调整重庆市农网还贷资金中央和地方缴库比例有关问题的批复
		财企〔2001〕820 号	财政部关于印发农网还贷资金征收使用管理办法的通知
		财企〔2002〕266 号	财政部关于农网还贷资金征收使用管理有关问题的通知
3	铁路建设基金	国发〔1992〕37 号	国务院关于提高铁路货运、煤炭、 天然气价格的通知
		财工字〔1996〕第 371 号	财政部关于印发《铁路建设基金管 理办法》的通知
		财工〔1997〕543 号	财政部关于印发《铁路建设基金使 用管理暂行办法》的通知
4	港口建设费	财综〔2011〕29 号	财政部 交通运输部关于印发《港口建设费征收使用管理办法》的通知
		财税〔2015〕131 号	财政部交通运输部关于完善港口建设费征收政策有关问题的通知
5	民航发展基金	国发〔2012〕24 号	国务院关于促进民航业发展的若干意见
		财综〔2012〕17 号	财政部关于印发《民航发展基金征收使用管理暂行办法》的通知
		财税〔2015〕135 号	财政部关于民航发展基金和旅游发展基金有关问题的通知

续表

序号	项目	文件号	文件名
6	旅游发展基金	财综〔2010〕123 号	财政部关于机场管理建设费和旅游发展基金政策等有关问题的通知
		财税〔2015〕135 号	财政部关于民航发展基金和旅游发展基金有关问题的通知
		财行〔2001〕24 号	财政部、国家旅游局关于印发《旅游发展基金管理暂行办法》的通知
7	国家电影事业发展专项资金	国务院令第 342 号	电影管理条例
		国办发〔2006〕43 号	国务院办公厅转发财政部、中宣部关于进一步支持文化事业发展若干经济政策的通知
		财税〔2015〕91 号	财政部国家新闻出版广电总局关于印发《国家电影事业发展专项资金征收使用管理办法》的通知
		财教〔2016〕4 号	财政部新闻出版广电总局关于印发《中央级国家电影事业发展专线资金预算管理办法》的通知
8	国有土地使用权收入	财综〔2006〕68 号	财政部国土资源部中国人民银行关于印发《国有土地使用权出让收支管理办法》的通知
		国发〔2004〕8 号	国务院关于深化改革严格土地管理的决定
9	农业土地开发资金	财综〔2004〕49 号	财政部 国土资源部关于印发《用于农业土地开发的土地出让金收入管理办法》的通知
		财建〔2004〕174 号	财政部 国土资源部关于印发《用于农业土地开发的土地出让金使用管理办法》的通知
10	大中型水库移民后期扶持基金收入	财综〔2006〕29 号	财政部关于印发《大中型水库移民后期扶持基金征收使用管理暂行办法》的通知
		财综〔2007〕26 号	财政部关于印发《大中型水库库区基金征收使用管理暂行办法》的通知
		财综〔2009〕51 号	财政部关于加强大中型水库库区基金征收管理有关问题的通知
11	小型水库移民扶助基金	国发〔2006〕17 号	国务院关于完善大中型水库移民后期扶持政策的意见

续表

序号	项目	文件号	文件名
12	城市基础设施配套费	财综函〔2002〕3 号	财政部关于城市基础设施配套费性质的批复
		国发〔1998〕34 号	国务院关于加强房地产价格调控加快住房建设的意见
13	彩票公益金收入	财综〔2012〕15 号	关于印发《彩票公益金管理办法》的通知
14	国家重大水利工程建设基金	财综〔2009〕90 号	关于印发《国家重大水利工程建设基金征收使用管理暂行办法》的通知
		财综〔2010〕97 号	财政部关于征收国家重大水利工程建设基金有关问题的通知
		财税〔2010〕44 号	关于免征国家重大水利工程建设基金的城市维护建设税和教育费附加的通知
		财税〔2015〕80 号	财政部关于对国家电网四川省电力公司有关政府性基金上缴问题的批复
		财税〔2017〕51 号	财政部关于降低国家重大水利工程建设基金和大中型水库移民后期扶持基金征收标准的通知
		财税〔2018〕39 号	财政部关于降低部分政府性基金征收标准的通知
15	核电站乏燃料处理处置基金	财综〔2010〕58 号	关于印发《核电站乏燃料处理处置基金征收使用管理暂行办法》的通知
16	可再生能源电价附加	中华人民共和国主席令第 33 号（2017 年）	中华人民共和国可再生能源法
		财综〔2011〕115 号	财政部、国家发展和改革委员会、国家能源局关于印发《可再生能源发展基金征收使用管理暂行办法》的通知
		财建〔2012〕102 号	可再生能源电价附加补助资金管理暂行办法
		财综〔2013〕89 号	关于调整可再生能源电价附加征收标准的通知
		财税〔2016〕4 号	财政部 国家发展改革委关于提高可再生能源发展基金征收标准等有关问题的通知

续表

序号	项目	文件号	文件名
17	船舶油污损害赔偿基金	中华人民共和国主席令第 9 号（2014 年）	中华人民共和国环境保护法
		国务院令第 561 号	防治船舶污染海洋环境管理条例
		财综〔2012〕33 号	财政部、交通运输部关于印发《船舶油污损害赔偿基金征收使用管理办法》的通知
		交财审发〔2014〕96 号	船舶油污损害赔偿基金征收使用管理办法实施细则
18	废弃电器电子产品处理基金	国务院令第 551 号	废弃电器电子产品回收处理管理条例
		财综〔2012〕34 号	废弃电器电子产品处理基金征收使用管理办法
		财综〔2012〕48 号	关于公布第一批废弃电器电子产品处理基金补贴企业名单的通知
		财综〔2012〕80 号	关于进一步明确废弃电器电子产品处理基金征收产品范围的通知
		财综〔2013〕32 号	关于公布第二批废弃电器电子产品处理基金补贴企业名单的通知
		财综〔2013〕109 号	关于公布第三批废弃电器电子产品处理基金补贴企业名单的通知
		财政部、环境保护部、发展改革委、工业和信息化部公告 2015 年第 91 号	
		国家税务总局公告 2012 年第 41 号	关于发布《废弃电器电子产品处理基金征收管理规定》的公告
		海关总署公告 2012 年第 33 号	
19	彩票发行机构和销售机构的业务费用	国务院令第 554 号	彩票管理条例
		财政部 民政部 国家体育总局令第 67 号	彩票管理条例实施细则
		财综〔2012〕89 号	彩票机构财务管理办法
		财综〔2016〕30 号	彩票市场调控资金管理暂行办法
		财综〔2013〕110 号	关于完善废弃电器电子产品处理基金等政策的通知
		财税〔2015〕81 号	关于公布第五批废弃电器电子产品处理基金补贴企业名单等问题的通知

续表

序号	项目	文件号	文件名
20	政府住房基金收入	国务院令第 350 号	国务院关于修改《住房公积金管理条例》的决定
		财综字〔1999〕59 号	财政部关于印发住房公积金财务管理办法的通知
		财综字〔1999〕149 号	财政部关于住房公积金财务管理补充规定的通知
		财综〔2010〕95 号	关于保障性安居工程资金使用管理有关问题的通知
		国办发〔2011〕45 号	国务院办公厅关于保障性安居工程建设和管理的指导意见
		财综〔2007〕53 号	财政部关于贯彻落实国务院关于解决城市低收入家庭住房困难若干意见的通知
		住房和城乡建设部令第 11 号	公共租赁住房管理办法
		建保〔2013〕178 号	住房城乡建设部财政部国家发展改革委关于公共租赁住房和廉租住房并轨运行的通知

【随堂练习】

一、单选题

1. 下列收入中不属于政府性基金收入的是（　　）。

A. 三峡水库库区基金收入　　B. 育林基金收入

C. 废弃电器电子产品处理基金收入　　D. 港口建设费收入

答案：B

2. 下列关于政府性基金分类的表述中不正确的是（　　）。

A. 按照所在领域，可以将政府性基金分为经济类政府性基金和民生类政

府性基金两大类

B. 按照设立依据，可以将政府性基金分为法定型基金和行政型基金

C. 按照项目级次或收入归属，可以将政府性基金分为中央基金、地方基金和中央地方共享基金

D. 按照资金使用用途，可分为建设集资类基金和专项事业发展类基金

答案：A

3. 下列关于政府性基金特点的表述中不正确的是（　　）。

A. 项目名称、征收范围和征收标准具有统一性

B. 资金使用范围明确，规定具体，使用上具有专用性

C. 以实现特定经济社会政策为目的，具有对等给付性

D. 征收年限有明确规定，基金项目具有时效性

答案：C

4. 征收农网还贷资金的电网经营企业，按年征收额提取的手续费，并记入企业的（　　）科目。

A. “主营业务成本”　　B. “其他应付款”

C. “应付工资”　　D. “财务费用”

答案：C

5. 下列各项中不属于铁路建设基金使用范围的是（　　）。

A. 购置铁路机车车辆

B. 国家计划内的小型铁路项目建设

C. 建设项目的铺底资金

D. 经国务院同意的用于解决铁路科研、文教、卫生、职工住宅等非生产性建设支出

答案：B

6. 铁路建设基金中报经国务院同意的用于解决铁路科研、文教、卫生、职工住宅等非生产性建设支出，每年支出总额不得超过年度收入总额的（　　）。

A. 3%　　B. 5%　　C. 10%　　D. 15%

答案：B

7. 下列航空旅客中不可免征民航发展基金的是（　　）。

A. 持外交护照乘坐国际及地区航班出境的旅客

B. 10 岁的乘机儿童

C. 乘坐国内支线航班的旅客

D. 公务出行的政府工作人员

答案：D

8. 下列各项中不需要缴纳民航发展基金的是（　　）。

A. 从厦门乘坐国际航班飞往香港旅游的 A 乘客

B. 境内从事快递包裹运输的 B 航空运输公司

C. 境内从事公务飞行的 C 航空公司

D. 境内从事飞行培训的 D 培训企业

答案：D

9. 下列各项中属于港口建设费征收对象的是（　　）。

A. 对外开放口岸的港口、码头

B. 停靠经对外开放口岸港口辖区范围内所有码头的船舶

C. 经对外开放口岸港口辖区范围内所有码头装卸的货物

D. 经对外开放口岸港口辖区范围内所有码头装卸的货物收货人

答案：C

10. 货物的装船港和卸船港均为对外开放口岸港口，且托运人（或其代理人）未按规定在装船港缴纳港口建设费的，收货人（及其代理人）应（　　）。

A. 在卸船港按装船港适用的征收标准缴纳港口建设费

B. 在卸船港按卸船港适用的征收标准缴纳港口建设费

C. 在卸船港按装船港和卸船港适用的征收标准择高缴纳港口建设费

D. 在卸船港按装船港和卸船港适用的征收标准择低缴纳港口建设费

答案：C

11. 港口建设费的中央和地方共享比例为（　　）。

A. 中央 80，地方 20　　B. 中央 70，地方 30

C. 中央 60，地方 40　　D. 中央 50，地方 50

答案：A

12. 下列各项中不符合旅游发展基金使用范围的是（　　）。

A. 国外宣传促销费

B. 用于接待大陆记者、旅行商方面的费用

C. 用于弥补国家旅游局行业管理不足部分的费用

D. 行业规划发展研究经费

答案：B

13. 国有土地收益基金主要用于（　　）。

A. 土地收购储备　　B. 市政建设

C. 植被恢复　　D. 拆迁安置

答案：A

14. 各地规定的土地出让金用于农业土地开发的比例不低于（　　）。

A. 10%　　B. 15%　　C. 20%　　D. 30%

答案：B

15. 下列各项中不纳入土地出让收入管理的是（　　）。

A. 土地租金收入

B. 依法向市县人民政府缴纳的青苗补偿费

C. 依法向市县人民政府缴纳的征地管理费

D. 划拨土地收入

答案：C

16. 下列关于废弃电器电子产品处理基金纳税申报的说法中正确的是（　　）。

A. 电器电子产品生产者、进口电器电子产品的收货人或者其代理人应

当按照法律、法规规定于月度终了之日起 15 日内申报缴纳基金

B. 进口电器电子产品的收货人或者其代理人应缴纳的基金，由报关地主管税务机关负责征收

C. 废弃电器电子产品处理基金分别按照电器电子产品生产者销售、进口电器电子产品的收货人或者其代理人进口的电器电子产品数量定额征收

D. 按照现行政策规定，其属于免填单业务，不需要报送《废弃电器电子产品处理基金申报表》

答案：C

17. 下列各项中不属于彩票资金的是（　　）。

A. 彩票奖金　　　　B. 彩票发行费

C. 彩票公益金　　　　D. 彩票资金存款利息

答案：D

18. 住房基金是指按国家政策法规和财务制度规定，由国家财政和单位共同筹集，用于住房建设、（　　）、管理以及资助职工建立住房公积金等方面的专项资金。

A. 建造　　B. 维修　　C. 改装　　D. 重建

答案：B

19. 彩票公益金的分配政策，由国务院财政部门会同国务院（　　）、体育行政等有关部门提出方案，报国务院批准后执行。

A. 民政　　B. 财政　　C. 税务　　D. 办公厅

答案：A

20. 住房公积金管理中心的管理费用，由住房公积金管理中心按照规定的标准编制全年预算支出总额，报本级人民政府财政部门批准后，从住房公积金增值收益中上交本级财政，由（　　）拨付。

A. 上级财政　　　　B. 本级财政

C. 中央财政　　D. 上级公积金管理中心

答案：B

二、多选题

1. 下列政府性基金收入中，属于中央收入的有（　　）。

A. 三峡水库库区基金收入　　B. 国有土地收益基金收入

C. 旅游发展基金收入　　D. 大中型水库库区基金收入

E. 民航发展基金收入

答案：ACE

2. 政府性基金项目自身的使用范围在现阶段主要包括（　　）等方面。

A. 用做担保发行债券　　B. 归还长期贷款本息

C. 直接投入　　D. 应急处置

E. 政府行政成本

答案：ABC

3. 下列关于农网还贷资金减免范围的说法中，正确的有（　　）。

A. 农业排灌、抗灾救灾及氮肥、磷肥、钾肥和原化工部颁发生产许可证的复合肥生产用电免征农网还贷资金

B. 自备电厂自用电量免征农网还贷资金

C. 居民日常生活用电免征农网还贷资金

D. "村村通"农村用电免征农网还贷资金

E. 国有重点煤炭企业生产用电、核工业铀扩散厂和堆化工厂生产用电农网还贷资金暂按每千瓦时用电量 3 厘钱标准征收

答案：ABE

4. 民航发展基金可用于的项目包括（　　）。

A. 在旧民航飞机到达服役年限后购进新的民航飞机

B. 归还机场航站建设贷款

C. 用于通航飞行员教育培训

D. 支付代征手续费

E. 补贴中小型民用运输机场

答案：BCDE

5. 民航发展基金应遵循的使用原则有（　　）。

A. 先收后支　　B. 量入为出

C. 专款专用　　D. 统筹安排

E. 注重效益

答案：CDE

6. 下列运输货物中免征港口建设费的有（　　）。

A. 国际过境货物、国际中转货物

B. 空集装箱（商品箱）

C. 大宗粮食、农药等农用品

D. 渔船捕获的鱼鲜以及同行的防腐用冰和盐

E. 邮政包裹

答案：AD

7. 港口建设费应遵循的使用原则有（　　）。

A. 以收定支　　B. 统筹安排

C. 专款专用　　D. 注重效益

E. 收支平衡

答案：AC

8. 下列各项中属于国家电影事业发展专项资金使用范围的有（　　）。

A. 资助影院建设和设备更新改造

B. 奖励优秀国产影片制作、发行和放映

C. 奖励优秀国产影片导演、制片人和主演

D. 全国电影票务综合信息管理系统建设和维护

E. 举办全国性的颁奖典礼

答案：ABD

9. 下列各项中属于国有土地使用权出让收入使用范围的有（　　）。

A. 青苗补偿费　　B. 支农支出

C. 土地商业开发支出　　D. 城镇廉租住房保障支出

E. 补助被征地农民医疗保障支出

答案：ABD

10. 大中型水库移民后期扶持基金的筹集原则包括（　　）。

A. 全国统筹，分省（自治区、直辖市）计征

B. 企业、社会、中央与地方合理负担

C. 工业反哺农业，城市支持农村

D. 东中部地区支持西部地区

E. "收支两条线"

答案：ABC

11. 下列各项中需要缴纳大中型水库库区基金收入的有（　　）。

A. 经营多年装机容量为 3 万千瓦的大型水电站

B. 尚在筹备建设期未产生收入的装机容量为 5 万千瓦的大型水库

C. 装机容量为 2.5 万千瓦的有发电收入的个体小型水电站

D. 装机容量为 2 万千瓦的有发电收入的国有水库

E. 装机容量为 2.5 万千瓦的有发电收入的私营企业水电站

答案：ACE

12. 国家重大水利工程建设基金设立的主要目的有（　　）。

A. 支持南水北调工程建设

B. 解决三峡工程后续问题

C. 加强中西部地区重大水利工程建设

D. 改善黄河生态环境建设

E. 预防干旱灾害

答案：ABC

13. 公积金中心应在本级财政部门指定的银行开设管理费用支出专户，专门用于接收本级财政拨付的管理费用，反映管理费用的财务收支。管理费用收入包括本级财政拨款和管理费用支出专户产生的利息收入。管理费用支出包括（　　）等。

A. 基本工资　　B. 补助工资

C. 职工福利费　　D. 社会保障费

E. 助学金　　F. 公务费

答案：ABCDEF

14. 建立住房基金，应在理顺国家、单位用于住房的各种资金渠道的基础上，立足于原有住房资金的转化，逐步使住房资金的来源和使用（　　）。

A. 合理化　　B. 固定化

C. 规范化　　D. 集约化

E. 节约化

答案：ABC

三、判断题

1. 农网改造贷款“一省多贷”是指一个省、自治区、直辖市有多个农村电网改造工程贷款项目。（　　）

答案：错误。（说明：“一省多贷”是指该省市区的农网改造工程贷款由多个电力企业承贷。）

2. 港口所在地交通运输管理机构具体负责本港口辖区内港口建设费的征收工作。（　　）

答案：错误。（说明：港口所在地海事管理机构具体负责本港口辖区内港口建设费的征收工作。）

3. 旅游发展基金由财政部授权驻各省、自治区、直辖市、计划单列市政监察专员办事处负责就地按月收缴，逾期不缴的，除限期追缴外，并从滞纳之日起，按日加收万分之五的滞纳金。（　　）

答案：错误。（说明：逾期不缴的，除限期追缴外，并从滞纳之日起，按日加收2‰的滞纳金。）

4. 中央和省、市三级分别设立国家和省、市级电影专项资金管理委员会。（　　）

答案：错误。（说明：中央和省两级分别设立国家和省级电影专项资金管理委员会。）

5. 办理工商注册登记的经营性电影放映单位，应当按其营业收入的5%缴纳电影专项资金。（　　）

答案：错误。（说明：办理工商注册登记的经营性电影放映单位，应当按其电影票房收入的5%缴纳电影专项资金。）

6. 城市基础设施配套费是城市人民政府有关部门强制征收用于城市基础设施建设的专项资金，属于行政事业性收费。（　　）

答案：错误。（说明：城市基础设施配套费是城市人民政府有关部门强制征收用于城市基础设施建设的专项资金，其征收主体与征收对象之间不存在直接的服务与被服务关系；同时，收益者与征收对象也没有必然的联系，与各级政府部门或单位向特定服务对象提供特定服务并按成本补偿原则收取的行政事业性收费有明显区别。因此，城市基础设施配套费在性质上不属于行政事业性收费，而属于政府性基金。）

7. 小型水库移民扶助基金收入是各省、自治区、直辖市人民政府通过提高辖区内全部销售电量的电价筹集的。（　　）

答案：错误。（说明：小型水库移民扶助基金收入是各省、自治区、直辖市人民政府通过提高辖区内全部销售电量（扣除农业生产用电）的电价筹集的。）

8. 重大水利基金在全国范围内筹集，按照各省、自治区、直辖市扣除国家扶贫开发工作重点县农业排灌用电后的全部销售电量和规定征收标准计征。（　　）

答案：错误。（说明：重大水利基金在除西藏自治区以外的全国范围内筹集，按照各省、自治区、直辖市扣除国家扶贫开发工作重点县农业排灌用电后的全部销售电量和规定征收标准计征。）

9. 凡拥有已投入商业运行的压水堆核电机组的核电厂，应当按规定缴纳乏燃料处理处置基金。（　　）

答案：错误。（说明：拥有已投入商业运行五年以上压水堆核电机组的核电厂，应当按规定缴纳乏燃料处理处置基金。）

10. 可再生能源电价附加在除西藏自治区以外的全国范围内，对各省、自治区、直辖市扣除农业生产用电（不含农业排灌用电）后的销售电量征收。（　　）

答案：错误。（说明：可再生能源电价附加在除西藏自治区以外的全国范围内，对各省、自治区、直辖市扣除农业生产用电（含农业排灌用电）后的销售电量征收。）

11.《船舶油污损害赔偿基金征收使用管理办法》适用于在中华人民共和国管辖水域内接收从海上和内河运输持久性油类物质的货物所有人或其代理人，以及船舶油污损害赔偿基金的征收、使用、管理、监督部门和单位。（　　）

答案：错误。（说明：《船舶油污损害赔偿基金征收使用管理办法》适用于在中华人民共和国管辖水域内接收从海上运输持久性油类物质的货物所有人或其代理人，以及船舶油污损害赔偿基金的征收、使用、管理、监督部门和单位。）

12. 彩票发行机构、彩票销售机构的业务费提取比例，由彩票发行机构、彩票销售机构根据彩票市场发展需要提出方案，报同级民政部门或者体育

行政部门核定后执行。(　　)

答案: 错误。(说明:彩票发行机构、彩票销售机构的业务费提取比例,由彩票发行机构、彩票销售机构根据彩票市场发展需要提出方案,报同级民政部门或者体育行政部门商同级财政部门核定后执行。)

13. 逾期未兑奖的奖金由彩票销售机构根据国务院批准的彩票公益金分配政策和财政部批准的提取比例分别上缴中央财政和省级财政。(　　)

答案: 错误。(说明:逾期未兑奖的奖金由彩票销售机构上缴省级财政,全部留成地方使用。)

14. 政府住房基金收入共包括上缴管理费用、计提公共租赁住房资金、公共租赁住房租金收入、配建商业设施租售收入和其他政府住房基金收入 5 项内容。(　　)

答案: 正确。

15. 住房公积金增值收益全额存入公积金中心在受委托银行开设的住房公积金增值收益专户。住房公积金增值收益专户产生的利息收入全额计入住房公积金增值收益。(　　)

答案: 正确。

16. 廉租住房租金用于维护开支范围,包括廉租住房在预定使用期限内正常使用所必须的修理、养护等开支;用于管理开支范围,包括支付廉租住房环境综合治理、绿化、卫生等物业管理费用开支,以及用于支付廉租住房公用水费、电费等开支。(　　)

答案: 正确。

四、计算题

1. A 公司从事国际油类贸易,2018 年 8 月从美国进口一些油类物质,通过货轮运抵上海,其中包括原油 2 000 吨,燃料油 500 吨,润滑油 1 000

吨，其他非持续性油类物质 3 000 吨，另有货轮加装的自用燃油 5 吨。

根据上述材料回答下列问题：

（1）A 公司是否需要缴纳船舶油污损害赔偿基金？若需要，请计算其应缴纳金额。

（2）下列情形中，不征收船舶油污损害赔偿基金的有（　　）。

A. 在中华人民共和国管辖水域内接收从海上运输的非持久性油类物质

B. 在中华人民共和国管辖水域内过境运输持久性油类物质

C. 经中华人民共和国管辖水域直接出口境外的持久性油类物质

D. 包装运输的持久性油类物质

（3）A 公司发现其 7 月份多缴船舶油污损害赔偿基金 1 000 元，应如何办理退付手续？

答案：（1）需要。

（2 000+500+1 000）×0.3=1 050（元）。

（2）ABCD。

（3）A 公司应向负责基金征缴的海事管理机构提出申请并附相关证明材料，海事管理机构按其隶属关系报经交通运输部审核后，由交通运输部报财政部，财政部按照有关规定审核并办理退付。

2. 某电视机生产企业 2018 年 7—9 月销售电视机 10 000 台，取得销售收入 3 000 万元，计算缴纳废弃电器电子产品处理基金并编制会计分录。

答案：10 月应申报废弃电器电子产品处理基金为 10 000×13=130 000（元）。

会计分录为：

借：生产成本　　130 000

　贷：应交税费——应交废弃电器电子产品处理基金　　130 000

借：应交税费——应交废弃电器电子产品处理基金　　130 000

　贷：银行存款　　130 000

五、辨析题

1. 请简述政府性基金收入与专项收入的区别。

答案：政府性基金和专项收入都属于政府非税收入，是财政收入的重要组成部分，是政府参与国民收入分配和再分配的一种形式。它们的区别如下：

政府性基金是指各级人民政府及其所属部门根据法律、行政法规和中共中央、国务院文件规定，为支持特定公共基础设施建设和公共事业发展，向公民、法人和其他组织无偿征收的具有专项用途的财政资金。

专项收入是指根据特定需要由国务院批准或者经国务院授权由财政部批准，设置、征集和纳入预算管理、有专门用途的收入。

2. 请简述彩票发行机构、彩票销售机构的业务费和彩票公益金的区别。

答案：相同点：（1）均属于政府性基金预算收入；（2）计费依据相同，均从彩票销售收入中按照一定比例计提。

不同点：（1）概念不同。彩票发行机构和彩票销售机构的业务费用反映彩票发行机构和彩票销售机构上缴财政的业务费用；彩票公益金收入是指按照国家规定发行彩票销售收入扣除返奖奖金、发行经费后的净收入。（2）缴费对象不同。彩票发行机构和彩票销售机构的业务费用缴费对象为彩票发行机构、彩票销售机构；彩票公益金的缴费对象是彩票销售机构。（3）用途不同。彩票发行机构、彩票销售机构的业务费，专项用于彩票发行销售活动；彩票公益金专项用于社会福利、体育等社会公益事业，不得用于平衡财政一般预算。（4）征收管理不同。彩票发行机构、彩票销售机构应当于每月 15 日前，将上月提取的业务费按规定分别上缴中央财政专户和省级财政专户；彩票公益金为彩票销售机构于每月 5 日前向驻在地专员办报送《上缴中央财政的彩票公益金申报表》及相关材料，申报上月彩票销售金额和应上缴中央财政的彩票公益金金额，于每月 15 日前，按照

《非税收入一般缴款书》载明的缴款金额上缴中央财政。

【案例分享】

关于停止征收铁路建设基金的讨论

全国政协委员、中国矿业大学（北京）副校长姜耀东曾在全国两会提交的一份提案中建议，在市场经济体系不断完善、铁路建设资金筹集手段多元化发展的背景下，政府相关部门应按照铁路投融资体制改革和以“清费正税”为主线的煤炭税费综合制度改革精神，停止征收铁路建设基金。

据了解，1991 年，由于铁路建设资金存在巨大缺口，国务院批准通过了调高铁路运价提取铁路建设基金的建议。该基金现今的征收标准确立于 1998 年，目前征收规模每年超过 500 亿元，其中 40% 以上是从煤炭产业征收的。

姜耀东表示，虽然推进煤炭税费制度改革已部署多年，而且煤炭价格调节基金、可持续发展基金、原生矿产品生态补偿费、煤炭资源地方经济发展费等收费项目已停止征收或取消，但铁路建设基金至今仍未取消。延续多年的铁路建设基金已经成为煤炭企业身上沉重的负担，严重制约着煤炭产业的健康发展。

姜耀东认为，保留铁路建设基金与市场化铁路投融资体制改革的方向不符。铁路建设基金是在特定时期、特殊背景下，资本市场发育不成熟的情况下应对资金短缺的一种应急性政策。随着改革开放的不断深入，现代产权制度和现代企业制度的相继建立和健全，特别是资本市场的逐渐成熟，铁路建设基金已经失去其存在的合理性。

此外，企业向企业收取自身建设基金有悖市场经济原则。目前，我国铁路管理体制进行了重大改革，实现了政企分开，企业化的中国铁路总公司成为铁路建设和经营的主体。姜耀东表示："企业行使政府职能与全面深化改革的背景格格不入。"根据财政部2013年2月公布的《2012年全国政府性基金项目目录》，铁路建设基金是按规定程序经国务院或财政部批准向社会征收的30项全国政府性基金项目之一。全国性政府基金的属性，意味着这些基金具有公益性质，普遍不具备投资性，并由政府出面征收。在铁路建设基金的征收过程中，按相关规定，该基金由铁路运输企业在核收铁路货物运费时一并核收，在运费收款凭证中注明铁路建设基金的征收标准和征收金额，并纳入铁路运输企业运输收入中单独核算。

姜耀东说："而且，目前的铁路建设基金已经异化。现存的铁路建设基金主要用于归还铁路建设长期贷款本息、用作担保发行铁路建设债券和直接投入铁路建设，近年来前两者的比重越来越大，而且大量的铁路建设基金被用作注册资本金，铁路建设基金已经背离原有的铁路建设投资属性，逐渐异化成了'还债基金'和'注册基金'。"

请思考：您认为是否应取消铁路建设基金？为什么？

解析：应取消。原因：（1）征收主体发生了变化。在市场经济体制没有完全建立，资本市场发育不成熟的体制转轨时期，设立铁路建设基金有其客观历史原因。随着铁路建设投资体制改革不断深化，多元化社会民营资本逐步进入，尤其是中国铁路总公司成立后，征收主体已由国务院组成机构变为企业法人，铁路建设基金作为政府性基金，对企业继续征收"名不正言不顺"。（2）征收对象发生了变化。铁路建设基金原规定由货运货主承担，在1998年以前，煤炭买卖双方实行的是"车板交货，水陆联运"，煤炭装车后，即由买方缴纳铁路建设基金。但随着煤炭价格市场化，煤炭交易主要采取"平仓交货，下水结算"，从矿到港的铁路运输部分需缴纳的建设基金实际由煤矿企业承担。在这种情况下，煤矿企业已经成为铁路建设基金的主要承担者。（3）社会环境发生了变化。随着铁路建设投资体制改革不断深化，多元化的铁路建设投资机制逐步形成，社会资本投资铁路建设的热情很高，具有临时应急性质的铁路建设基金已经完成历史使命，取消铁路建设基金的条件和时机已经成熟。（4）基金本质发生了变化。现存的铁路建设基金主要用于归还铁路建设长期贷款本息、用作担保发行铁路建设债券和直接投入铁路建设，近年来前两者的比重越来越大，而且大量的铁路建设基金被用作注册资本金，铁路建设基金已经背离原有的铁路建设投资属性，逐渐异化成了“还债基金”和“注册基金”。

一个住房公积金使用误区的案例

一位市民贷款购买的房屋总价为30万元，而他的公积金存储余额有40万元，自有资金约20万元。他计划申请全部提取公积金存储余额，其中30万用于购房，10万用于购车。

这是一起住房公积金使用误区的案例。消费者在使用住房公积金购房时应避免以下认识误区。

误区一：首付可以使用公积金。

公积金不能直接用作购房首付款。如果市民想要通过住房公积金贷款购房，需要先消费后提取，即先垫付首付款，然后再携带本人或者夫妻双方的身份证、户口本，已经结婚的需要提供结婚证等证明材料，到当地住房公积金管理中心提取其公积金存储余额。

误区二：提取总额可以超过房款总额。

公积金的提取总额不能超过房款总额，比如，一位市民贷款购买的房屋总价为30万元，而他的公积金存储余额有40万元，则他只能提取30万元的公积金，剩余的10万元公积金不能提取。

误区三：结清公积金贷款后不能再用公积金购房。

无论是在结婚前还是在结婚后办理的公积金贷款，夫妻双方中有一方办理过公积金贷款，公积金中心系统上就会有相应记录，在上次贷款未还清前，夫妻双方不能再使用公积金贷款购买第二套房。但是有些地方规定，如果第一套房的公积金贷款已结清，夫妻双方再次使用公积金贷款买房，仍视为首次购房，不受二套房的政策限制。

【延伸阅读】

全国财政收支运行良好

财政部公布的最新数据显示，2018 年 8 月份全国财政收支运行情况良好，减税降费政策效应进一步显现。全国一般公共预算收入 11 077 亿元，同比增长 4%。其中，中央一般公共预算收入 5 166 亿元，同比增长 1.2%；地方一般公共预算本级收入 5 911 亿元，同比增长 6.6%。全国一般公共预算收入中的税收收入 9 508 亿元，同比增长 6.7%；非税收入 1 569 亿元，同比下降 10.1%。

2018 年 1—8 月累计，全国一般公共预算收入 132 868 亿元，同比增长 9.4%。其中，中央一般公共预算收入 63 663 亿元，同比增长 10.7%；地方一般公共预算本级收入 69 205 亿元，同比增长 8.3%。全国一般公共预算收入中的税收收入 117 217 亿元，同比增长 13.4%；非税收入 15 651 亿元，同比下降 13.1%。

尽管全国财政收入增速有所放缓，但重点支出保障有力，全国财政支出总体保持较快增长。1—8 月累计，全国一般公共预算支出 140 673 亿元，完成年初预算的 67%，同比增长 6.9%。其中，中央一般公共预算本级支出 20 425 亿元，同比增长 8.6%；地方一般公共预算支出 120 248 亿元，同比增长 6.6%。

1—8 月全国政府性基金预算收入 43 228 亿元，同比增长 31.5%。分中央和地方看，中央政府性基金预算收入 2 781 亿元，同比增长 3.6%；地方政府性基金预算本级收入 40 447 亿元，同比增长 34%，其中国有土地使用权出让收入 37 009 亿元，同比增长 36.4%。

1—8 月累计，全国政府性基金预算支出 40 320 亿元，同比增长 33.2%。分中央和地方看，中央政府性基金预算本级支出 1 362 亿元，同比增长 11.7%；地方政府性基金预算相关支出 38 958 亿元，同比增长 34.1%，其中国有土地使用权出让收入相关支出 35 171 亿元，同比增长 36%。

（资料来源：新华网，李丽辉［EB/OL］.（2018-09-13）http://www.xinhuanet.com/money/2018-09/13/c_1123422284.htm.）

公租房租金在线缴

住房保障是杭州的重点民生工程，在推动“最多跑一次”改革举措的背景下，杭州市住房保障和房产管理局不断提升服务的水平，将群众“最多跑一次”转变到“跑零次”。2017 年 11 月初又推出了“公租房租金在线缴”服务，据统计，此项服务仅推出半个月的时间，杭州九和人家、景致公寓、象山人家等近 50 个公租房小区的 600 余户家庭，通过在线支付方式足不出户完成了公租房租金的缴交。

近年来，杭州在住房保障领域持续加大便民服务力度，不断提升服务水平。2017 年 11 月初推出的公租房租金在线缴主要是通过浙江政务服务网或手机支付宝在线完成租金收缴工作。对于杭州的公租房住户来说，可以通过登录浙江政务服务网、浙江政务服务 APP 或支付宝 APP 中的任何一种途径，点击“公共支付”模块，输入身份证号并选择杭州市住房保障办公室为执收单位，然后按照相关操作提示完成公租房租金缴纳。

（资料来源：杭州市住保房管网 . 公租房租金在线缴，已有 600 多家庭这么做了［EB/OL］.（2017-11-22）http://www.hzfgj.gov.cn.）

企事业的住房基金财务处理

（一）企业的住房基金财务处理

按我国现行制度规定，核算企业从各种来源科目中增设“住房周转金”科目，核算企业从各种来源取得的用于职工住房方面的资金。“住房周转金”科目贷方登记企业取得的自管和委托代管住房的租金收入（不包括房地产开发企业委托代管住房的租金收入），企业经财政部门核定在成本、费用中列支的住房补贴资金，企业收到上级主管部门下拨的住房周转金和城市住房基金拨入的资金，企业取得的住房周转金存款的利息收入，企业以前年度单独核算的住房基金结余，按规定转入住房周转金、出售住房的所有权时发生的净收益等内容；借方登记企业用住房周转金发放提租补贴和缴纳住房公积金、企业（房地产开发企业除外）住房周转金用于代管住房的维修和管理、企业购建住房或住房使用权应由住房周转金负担的部分、计算应由住房周转金负担的住房借款利息、企业出售公有住房的使用权应由企业住房周转金部分负担的住房所有权发生的净损失等内容。

为了反映所有住房基金的来源和运用，企业还应设置《住房基金备查簿》，并设置“住房周转金”科目，辅助登记企业取得的各项可用于住房方面的资金。该科目贷方反映住房基金中用于住房方面的资金、职工住房提取的折旧、借入的住房资金、购入住房使用权的摊销等；借方反映企业用住房基金购买职工住房、改造职工住房、缴纳公益金、归还住房租赁保证金和住房借款等；其贷方余额为可用于住房方面的资金。在资产负债表中，“住房周转金”科目的期末余额包括在“其他长期负债”项目内。在财务状况变动表中，“住房周转金”科目的来源和运用，均应包括在“增加长期负债”和“偿还长期负债”等有关项目内。

（二）事业单位的住房基金

事业单位收到财政预算和预算外资金专户拨付的住房公积金、住房补贴和住房建设资金，收到上级主管部门拨付的住房资金，收到自管住房出租收入，收到住房方面的其他资金以及取得的住房基金利息收入时，有关会计分录如下：

借：银行存款等

　贷：专用基金——住房基金

同时，按出售的固定资产的原价：

借：固定基金

　贷：固定资产

事业单位应将已出售职工住房的原价、出售收入等情况在备查簿中进行登记。

事业单位提取的住宅共享部位共享设施设备维修基金、职工住房公积金和其他建房资金，借记有关支出及成本费用类科目，贷记“专用基金”科目。

事业单位缴纳职工住房公积金，发放住房补贴，向物业管理企业划转已售住房共享部位共享设施设备维修费，支付自管住房维修、管理和改造费用，支付住房建设支出以及住房方面的其他支出，作如下会计分录：

借：专用基金——住房基金

　贷：银行存款等

根据国家和地方政府住房制度改革政策和要求，建设银行接受各地住房资金管理部门委托，根据委托协议为职工个人（业主）办理住房基金账户的设立、缴存、支取、结算、查询和对账等金融服务。

包括：

（1）住房公积金账户。各单位及其在职职工按规定比例或数额缴存的长期住房储金，权属职工个人所有。

（2）住房补贴账户。实行货币化住房补贴的单位按规定比例或数额为职工缴存的住房补贴，专项用于住房消费，纳入职工个人账户。

（3）住房维修基金账户。由商品住房的业主个人及公有住房售房单位和职工按一定比例或金额缴存的用于住房物业维修的专项住房资金。

住房基金个人账户按年结息，每年6月30日为结息日。分为当年归集和上年结转两部分，当年归集部分按结息日挂牌公告的活期存款利率计息，上年结转部分按结息日挂牌公告的三个月整存整取存款利率计息。住房基金个人账户客户操作流程如下：

①账户设立。职工个人所属单位，按规定到住房资金管理部门缴存登记后，到建设银行办理住房基金单位账户和个人账户设立手续。

②核定、缴存。单位或业主定期（按月）向建设银行提交缴存凭证和职工个人清册，建设银行核定缴存金额和缴存人数，办理资金缴存手续。

③提取使用。职工个人提交提取申请材料，经所属单位审核或住房资金管理部门审批同意后，建设银行为职工客户办理资金转账手续。

④账户转移。职工因工作调动等，转入单位为职工个人提交账户转移申请，经住房资金管理部门审批或建设银行审核后，为职工个人办理所属住房基金单位账户转移变更手续。

⑤账户封存。职工个人所在单位为职工提交个人账户变更清册，建设银行审核后，为职工客户办理住房基金个人账户封存处理。

⑥基数调整。职工个人所在单位统一提交用于调整基数的职工个人账户清册，建设银行审核无误后，办理职工住房基金个人账户缴存基数调整手续。

⑦结息对账。建设银行按规定和要求对职工个人账户结息，定期与客户核对住房基金个人账户的缴存和提取使用情况。

⑧账户查询。建设银行向职工个人发放龙卡和住房基金专用存折（对账簿），职工个人到建设银行网点查询住房基金个人账户情况或利用建设银行电子渠道自助查询。

第三章

专项收入

本章思维导图

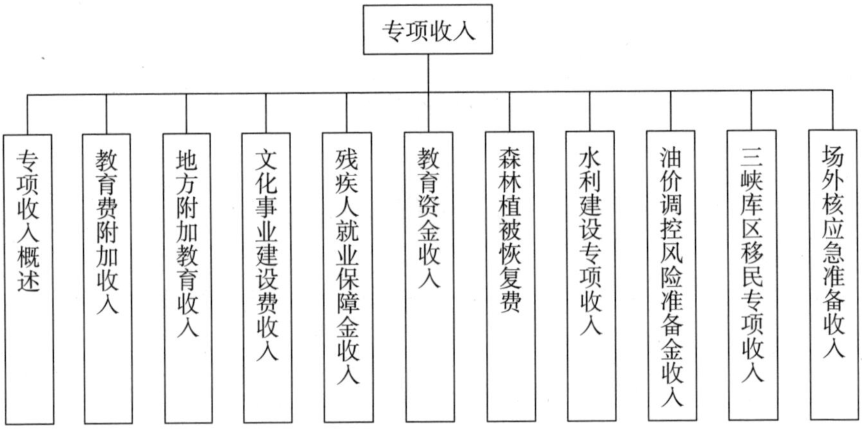
专项收入
专项收入概述
教育费附加收入
地方附加教育收入
文化事业建设费收入
残疾人就业保障金收入
教育资金收入
森林植被恢复费
水利建设专项收入
油价调控风险准备金收入
三峡库区移民专项收入
场外核应急准备收入

第三章 专项收入

内容提要

本章主要内容包括专项收入的概念及教育费附加收入、三峡库区移民专项收入、场外核应急准备收入、地方教育附加收入、文化事业建设费收入、残疾人就业保障金收入、教育基金收入、农田水利建设资金收入、森林植被恢复费、水利建设专项收入、油价调控风险准备金收入的征收与管理。

【学习要点】

一、专项收入概述

专项收入，是指根据特定需要由国务院批准或者经国务院授权由财政部批准，设置、征集和纳入预算管理、有专门用途的收入。它是为了社会有关事业的发展、保护、治理而依法收取的用于特定用途的费用。20世纪80年代以后，为了环境保护和经济事业发展的需要，广辟财源，增加收入，并适当集中资金进行重点建设，促进国民经济健康、协调、可持续发展，先后开征了排污费、国家能源效能重点建设基金、国家预算调节基金、教育费附加等项专款收入。1985年起国家预算收支税目单设“专款收入类”和“专项收入类”。

专项收入包括教育费附加收入、地方附加教育收入、文化事业建设费收入、残疾人就业保障金收入、教育资金收入、农田水利建设资金收入、森林植被恢复费、水利建设专项收入、三峡库区移民专项收入、场外核应急准备收入、油价调控风险准备金收入。

二、教育费附加收入

教育费附加，是指对缴纳增值税、消费税的单位和个人征收的一种附加费。其作用是发展地方性教育事业，扩大地方教育经费的资金来源。属于地方收入项目。

（一）教育费附加收入的征收管理

1. 缴费对象。

凡是缴纳增值税、消费税的单位和个人，均为教育费附加的缴费义务人（简称缴费人）。自 2010 年 12 月 1 日起，外商投资企业、外国企业及外籍个人也是教育费附加的缴费义务人。农业、乡镇企业，由乡镇人民政府征收农村教育事业附加，不再征收教育费附加。

2. 缴费范围。

缴费范围与增值税、消费税的征收范围相同。

3. 适用费率。

教育费附加的征收率为 3%。

4. 应纳费额计算。

应纳教育费附加 =（实际缴纳的增值税、消费税税额）×3%

《财政部 国家税务总局关于生产企业出口货物实行免抵退税办法后有关城市维护建设税教育费附加政策的通知》（财税〔2005〕25 号）规定，自 2005 年 1 月 1 日起，就生产企业出口货物全面实行免抵退税办法后，经国家税务局[1]正式审核批准的当期免抵的增值税税额应纳入城市维护建设税和教育费附加的计征范围，分别按规定的税（费）率征收城市维护建设税和教育费附加。

所以，公式中的增值税部分还应加上生产企业出口货物实行免抵退税办法产生的免抵税额；如果当期有免抵税额，一般在生产企业免抵退汇总表中会有体现。

实行免抵退的生产企业的教育费附加计算公式为：

$$应纳教育费附加 = (\frac{增值税}{应纳税额} + 当期免抵税额 + 消费税) \times 3\%$$

（二）教育费附加收入的监督管理

教育费附加应按专项资产管理，由教育部门统筹安排。地方征收的教育费附加，主要留归当地安排使用，由教育部门提出分配方案，商同级财政部门同意后，用于改善中小学教学设施和办学条件，不得用于职工福利和发放奖金。铁道部[2]、中国人民银行、专业银行和保险总公司等汇总缴纳营业税的单位集中缴纳的教育费附加，由国家教育委员会按年度提出分配方案，商得财政部门同意后，用于基础教育的薄弱环节。国家决定征收教育费附加，并以增值税、营业税[3]税额为计税依据，这不仅使教育经费有了稳定的资金来源，而且可以随着社会经济的增长而不断增长，对于我国教育事业的不断发展、提高全民族的科学文化水平有着重要的现实意义。1994 年税制改革以后，教育费附加改按缴纳增值税、消费税、营业税的单位（不含外商投资企业和外国企业）和个人实际缴纳的上述三种税的税额附征，附加率改为 3%。

扣缴义务人未按照规定期限解缴教育费附加的，税务机关除责令限期缴纳外，从滞纳费款之日起，按日加收滞纳费款一定比例的滞纳金、罚款

---

［1］ 2018 年，各地国税、地税机构已正式合并。

［2］ 现已撤销，改组为中国铁路总公司。

［3］ 营改增后已取消。

收入。根据《中华人民共和国税收征收管理法》第三十二条的规定，纳税人未按照规定期限缴纳税款的，扣缴义务人未按照规定期限解缴税款的，税务机关除责令限期缴纳外，从滞纳税款之日起，按日加收滞纳税款万分之五的滞纳金。

三、地方附加教育收入

地方附加教育收入是指各个省按规定征收的专门用于支持地方教育事业发展的专项基金。属地方收入科目。

（一）地方附加教育收入的征收管理

（1）缴费义务人：所有缴纳增值税、消费税的单位和个人（包括外商投资企业、外国企业及外籍个人）都是缴纳地方附加教育收入的义务人。

（2）征缴范围：地方附加教育收入的征费范围同增值税、消费税的征税范围相同。

（3）计税依据：地方附加教育收入，以纳税人实际缴纳的消费税、增值税税额为计税依据，与消费税、增值税同时申报缴纳。

（4）适用费率：单位和个人（包括外商投资企业、外国企业及外籍个人）实际缴纳的增值税、消费税税额的2%。

（5）应纳费额计算：应纳地方附加教育收入 =（实际缴纳的增值税、消费税）× 2%。

（二）地方附加教育收入的监督管理

各省、自治区、直辖市财政部门要严格按照《中华人民共和国教育法》规定和财政部批复意见，采取有效措施，切实加强地方教育附加征收使用管理，确保基金应收尽收，专项用于发展教育事业，不得从地方附加教育收入中提取或列支征收或代征手续费。

凡未经财政部或国务院批准，擅自多征、减征、缓征、停征，或者侵占、截留、挪用地方附加教育收入的，要依照《财政违法行为处罚处分条例》和《违反行政事业性收费和罚没收入收支两条线管理规定行政处分暂行规定》追究责任人的行政责任；构成犯罪的，依法追究刑事责任。

四、文化事业建设费收入

文化事业建设费收入，是指按《文化事业建设费征收管理暂行办法》征收的用于加强社会主义精神文明建设、促进文化事业健康发展的专项基金。属中央与地方共用收入科目。

（一）文化事业建设费的征收管理

1. 缴费义务人。

在中华人民共和国境内提供娱乐服务的单位和个人以及提供广告服务的广告媒介单位和户外广告经营单位为文化事业建设费的缴纳义务人。

2. 计费依据和征收率。

（1）缴纳义务人应按照提供娱乐服务取得的计费销售额和 3% 的费率计算娱乐服务应缴费额，计算公式如下：

娱乐服务应缴费额 = 娱乐服务计费销售额 ×3%

娱乐服务计费销售额，为缴纳义务人提供娱乐服务取得的全部含税价款和价外费用。

（2）缴纳文化事业建设费的单位（以下简称缴纳义务人）应按照提供广告服务取得的计费销售额和 3% 的费率计算应缴费额，计算公式如下：应缴费额＝计费销售额 ×3%（计费销售额，为缴纳义务人提供广告服务取得的全部含税价款和价外费用，减除支付给其他广告公司或广告发布者的含税广告发布费后的余额。缴纳义务人减除价款的，应当取得增值税专用发票或国家税务总局规定的其他合法有效凭证，否则，不得减除。）

（3）按规定扣缴文化事业建设费的，扣缴义务人应按下列公式计算应扣缴费额：

应扣缴费额＝支付的广告服务含税价款 × 费率

（二）文化事业建设费的监督管理

对中央直属单位及其所属企业事业单位征收的文化事业建设费，全额上缴中央金库；对地方单位和个人征收的文化事业建设费，全额缴入省级金库。文化事业建设费纳入财政预算管理，建立专项资金，用于文化事业建设。

五、残疾人就业保障金收入

残疾人就业保障金收入是指按照《残疾人就业保障金管理暂行规定》征收的用于促进残疾人就业、保障残疾人权益的就业保障金的收入。属地方收入科目。

（一）残疾人就业保障金的征收管理

1. 征缴范围。

本省行政区域内，用人单位安排残疾人就业的比例不得低于本单位在职职工总数的 1.5%。具体比例由各省、自治区、直辖市人民政府根据本地区的实际情况规定。用人单位（包括党政机关和社会团体）安排残疾人就业达不到其所在地省、自治区、直辖市人民政府规定比例的，应当缴纳残疾人就业保障金。

2. 计费依据和计算。

用人单位应当按照其所在地省、自治区、直辖市人民政府规定比例的安排残疾人就业。用人单位未安置残疾职工或安置残疾职工达不到其所在地省、自治区、直辖市人民政府规定比例的，该保障金按上年用人单位安排残疾人就业未达到规定比例的差额人数和本单位在职职工年平均工资之积计算缴纳。计算公式如下：

$$\text{保障金年缴纳额}=(\text{上年用人单位在职职工人数}\times\text{所在地省、自治区、直辖市人民政府规定的安排残疾人就业比例}-\text{上年用人单位实际安排的残疾人就业人数})\times\text{上年用人单位在职职工年平均工资}$$

如未安置残疾人就业，计算公式简化为：本单位上年度在职职工工资总额 ×1.5%。

用人单位在职职工，是指用人单位在编人员或依法与用人单位签订 1 年以上（含 1 年）劳动合同（服务协议）的人员。季节性用工应当折算为年平均用工人数。以劳务派遣用工的，计入派遣单位在职职工人数。

用人单位安排残疾人就业未达到规定比例的差额人数，以公式计算结果为准，可以不是整数。

上年用人单位在职职工年平均工资，按用人单位上年在职职工工资总额除以用人单位在职职工人数计算。

（二）残疾人就业保障金的监督管理

残疾人就业保障金征收机关应当定期对用人单位进行检查。发现用人单位申报不实、少缴纳保障金的，征收机关应当催报并追缴保障金。残疾人就业服务机构应当配合保障金征收机关做好保障金征收工作。保障金全额缴入地方国库。地方各级人民政府之间保障金的分配比例，由各省、自治区、直辖市财政部门商残疾人联合会确定。具体缴库办法按照省级财政部门的规定执行。保障金由税务机关负责征收的，应积极采取财税库银税收收入电子缴库横向联网方式征缴保障金。保障金征收机关应当严格按规定的范围、标准和时限要求征收保障金，确保保障金及时、足额征缴到位。

任何单位和个人均不得违反《残疾人就业保障金管理暂行规定》规定，擅自减免或缓征保障金，不得自行改变保障金的征收对象、范围和标准。各地应当建立用人单位按比例安排残疾人就业及缴纳保障金公示制度。残疾人联合会应当每年向社会公布本地区用人单位应安排残疾人就业人数、实际安排残疾人就业人数和未按规定安排残疾人就业人数。保障金征收机关应当定期向社会公布本地区用人单位缴纳保障金情况。

六、教育资金收入

教育资金收入，是指从土地出让收益中计提的用于教育事业发展的教育资金。属地方收入科目。

（一）教育资金收入的征收管理

1. 教育资金收入的来源。

从 2011 年 1 月 1 日起，各省、自治区、直辖市、计划单列市（以下简称各地区）所辖市、县（区），统一按照当年实际缴入地方国库的招标、拍卖、挂牌和协议出让国有土地使用权取得的土地出让收入，扣除当年从地方国库中实际支付的征地和拆迁补偿支出、土地开发支出、计提农业土地开发资金支出、补助被征地农民社会保障支出、保持被征地农民原有生活水平补贴支出、支付破产或改制企业职工安置费支出、支付土地出让业务费、缴纳新增建设用地土地有偿使用费等相关支出项目后，作为计提教育资金的土地出让收益口径，严格按照 10% 的比例计提教育资金。从土地出让收益中计提的教育资金，作为各地区计算财政性教育经费来源之一，各地区不得由此减少应当由公共财政预算安排的教育经费。

为确保各地区及时足额从土地出让收益中计提教育资金，在《2011 年政府收支分类科目》中，增设“103014804 教育资金收入”科目，反映从土地出让收益中计提的教育资金，并在地方国库中实行分账核算。

2. 教育资金计提和清算办法。

市、县（区）财政部门应当按季从土地出让收益中计提教育资金，并在决算清理期结束前进行统一清算。根据《2011 年政府收支分类科目》的有关规定，具体计提和清算办法如下：

（1）按照季度计提教育资金。为确保年度教育资金收支均衡，市、县（区）财政部门应当分别在每年 4 月、7 月、10 月的 10 日以及决算清理期结束之前分季计提教育资金，第四季度计提的教育资金可与年终清算合并进行。如遇法定节假日，可相应顺延计提时间。具体计提公式为：

各季度计提的教育资金＝（各季度 1030146 项国有土地收益基金收入＋各季度 1030148 项国有土地使用权出让收入 – 各季度 103014802 目补缴的土地价款 – 各季度 103014803 目划拨土地收入 – 各季度 103014899 目其他土地出让收入 – 各季度 2120801 项征地和拆迁补偿支出 – 各季度 2121001 项征地和拆迁补偿支出 – 各季度 2120802 项土地开发支出 – 各季度 2121002 项土地开发支出 – 各季度 2120805 项补助被征地农民支出 – 各季度 2120806 项土地出让业务支出 – 各季度 2120809 项支付破产或改制企业职工安置费支出）× 10%。

（2）计提教育资金的年终清算。每年年度终了，市、县（区）财政部门应当于每年决算清理期结束前，对于全年计提的教育资金进行统一清算。具体公式如下：

全年计提的教育资金＝（全年 1030146 项国有土地收益基金收入＋全年 1030148 项国有土地使用权出让收入 – 全年 103014802 目补缴的土地价款 – 全年 103014803 目划拨土地收入 – 全年 103014899 目其他土地出让收入 – 全年 2120801 项征地和拆迁补偿支出 – 全年 2121001 项征地和拆迁补偿支出 – 全年 2120802 项土地开发支出 – 全年 2121002 项土地开发支出 – 全年 2120805 项补助被征地农民支出 – 全年 2120806 项土地出让业务支出 – 全年 2120809 项支付破产或改制企业职工安置费支出）× 10%。

年内各季累计实际计提的教育资金应当与全年应计提的教育资金数额一致。年内各季累计实际计提的教育资金少于全年应计提的教育资金数额的，应于当年决算清理期结束前一次性补足；年末地方国库中的土地出让收益不足以补足应计提教育资金数额的，可以不予补足。年内各季累计实际计提的教育资金大于全年应计提的教育资金数额的，多出部分应予退回，相应减少“103014804 教育资金收入”科目，增加“103014801 土地出让价款收入”科目。年内各季累计实际计提的教育资金因发生支出而无法退回的，可从次年计提的教育资金中相应抵扣。

（二）教育资金收入的监督管理

各级财政、教育部门要加强教育资金监督管理，依法接受审计监督，及时足额计提教育资金，确保教育资金按照规定用途使用，切实加大教育投入，着力提高教育资金使用效益。对于不按照规定计提、使用和管理教育资金的，要严格按照《财政违法行为处罚处分条例》有关规定进行处理。

七、森林植被恢复费

森林植被恢复费，是指林业部门按《森林植被恢复费征收使用管理暂行办法》征收的用于森林资源保护和森林植被恢复，促进我国林业可持续发展的资金。属中央与地方共用收入科目。

（一）森林植被恢复费的征收管理

1. 征缴范围。

凡勘查、开采矿藏和修建道路、水利、电力、通信等各项建设工程需要占用、征用或者临时占用林地，经县级以上林业主管部门审核同意或批准的，用地单位应当按照《森林植被恢复费征收使用管理暂行办法》规定向县级以上林业主管部门预缴森林植被恢复费。

2. 征收方法。

县级以上林业主管部门按照下列规定预收森林植被恢复费：

（1）占用或者临时占用国务院确定的国家所有的重点林区（以下简称重点林区）林地的，由国务院林业主管部门或其委托的单位负责预收。

（2）占用或者征用除重点林区以外林地的，由省、自治区、直辖市林业主管部门负责预收。

（3）临时占用重点林区以外林地的，由县、地（州、市）、省（自治区、直辖市）林业主管部门按照国家林业局《占用征用林地审核审批管理办法》（国家林业局令第 2 号）规定的审批权限负责预收。其中，属于国家林业局审批的，由省、自治区、直辖市林业主管部门负责预收。

3. 征缴标准。

森林植被恢复费征收标准按照恢复不少于被占用或征用林地面积的森林植被所需要的调查规划设计、造林培育等费用核定。具体征收标准如下：

（1）用材林林地、经济林林地、薪炭林林地、苗圃地，每平方米收取 6 元。

（2）未成林造林地，每平方米收取 4 元。

（3）防护林和特种用途林林地，每平方米收取 8 元，其中国家重点防护林和特种用途林地每平方米收取 10 元。

（4）疏林地、灌木林地，每平方米收取 3 元。

（5）宜林地、采伐迹地、火烧迹地，每平方米收取 2 元。

（6）城市及城市规划区的林地，可按照上述规定标准 2 倍收取。

（7）对农民按规定标准建设住宅占用林地，在“十五”期间暂不收取森林植被恢复费。

（二）森林植被恢复费的监督管理

占用或者临时占用林地的单位和个人不按照《森林植被恢复费征收

使用管理暂行办法》规定缴纳森林植被恢复费，或者县级以上林业主管部门违反该办法规定，多收、减收、免收、缓收，或者隐瞒、截留、挪用、坐收坐支森林植被恢复费的，由上级或同级财政部门会同有关部门责令改正，并按照《国务院关于违反财政法规处罚的暂行规定》（国发〔1987〕58号）等有关法律、行政法规的规定进行处罚。

对违反规定行为中涉及有关部门或单位直接负责的主管人员和其他直接责任人员，按照《违反行政事业性收费和罚没收入收支两条线管理规定行政处分暂行规定》给予行政处分；构成犯罪的，移交司法机关依法追究其刑事责任。

八、水利建设专项收入

水利建设专项收入，是指按《水利建设基金筹集和使用管理办法》等有关文件规定征收并缴入国库，用于加快水利建设，提高防洪减灾和水资源配置能力，缓解水资源供需矛盾，促进经济社会可持续发展的水利建设基金。属中央与地方共用收入科目。

水利建设基金，是指用于水利建设的专项资金，由中央水利建设基金和地方水利建设基金组成。中央水利建设基金主要用于关系经济社会发展全局的重点水利工程建设。地方水利建设基金主要用于地方水利工程建设。跨流域、跨省（自治区、直辖市）的重大水利建设工程和跨国河流、国界河流我方重点防护工程的治理投资由中央和地方共同负担。

（一）水利建设专项收入的征收管理

1. 中央水利建设基金的来源。

主要包括：①从车辆购置税收入中定额提取；②从铁路建设基金、港口建设费收入中提取3%；③经国务院批准的其他可用于水利建设基金的资金。

2. 地方水利建设基金的来源。

（1）从地方收取的政府性基金和行政事业性收费收入中提取3%。应提取水利建设基金的地方政府性基金和行政事业性收费项目包括：车辆通行费、城市基础设施配套费、征地管理费，以及省、自治区、直辖市人民政府确定的政府性基金和行政事业性收费项目。

（2）经财政部批准，各省、自治区、直辖市向企事业单位和个体经营者征收的水利建设基金。

（3）地方人民政府按规定从中央对地方成品油价格和税费改革转移支付资金中足额安排资金，划入水利建设基金。

（4）有重点防洪任务和水资源严重短缺的城市要从征收的城市维护建设税中划出不少于15%的资金，用于城市防洪和水源工程建设。具体比例由省、自治区、直辖市人民政府确定。

有重点防洪任务的城市包括：北京、天津、沈阳、盘锦、长春、吉林、哈尔滨、齐齐哈尔、佳木斯、郑州、开封、济南、合肥、芜湖、安庆、淮南、蚌埠、上海、南京、武汉、黄石、荆州、南昌、九江、长沙、岳阳、成都、广州、南宁、梧州、柳州，以及省、自治区、直辖市人民政府确定的有重点防洪任务的城市。

水资源严重短缺的城市，由省、自治区、直辖市人民政府确定。

（二）水利建设专项收入的监督管理

任何部门和单位不得多征、减征、缓征、停征，或者侵占、截留、挪用水利建设基金。各级财政、发展改革、审计部门要加强对水利建设基金筹集、拨付和使用情况的监督检查，违反规定的要严肃处理。

九、油价调控风险准备金收入

油价调控风险准备金收入，是指由各地专员办征收的用于完善成品油价格形成机制，加强和规范油价调控风险的准备金。属中央收入科目。

（一）油价调控风险准备金的征收管理

1. 缴纳义务人。

风险准备金的缴纳义务人为中华人民共和国境内生产、委托加工和进口汽、柴油的成品油生产经营企业。

2. 征收机关。

财政部驻各省、区、市财政监察专员办事处（以下简称专员办）负责征收。

3. 征收方法。

（1）风险准备金由缴纳义务人申报缴纳。其中，缴纳义务人有两个及以上从事成品油生产经营企业的，可由征收机关指定集团公司或其他公司实行汇总缴纳。

（2）中国石油天然气集团公司、中国石油化工集团公司、中国海洋石油总公司等中央企业应当缴纳的风险准备金，由财政部驻北京市专员办负责征收。

（3）地方企业应当缴纳的风险准备金，由所在省（区、市）征收机关负责征收。

（4）风险准备金的缴纳地点为缴纳义务人注册登记地。

（5）缴纳义务人可以选择按季度或者按年度缴纳风险准备金。具体缴纳方式由缴纳义务人报征收机关核准。缴纳方式一经确定，不得随意变更。按季度缴纳的，缴纳义务人应当于每季度前 15 个工作日内，如实填写《油价调控风险准备金申报表》，提交给征收机关审核。按年度缴纳的，缴纳义务人应当于每年 1 月 20 日前，如实填写《油价调控风险准备金申报表》，提交给征收机关审核。

（6）缴纳义务人应当根据规定，向所在地征收机关如实申报汽油、柴油销售数量和应缴纳的风险准备金。

（7）征收机关应当于5个工作日内完成对申报材料的审核，并向缴纳义务人开具《非税收入一般缴款书》。缴纳义务人按照《非税收入一般缴款书》所规定的缴款额，在5个工作日内足额上缴风险准备金。

（二）油价调控风险准备金的监督管理

（1）风险准备金的征收情况应当接受财政、发展改革（价格主管）部门的监督检查和审计机关的审计监督。

（2）缴纳义务人应当按照规定，及时申报和缴纳风险准备金，不得拒绝或拖延。

（3）征收机关要加强风险准备金征收管理，对逃避缴纳、应申报未申报、申报不实等情况，严格按照法律、行政法规规定查处，确保资金及时足额入库。

（4）征收机关违反规定，多征、提前征收或者减征、免征、缓征应征风险准备金收入的，严格按照有关法律、行政法规规定，追究负有直接责任的主管人员和其他直接责任人员法律责任。

十、三峡库区移民专项收入

三峡库区移民专项收入，是指由中国长江三峡工程开发总公司和中国长江电力股份有限公司缴纳的用于解决搬迁后的三峡库区移民因突发性自然灾害而导致的生产、生活方面的困难以及部分移民生活方面的特殊困难的专项收入。属中央收入科目。

（一）三峡库区移民专项资金的征收管理

1. 征缴范围及标准。

三峡库区移民专项资金由中国长江三峡工程开发总公司和中国长江电

力股份有限公司负责缴纳。三峡库区移民专项资金（以下简称专项资金）从三峡电站上网售电收入中按每千瓦时 0.000 5 元的标准提取。

2. 征收期限。

三峡库区移民专项资金从三峡电站投产发电时开始计提，每台机组提取期限为 10 年。

（二）三峡库区移民专项资金的监督管理

专项资金纳入中央财政预算，实行“收支两条线”管理。中国长江三峡工程开发总公司和中国长江电力股份有限公司应当在三峡电站发电后按月计提，并于下月 3 日内就地将专项资金全额缴入中央金库。专项资金收入由财政部驻湖北省财政监察专员办事处负责监缴入库。中国长江三峡工程开发总公司和中国长江电力股份有限公司应当严格按照《三峡库区移民专项资金征收使用管理办法》规定，及时足额地将资金上缴中央国库，不得截留或挪作他用。

对于违反《三峡库区移民专项资金征收使用管理办法》规定截留、挪用专项资金的单位和个人，按照《国务院关于违反财政法规处罚的暂行规定》（国发〔1987〕58 号）进行处罚，并追究有关责任人员的责任。

十一、场外核应急准备收入

场外核应急准备收入，是指按《核电厂核事故应急准备专项收入管理规定》征收的专门用于应对核电厂核事故发生的应急准备的专项收入。属中央和地方共用收入科目。

（一）场外核应急准备专项收入的征收管理

1. 核应急准备资金分类。

通常可分为：①核电企业开展场内核事故应急准备工作所需资金；②国

家和地方核应急机构开展场外核事故应急准备工作所需资金；③国务院有关部门和军队在核电厂核事故应急支援准备工作中所需的资金。

2. 征缴范围。

核电企业承担上缴的场外核应急专项收入。

3. 征缴标准。

在基建期和运行期分别按以下标准缴纳：

（1）基建期按设计额定容量每千瓦 5 元人民币的标准缴纳。核电企业承担上缴的场外核应急专项收入，基建期应在核电工程浇灌第一罐混凝土的当年起三年内按规定承担数额的 30%、40% 和 30% 分年度缴清。

（2）运行期按年度上网销售电量每千瓦时 0.000 2 元的标准缴纳。运行期应在商业运行后的次年开始，根据上一年的实际上网销售电量按规定标准缴纳。

4. 征收方式。

（1）核电企业按规定标准缴纳场外核应急专项收入后，任何单位、部门及地方各级人民政府不得以核应急准备或者与此相关名义向企业收取资金。

（2）同一省、自治区、直辖市内，核电企业缴纳的场外核应急专项收入按以下比例分别上缴中央和地方财政：①首期建设的核电厂按 15% 和 85% 的比例上缴中央和地方财政；②后续再建的核电厂按 50% 和 50% 的比例上缴中央和地方财政。

（3）核电企业应于每年 3 月底前，将当年应缴纳中央和地方管理的场外核应急专项收入分别及时足额缴库。

（4）财政部驻各地财政监察专员办事处负责中央场外核应急专项收入的征收工作。

（5）省级财政部门负责地方场外核应急专项收入的监缴工作。

（6）核电企业应于每年 3 月 10 日前，向财政部驻当地财政监察专员办事处申报缴纳中央场外核应急专项收入。财政监察专员办事处应在 3 月 20 日前完成申报审核工作。

（7）核电企业按财政监察专员办事处审定的中央场外核应急专项收入缴款金额及时就地缴入国库。

（8）财政部驻当地财政监察专员办事处于每年 4 月底前，将所在地核电企业缴纳中央场外核应急专项收入情况汇总填制《××××年度中央管理的场外核事故应急专项收入收缴情况表》以及有关情况说明报财政部备案。

（二）场外核应急准备专项收入的监督管理

场外核应急准备资金由核电企业和地方省级人民政府共同承担。其中，核电企业承担的部分，按规定的比例，以财政专项收入的形式分别上缴中央和地方财政，并由中央和地方财政纳入预算内管理；地方承担的部分，由地方省级人民政府自行筹措使用。核电企业承担上缴的场外核应急专项收入作为成本开支项目，基建期在工程基建费中列支，运行期在企业的管理费中列支。

国务院有关部门和军队所需的核应急准备资金，根据各自在核电厂核事故应急准备工作中的职责和任务，充分利用现有条件安排，不足部分按照各自的计划和资金渠道申请解决。

财政、审计、监察及国防科工委等部门负责对核电厂核应急专项收入的收缴和使用进行监督检查，任何单位不得以任何理由阻挠或逃避，对于违反规定截留、挪用专项资金的单位和个人按《财政违法行为处罚处分条例》进行处罚，并追究相关责任人的责任。

【政策依据】

详见表 3-1。

表 3-1 文件汇总

序号	项目名称	文号	文件名
1	专项收入	主席令第 12 号（2014 年）	中华人民共和国预算法
		财税〔2016〕33 号	关于印发《政府非税收入管理办法》的通知
2	教育费附加收入	国发〔1986〕50 号	国务院关于征收教育费附加的暂行规定
		国务院令第 448 号	征收教育费附加的暂行规定
		财税〔2016〕12 号	财政部国家税务总局关于扩大有关政府性基金免征范围的通知
3	三峡库区移民专项收入	财企〔2004〕43 号	三峡库区移民专项资金征收使用管理办法
4	场外核应急准备收入	财防〔2007〕181 号	财政部 国防科工委关于印发《核电厂核事故应急准备专项收入管理规定》的通知
5	地方教育附加收入	财综〔2010〕98 号	关于统一地方教育附加政策有关问题的通知
6	文化事业建设费收入	财税〔2016〕25 号	财政部 国家税务总局关于营业税改征增值税试点有关文化事业建设费政策及征收管理问题的通知
		财税〔2016〕60 号	财政部 国家税务总局关于营业税改征增值税试点有关文化事业建设费政策及征收管理问题的补充通知
7	残疾人就业保障收入	财税〔2015〕72 号	关于印发《残疾人就业保障金征收使用管理办法》的通知
8	教育资金收入	财综〔2011〕62 号	财政部、教育部关于从土地出让收益中计提教育资金有关事项的通知
		国发〔2011〕22 号	国务院关于进一步加大财政教育投入的意见

续表

序号	项目名称	文号	文件名
9	森林植被恢复费	财综〔2002〕73 号	财政部 国家林业局关于印发《森林植被恢复费征收使用管理暂行办法》的通知
		财税〔2015〕122 号	关于调整森林植被恢复费征收标准引导节约集约利用林地的通知
10	水利建设专项收入	财基字〔1999〕139 号	财政部 水利部关于印发《水利基本建设资金管理办法》的通知
11	油价调控风险准备金收入	财税〔2016〕137 号	财政部 国家发展改革委关于印发《油价调控风险准备金征收管理办法》的通知

【随堂练习】

一、单选题

1. 下列收入中不属于政府专项收入的是（　　）。

A. 教育费附加收入　　B. 文化事业建设费收入

C. 港口建设费收入　　D. 育林基金收入

答案：C

2. 下列关于政府专项收入用途的说法中错误的是（　　）。

A. 教育费附加收入用于支持中央教育事业发展

B. 地方教育附加收入用于支持地方教育事业发展

C. 场外核应急准备收入用于应对核电厂事故发生的应急准备

D. 文化事业建设费收入用于加强社会主义精神文明建设、促进文化事业健康发展

答案：A

3. 下列主体中承担上缴场外核应急专项收入义务的是（　　）。

A. 所有核电企业　　　　　　　　B. 中国核工业集团公司

C. 上马核电项目的地方政府　　　D. 核电消费者

答案：A

4. 核电企业运行期的场外核电应急专项收入缴纳标准为（　　）。

A. 按额定容量每千瓦 5 元人民币的标准缴纳

B. 按年度上网销售电量每千瓦时 0.000 2 元人民币的标准缴纳

C. 按年度上网销售电量总收入的 15% 标准缴纳

D. 按上一年实际上网销售电量按规定标准计算的金额缴纳

答案：B

5. 下列各项中需要缴纳文化事业建设费的是（　　）。

A. 月收入 10 万元提供广告代理服务的个人

B. 月收入 10 万元的个体户酒吧

C. 月收入 2 万元的广告代理小规模企业

D. 月收入 5 万元的用于粘贴广告的灯箱制作工厂

答案：B

6. 自工商登记注册之日起（　　）年内，对安排参加人就业未达到规定比例、在职职工总数人（　　）（含）以下的小微企业，免征保障金。

A. 2 年，20 人　　　　B. 2 年，30 人

C. 3 年，20 人　　　　D. 3 年，30 人

答案：C

7. 用人单位申请减免残疾人就业保障金的最高限额不得超过（　　）的保障金应缴额，申请缓缴保障金的最长期限不得超过（　　）。

A. 6 个月，6 个月　　　　B. 1 年，6 个月

C. 6 个月，1 年　　　　D. 1 年，1 年

答案：B

8. 下列关于文化事业建设费的说法中不正确的是（　　）。

A. 文化事业建设费的缴纳义务发生时间和缴纳地点，与缴纳义务人的增值税纳税义务发生时间和纳税地点相同

B. 文化事业建设费的扣缴义务发生时间，为缴纳义务人的增值税纳税义务发生时间

C. 文化事业建设费的扣缴义务人应当向其机构所在地主管税务机关申报缴纳其扣缴的文化事业建设费

D. 文化事业建设费的缴纳期限与缴纳义务人的增值税纳税期限相同

答案：C

9. 下列各项中属于中央收入的是（　　）。

A. 广告收入　　B. 油价调控风险准备金

C. 水利建设专项收入　　D. 教育资金

答案：B

二、多选题

1. 下列收入中属于专项收入的有（　　）。

A. 教育费附加收入　　B. 教育费附加滞纳金收入

C. 教育费附加罚款收入　　D. 地方教育附加收入

E. 教育基金收入

答案：ABCDE

2. 下列各项中属于教育费附加计费依据的有（　　）。

A. 实际缴纳的增值税

B. 实际缴纳的消费税

C. 生产型出口企业当期免抵的增值税税额

D. 实际缴纳的城市维护建设税

E. 实际缴纳的企业所得税

答案：ABC

3. 下列关于教育费附加优惠政策的说法中正确的有（　　）。

A. 三峡工程建设基金免征教育费附加

B. 政府性基金免征教育费附加

C. 对从事生产卷烟和经营烟叶产品的单位免征教育费附加

D. 月营业额 10 万元的纳税人免征教育费附加

E. 进口成品油免征教育费附加

答案：AD

4. 所有缴纳增值税、消费税的单位和个人都是缴纳地方附加教育收入的义务人，这些单位和个人包括（　　）。

A. 境内企、事业单位　　B. 中国国籍自然人个人

C. 外籍个人　　D. 外商投资企业

E. 外国企业

答案：ABCDE

5. 下列关于教育费附加和地方教育附加共同点的说法中正确的有（　　）。

A. 缴费义务人相同　　B. 征缴范围相同

C. 计税依据相同　　D. 适用费率相同

E. 优惠政策相同

答案：ABC

6. 下列专项收入中从土地出让收益中计提的有（　　）。

A. 教育资金收入　　B. 农田水利建设资金收入

C. 育林基金收入　　D. 森林植被恢复费

E. 城市维护建设税

答案：AB

7. 中央水利建设基金的来源有（　　）。

A. 从车辆购置税收入中定额提取

B. 从车船税收入中定额提取

C. 从铁路建设基金收入中提取 3%

D. 从港口建设费收入中提取 3%

E. 从城市维护建设税中划出不少于 15% 的资金

答案：ACD

8. 凡采伐林木的单位和个人按其林木产品销售收入的一定比例缴纳育林基金，下列各项中属于林木产品范围的有（　　）。

A. 木材　　B. 竹材

C. 林副产品　　D. 经济林产品

E. 花卉

答案：AB

9. 下列各项中需要缴纳育林基金的有（　　）。

A. 采伐林木的单位和个人　　B. 自产自用林木产品的单位和个人

C. 进口林木单位和个人　　D. 农村居民采伐自留地零星林木

E. 已缴纳育林基金后再次销售的

答案：AB

10. 下列项目投资中主要由中央水利建设基金和地方水利建设基金共同负担的有（　　）。

A. 跨流域、跨省重大水利建设工程

B. 跨国河流、国界河流我方重点防护工程的治理

C. 省内水利工程建设

D. 关系经济社会发展全局的重点水利工程建设

E. 港口工程建设

答案：AB

11. 下列基金和收费项目中，须提取水利建设基金的有（　　）。

A. 城市维护建设税

B. 中央对地方成品油价格和税费改革转移支付资金

C. 征地管理费

D. 城市基础设施配套费

E. 车辆通行费

答案：BCDE

三、判断题

1. 实行免抵退的生产企业应就其当期实际缴纳的增值税、消费税税额为计费依据缴纳教育费附加。(　　)

答案：错误。(说明：应以其增值税、当期免抵税额、消费税税额为计费依据缴纳教育费附加。)

2. 教育费附加、地方教育附加属于增值税的附加税费，因此，只要缴纳增值税，则必须缴纳相应的教育费附加和地方教育附加。(　　)

答案：错误。[说明：小规模纳税人增值税起征点为按月销售额达到 3 万元(按季销售额达到 9 万元)，而教育费附加、地方教育附加的起征点为按月销售额超过 10 万元(按季销售额超过 30 万元)。]

3. 地方教育附加收入是指各个省按规定征收的专门用于支持地方教育事业发展的专项基金，属地方收入科目，其多征、减征、缓征、停征由各省自行决定。(　　)

答案：错误。(说明：未经财政部或国务院批准，不得擅自多征、减征、缓征、停征。)

4. 教育费附加、地方教育附加、教育资金收入均是用于教育事业发展的政府专项收入，以实际缴纳的增值税、消费税为计费依据。(　　)

答案：错误。(说明：教育资金收入是从土地出让收益中计提的用于教育事业发展的教育资金。)

5. 中国铁路总公司集中缴纳的铁路运输企业教育费附加由中国铁路总公司集中上缴中央财政，属中央收入科目。(　　)

答案：错误。(说明：中国铁路总公司集中缴纳的铁路运输企业教育费附加是指地方分享的中国铁路总公司集中缴纳的铁路企业教育费附加收入。属地方收入科目。)

6. 三峡库区移民专项资金从三峡电站投产发电时开始计提，每台机组提取期限为整个服役期。(　　)

答案：错误。(说明：三峡库区移民专项资金从三峡电站投产发电时开始计提，每台机组提取期限为10年。)

7. 油价调控风险准备金的缴纳义务人为中华人民共和国境内生产、委托加工和进口汽油、柴油、润滑油等成品油生产经营企业。(　　)

答案：错误。(说明：缴纳义务人为中华人民共和国境内生产、委托加工和进口汽油、柴油的成品油生产经营企业。)

四、计算题

1. 某市区一家广告设计公司，为增值税一般纳税人，2018年8月发生业务如下：购进广告印刷用纸10万元，取得增值税专用发票，税款为16 000元；为一竹制品企业设计制作广告，取得广告收入40万元，开具增值税专用发票，税款为24 000元。9月申报期，该广告设计公司申报缴纳增值税8 000元。请回答下列问题：

(1) 该公司需要缴纳的税费中哪些属于政府非税收入中的专项收入？

(2) 该公司所缴纳专项收入的作用是什么？

(3) 请分别计算该公司缴纳专项收入的应纳费额。

答案：(1) 该公司需缴纳的文化事业建设费、教育费附加、地方教育附加属于政府非税收入中的专项收入。

（2）文化事业建设费是用于加强社会主义精神文明建设、促进文化事业健康发展的专项基金；教育费附加的作用是发展地方性教育事业，扩大地方教育经费的资金来源；地方教育附加是用于支持地方教育事业发展的专项基金。

（3）文化事业建设费 =（400 000+24 000）×3%=12 720（元）；

教育费附加 =8 000×3%=240（元）；

地方教育附加 =8 000×2%=160（元）。

2. A 广告公司 2018 年 8 月收讫广告服务收入，价税合计 100 万元，取得广告发布者 B 开具的价税合计 30 万元的增值税专用发票，取得 C 广告公司增值税普通发票，金额 5 万元。请计算 A 公司 9 月申报期内应缴的文化事业建设费，并填写《文化事业建设费申报表》。

答案：应缴文化事业建设费为：（100−30−5）×3%=1.95（万元）。

填写完成的《文化事业建设费申报表》见表 3-2。

填写完成的《应税服务扣除项目清单》见表 3-3。

表 3-2　文化事业建设费申报表

缴纳人识别号：□□□□□□□□□□□□□□□□□□□□

缴纳人名称（公章）：　　　　　　金额单位：元（列至角分）

费款所属期：2018 年 8 月 1 日至 2018 年 8 月 31 日　　　填表日期：2018 年 9 月　日

项　　目			栏　　次	本月（期）数	本年累计
计费收入	应征收入		1	1 000 000.00	
	免征收入		2		
费额计算	减除项目期初金额		3		——
	减除项目本期发生额		4	350 000.00	
	本期减除额	应征收入减除额	5	350 000.00	
		免征收入减除额	6		
	减除项目期末余额		7=3+4−5−6		
	计费销售额		8=1−5	650 000.00	
	费率		9	3%	——
	应缴费额		10=8×9	19 500.00	

表 3-3　应税服务扣除项目清单

缴纳义务人识别号：

缴纳义务人名称（公章）（公章）：　　　　　　金额单位：元（列至角分）

费款所属期：2018 年 8 月 1 日至 2018 年 8 月 31 日　　　　填表日期：2018 年 9 月　日

开票方纳税人识别号	开票方单位名称	服务项目名称	凭证种类	凭证号码	金额
A	B	发布费	增值税专用发票		300 000.00
A	C	发布费	增值税普通发票		50 000.00
合计	——	——	——	——	350 000.00

3. 某核电企业计划在 A 市郊区建设核电工程，设计额定容量 100 万千瓦，于 2015 年起实施浇灌，2016 年底完工，2017 年起开始运行，当年上网销售电量 8 000 万千瓦。请计算该核电企业 2015—2018 年每年分别需缴纳多少场外核应急准备专项资金。

答案：企业基建期缴纳标准为 1 000 000 × 5=5 000 000（元）；

2015 年需缴纳：5 000 000 × 30%=1 500 000（元）；

2016 年需缴纳：5 000 000 × 40%=2 000 000（元）；

2017 年需缴纳：5 000 000 × 30%=1 500 000（元）；

2018 年根据上一年实际上网销售电量缴纳：80 000 000 × 0.000 2=16 000（元）。

4. 某国有林场 2018 年销售杉木 8 000 立方米，取得销售收入 560 万元，同年，因该林场所在镇政府修建道理占用该林场疏林地 1 000 平方米，该国有林场应缴纳多少育林基金？应缴纳多少森林植被恢复费？由谁向谁缴纳？（疏林地森林植被恢复费征收标准为 6 元 / 平方米）

答案： 国有林场应缴纳育林基金为 0，自 2016 年 2 月 1 日起，将育林基金征收标准降为零，政策依据为《财政部关于取消、停征和整合部分政府性基金项目等有关问题的通知》（财税〔2016〕11 号）。

森林植被恢复费为：1 000 × 6=6 000（元），由镇政府向县林业部门缴纳。

【案例分享】

残疾人就业保障金调整实例

《广州日报》2018 年 8 月 5 日讯，东莞市《关于征收 2018 年残疾人就业保障金的通告》（以下简称《通告》）已于近日发布。

据悉，2018 年的残疾人就业保障金征收标准与往年不同，征收标准为：少招一名残疾人，多缴上一年度用人单位在职职工年平均工资。此外，征收方式由残联核定、税务代征调整为由用人单位自行向税务机关申报缴纳。现在用人单位就可以申报年审和缴费了。

根据《通告》，东莞市机关、团体、企业、事业单位、民办非企业单位（以下简称用人单位），安排残疾人就业的比例不得低于本单位在职职工总数的 1.5%；达不到规定比例的，应当缴纳保障金。

2018 年保障金征收标准调整为：按上年用人单位安排残疾人就业未达到规定比例的差额人数和本单位在职职工年平均工资之积计算，即：应缴金额 =（按比例应安排残疾人就业人数 – 上年用人单位实际安排的残疾人就业人数）× 上年用人单位在职职工年平均工资。

其中，用人单位在职职工年平均工资未超过当地社会平均工资 2 倍（含）的，按用人单位在职职工年平均工资计征保障金；超过当地社会平均工资 2 倍以上的，按当地社会平均工资 2 倍计征保障金。根据市统计局公布的数据，东莞市上一年度职工年平均工资为 61 373 元。

《通告》称，征收方式由此前的残联核定、税务代征调整为由用人单位自行向税务机关申报缴纳。用人单位每年应当根据本单位安排残疾人就业的情况，在规定时间内进行申报年审和申报缴费。

用人单位遇不可抗力自然灾害、连续两年亏损、破产或其他突发事件遭受重大直接经济损失等原因，需要减免或者缓缴保障金的，应在办理年审时，向负责本单位年审的残疾人就业服务机构申请减免或者缓缴保障金。用人单位申请时，应提供书面申请报告、重大经济损失的相关证明，以及本单位审计报告和会计年报等相关材料。

用人单位申请保障金的缓缴期限最长不得超过 6 个月；减缴数额不得超过 1 年的保障金应缴额；已进入破产程序或已办理歇业手续的用人单位可申请免缴保障金。

请思考：

（1）以劳务派遣或劳动事务代理形式用工的，是否计入派遣单位或代理单位在职职工人数？

（2）用人单位跨地区招用残疾人的，是否计入用人单位安排的残疾人就业人数？

（3）用人单位招用的非就业年龄段的残疾人，是否计入所安排残疾人就业人数？

（4）用人单位为残疾人职工缴纳城乡居民养老保险、城乡居民医疗保险能否计入所安排残疾人就业人数？

解析：（1）以劳务派遣或劳动事务代理形式用工的，计入派遣单位或代理单位在职职工人数。

（2）用人单位跨地区招用残疾人的，应当计入用人单位安排的残疾人就业人数。

（3）根据《残疾人就业条例》和《残疾人就业保障金征收使用管理办法》的规定，用人单位招用的非就业年龄段的残疾人，不计入所安排残疾人就业人数。

（4）没有购买社会保险的残疾人职工不能计入所安排残疾人就业人数。

【延伸阅读】

如何正确看待残疾人就业保障金

一、残疾人按比例就业

残疾人按比例就业，是世界各国的共识和行动。

中国政府已接受联合国大会通过的《关于残疾人的世界行动纲领》，该纲领提出："任何单位应该吸取残疾人就业，这包括各级公共机构、非政府组织、公司和私人企业。"

据有关资料统计，世界上许多国家通过立法，规定比例录用残疾人就业。日本《残疾人雇佣促进法》明确规定民间企业须雇佣 1.5% 的残疾人；美国规定各企业安排 3% 的残疾人；意大利的规定是 5%；荷兰的规定是 3%～7%；土耳其的规定是 1%～2%；沙特阿拉伯的规定是 2%；印度的规定是 3%；韩国的规定是 2%。

日本、奥地利、土耳其等国家为推动残疾人就业，制定了相应的奖惩制度。不少国家还建立了残疾人劳动就业促进协会，组织、推动、检查、监督法律的实施，设立了残疾人劳动就业基金，扶持残疾人按比例就业。

二、残疾人劳动能力

不能片面地认为所有残疾人都不具备劳动能力。实际上，通过残疾人自身的努力和功能补偿，绝大多数残疾人可以同健全人一样成为社会物质财富和精神财富的创造者，为社会做出贡献。即使是一些重度残疾人，只要社会为他们提供适宜的环境和条件，也具备一定的劳动能力。因此，对于残疾人的劳动能力问题，应予客观、辩证对待，不能强调他们不能干什么，而应根据他们的具体情况，看到他们能干什么，并通过提供必要的条件，使他们扬长避短，成为社会财富的创造者。

残疾人是一个庞大的群体，在我国有 8 500 多万人，最新的数据表明有 940 万残疾人实现了就业，这是全社会共同努力的成果。在社会高速发展的今天，残疾人更需要社会的帮助，按比例安置残疾人就业也会越来越严格，更多的残疾人将会找到适合的工作，为社会的发展贡献自己的力量，更加融入社会，从而使残疾人事业得到推动。

事实证明，掌握了一定劳动技能的残疾人，完全能够按照相应的工作标准，从事相应的工作，成为自食其力的劳动者，为社会的文明进步做出自己的贡献。

因材施用，因人施用，扬长避短。对残疾人的劳动能力问题，应予客观、辩证对待，应根据他们的具体情况，并通过提供必要条件，帮助残疾人走上就业之路。

三、为什么按比例安置残疾人就业

就业乃民生之本。

《中华人民共和国残疾人保障法》规定："机关、团体、企事业组织、城乡集体经济组织，应当按照一定比例安排残疾人就业。"实质就是把残疾人就业的任务或者义务作为全社会的责任，动员全社会的力量来安排残疾人就业。这种就业规定一经确立，具有强制性，任何单位和个人都不能拒绝执行。

残疾人有参与社会生活的强烈愿望和能力，只有帮助残疾人充分就业，才能帮助残疾人实现平等、参与和共享的目标。积极做好残疾人就业工作，是政府和社会的共同责任。残疾人就业可以推动社会稳定发展，也是残疾人参与到社会建设的一个重要途径。

按比例安置可以平衡社会资源，使残疾人能够有在社会中找到自己位置的机会，对于企业来说是承担社会责任的体现，也能够在合法合规范围内减少残疾人就业保障金的缴纳，国家可以通过全社会的参与来积极推动残疾人事业发展。

四、正确对待残疾人就业保障金

残疾人就业保障金（简称残保金）是为了保障残疾人权益，由未按规定安排残疾人就业的机关、团体、企业、事业单位和民办非企业单位（以下简称用人单位）缴纳的资金。

缴纳残保金是用人单位履行按比例安排残疾人就业义务的一种代偿形式，是让用人单位平等地履行应尽责任和义务。收费不是目的，目的是引导、鼓励和督促用人单位尽可能多地安排残疾人就业，使有能力的残疾人实现就业，参与社会生活，更好地保障残疾人权益。

达不到残疾人就业规定比例的单位，必须缴纳残疾人就业保障金，是依法实施按比例安排残疾人就业必不可少的保障机制。残疾人就业保障金作为一种经济手段，用来调整单位吸收残疾人就业的行为，是法律赋予单位的社会义务。同时，缴纳的残疾人就业保障金，取之于社会，服务于社会，主要用于对残疾人进行职业技能培训以及扶持残疾人自主创业，因而是开发残疾人劳动能力的合理收费。残疾人就业保障金属于合法的国家政府性基金。

国家和社会更希望企业安置足够比例的残疾人就业而不需要缴纳残保金，因为企业安置残疾人就业了，残疾人的生活和未来就有了保障、有了希望，企业能够减免残保金支出减轻负担，社会也能够少一些压力，这是国家按比例安置残疾人就业、征收残疾人就业保障金的初衷，希望使残疾人事业进入一个良性循环。

（资料来源：搜狐财经［OL］.（2018-09-17）http://www.sohu.com/a/254385227_100204507.）

第四章

行政事业性收费

本章思维导图

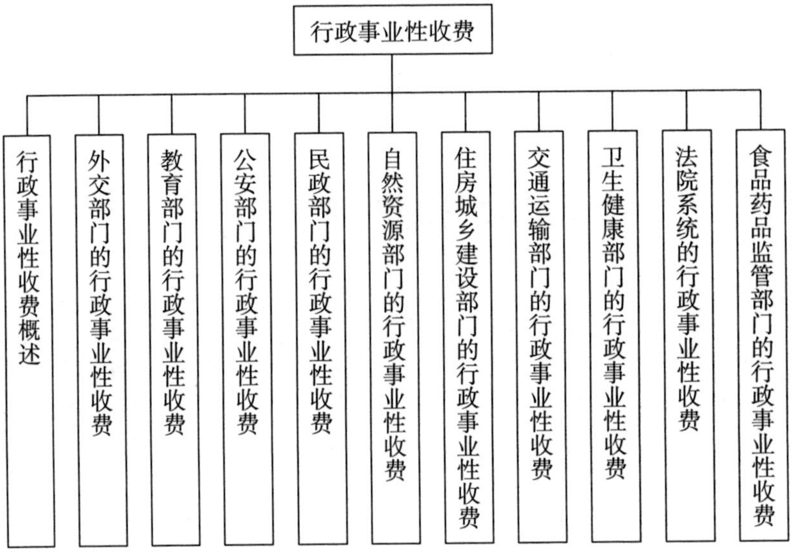
行政事业性收费
行政事业性收费概述
外交部门的行政事业性收费
教育部门的行政事业性收费
公安部门的行政事业性收费
民政部门的行政事业性收费
自然资源部门的行政事业性收费
住房城乡建设部门的行政事业性收费
交通运输部门的行政事业性收费
卫生健康部门的行政事业性收费
法院系统的行政事业性收费
食品药品监管部门的行政事业性收费

第四章　行政事业性收费

内容提要

本章主要内容包括行政事业性收费的概念、基本特征、收费标准，收费项目的设立、审批程序、管理、监督、法律责任以及审批收费项目应遵循原则，然后对10项行政事业性收费的收费对象、收费范围、收费标准和收费管理进行了介绍。

【学习要点】

一、行政事业性收费概述

行政事业性收费是指国家机关、事业单位、代行政府职能的社会团体及其他组织根据法律法规等有关规定，依照国务院规定程序批准，在实施社会公共管理，以及在向公民、法人和其他组织提供特定公共服务过程中，向特定对象收取的费用。

（1）主体：不仅包括行政机关和事业单位，还包括代行政府职能的社会团体及其他组织。

（2）基本特征：①强制性。其收费主体是国家机关或国家授权的其他机构，收费与其管理职能联系在一起，因此，被收费人不能拒绝，具有强制性。②特定性。其收费对象不是全体人民，而是接受特定服务或特定管理的单位或个人。③补偿性。收费只是为了补偿提供管理和服务过程产生的成本，不以盈利为目的。

（3）分类：按收费对象分，可分为涉企收费、涉农收费、其他收费；按收费性质分，可分为行政性收费和事业性收费；按管理权限分，可分为中项中标收费、中项省标收费、省项省标收费、其他收费；按收费类别分，可分为行政管理类收费、资源补偿类收费、鉴定类收费、考试类收费、培训类收费、其他类收费。

二、外交部门的行政事业性收费

（一）收费范围

认证费（含加急）、签证费包括代办外国签证（含加急，限于各国家机关收取的）和代填外国签证申请表（限于国家机关）及驻外使领馆收费。

（二）收费标准

1. 认证费。

主要包括：①商业文件每份 100 元。②民事类证书每证 50 元。③上述文件和证书，当事人要求在第 1 个工作日或立等即取认证证书的，每份（证）可另收 50 元加急费。④当事人要求当日或当时专程送取代办文件的，可另收加急费，领事认证代办加急费每证 30 元；⑤对免收我方认证费的国家，我亦免收其认证费；对两国间有协议的，按协议规定办理；对某些国家收费标准明显低于我国上述标准的，我国收费标准可按对方标准收取。

2. 签证费。

主要包括：

（1）外交部机关及驻外机构服务中心（以下简称服务中心）代办因公出国签证，代办费每证每国 50 元。

（2）服务中心代办外国领事认证，代办费每证 60 元。

（3）当事人要求当日或当时专程送取代办文件的，可另收加急费，签证代办加急费每证每国 20 元。

（4）服务中心代当事人填写外国签证申请表，代办费每份 10 元。

（5）当事人要求邮寄的，邮寄费按实际支出的费用收取。

（6）外交部授权自办外国签证的中央、国家机关和各大公司等，为本系统因公出国人员办理外国签证的，是否收费仍由各部门自行确定，确需收费的，按上述规定执行。

（7）经外交部授权自办签证的地方单位代办因公出国签证、认证的代办费标准，仍由省、自治区、直辖市价格、财政部门根据当地实际情况制定。

3. 驻外使领馆收费。

主要包括：①一般的结婚、出生、职业、学历等证书，每本收取 10 元；②商业性、遗产继承等证书，每本收取 20 元；③对于台湾、港澳同胞申办认证的收费问题，参照上述收费标准收取。

（三）收费管理

上述各项收费属于规费的，要纳入财政预算；不属于规费的，要纳入预算外资金管理，并按规定用途使用，不得挪作他用。

三、教育部门的行政事业性收费

目前，教育部门行政事业性收费主要有公办幼儿园保教费、住宿费，普通高中学费、住宿费，中等职业学校学费、住宿费，高等学校（含科研院所、各级党校等）学费、住宿费、委托培养费、函大电大夜大及短期培训费等。

（一）公办幼儿园保教费、住宿费

1. 收费标准。

根据《幼儿园管理条例》第二十四条规定：幼儿园可以依据本省、自治区、直辖市人民政府制定的收费标准，向幼儿家长收取保育费、教育费。

2. 收费管理。

幼儿园对入园幼儿按月或按学期收取保教费，不得跨学期预收。幼儿因故退（转）园的，幼儿园应当根据已发生的实际保教成本情况退还幼儿家长一定预收费用。具体退费办法由省级教育、价格和财政部门制定。对家庭经济困难的幼儿、孤儿和残疾幼儿，应酌情减免收取保教费。具体减免办法由省级教育、价格和财政部门制定。

（二）普通高中学费、住宿费

1. 收费标准。

根据《普通高级中学收费管理暂行办法》第三条规定：高中教育属于非义务教育阶段，学校依据国家有关规定，向学生收取学费、住宿费。

2. 收费管理。

学费收费按学期进行，不得跨学期预收。

（三）中等职业学校学费、住宿费

1. 收费标准。

根据《中等职业学校收费管理暂行办法》第三条规定，中等职业教育属于非义务教育阶段，学校依据国家有关规定，向学生收取学费、住宿费。

2. 收费管理。

学费收费按学期进行，不得跨学期预收。

（四）高等学校（含科研院所、各级党校等）学费、住宿费、委托培养费、函大电大夜大及短期培训费

1. 收费标准。

学费标准根据年生均教育培养成本的一定比例确定。不同地区、不同专业、不同层次学校的学费收费标准可以有所区别。教育培养成本包括以下项目：公务费、业务费、设备购置费、修缮费、教职工人员经费等正常办学费用支出。不包括灾害损失、事故、校办产业支出等非正常办学费用支出。

2. 收费管理。

学费按学年或学期收取，不得跨学年预收。学费收取实行“老生老办法，新生新办法”。

四、公安部门的行政事业性收费

公安部门收取的行政事业性收费主要有证照费［包括外国人证件费、公民出入境证件费、户籍管理证件工本费（限于丢失、补办和过期失效重办）、居民身份证工本费、机动车号牌工本费、机动车行驶证、登记证、驾驶证工本费和临时入境机动车号牌和行驶证、临时机动车驾驶许可工本费］、外国人签证费和中国国籍申请手续费（含证书费）等。

（一）收费范围

（1）证照费：包括外国人证件费、公民出入境证件费、户籍管理证件工本费（限于丢失、补办和过期失效重办）、居民身份证工本费、机动车号牌工本费、机动车行驶证、登记证、驾驶证工本费和临时入境机动车号牌和行驶证、临时机动车驾驶许可工本费；（2）外国人签证费；（3）中国

国籍申请手续费（含证书费）。

（二）收费标准

（1）证照费：公安机关根据不同的证照类型按照人、日或本等标准制定相应的收费标准。

（2）外国人签证费：公安机关根据非对等国家和对等国家按照次、年、团体及国别等标准制定相应的签证收费标准。

（3）中国国籍申请手续费（含证书费）：加入、恢复或退出中国国籍申请手续费每证20元，生活确有困难者可酌减或免收。

（三）收费管理

收费单位要建立健全各项收费管理制度，收费收入要纳入单位财务管理，并按照资金性质，纳入财政预算内管理。

五、民政部门的行政事业性收费

民政部门收取的行政事业性收费主要是殡葬收费。

（一）收费范围

殡葬服务应区分为基本服务和延伸服务（选择性服务）。基本服务主要包括遗体接运（含抬尸、消毒）、存放（含冷藏）、火化、骨灰寄存等服务。各地可在此基础上根据本地区实际情况，合理确定基本服务范围，切实满足当地群众最基本需要。在保证基本服务的供给规模和质量的前提下，殡葬服务单位可以根据实际情况，适当开展延伸服务。延伸服务是指在基本服务以外、供群众选择的特殊服务项目，包括遗体整容、遗体防腐、吊唁设施及设备租赁等。

（二）收费标准

基本服务收费标准，由各地价格主管部门会同有关部门在成本监审或成本调查的基础上，按照非营利原则，根据财政补贴情况从严核定，并适时调整。与基本服务密切相关的延伸服务收费，可由各地根据本地市场情况依法纳入地方定价目录，实行政府指导价管理。公益性公墓收费标准，由各地价格主管部门会同有关部门在成本监审或成本调查的基础上，按照非营利并兼顾居民承受能力的原则核定。

（三）收费管理

各地民政部门要建立殡葬服务收费标准和殡葬用品价格公示体系，通过本部门网站或其他载体将本地区殡仪馆和公墓的收费项目、收费标准（价格）进行公示，为群众监督、选择提供方便。殡葬服务单位要认真执行收费公示制度，在服务场所显著位置公布服务项目、收费标准、文件依据、减免政策、举报电话、服务流程和服务规范等内容，广泛接受社会监督。

六、自然资源部门的行政事业性收费

自然资源部门的行政事业性收费主要有土地复垦费、土地闲置费、不动产登记费、耕地开垦费等。

（一）土地复垦费

土地复垦费是指有关企业和个人为履行土地复垦义务，在自行没有条件复垦或者复垦没有达到规定要求时，向当地政府或土地行政主管部门缴纳的进行土地复垦的费用。

1. 收费标准。

确定土地复垦费的数额，应当综合考虑损毁前的土地类型、实际损毁面积、损毁程度、复垦标准、复垦用途和完成复垦任务所需的工程量等因素。

2. 收费管理。

土地复垦义务人缴纳的土地复垦费专项用于土地复垦。任何单位和个人不得截留、挤占、挪用。

（二）土地闲置费

土地闲置费是指向在城市规划区范围内，以出让方式取得土地使用权，未按照规定动工建设满一年、不满二年的建设单位和个人根据《闲置土地认定通知书》按照规定征收的闲置土地的一种费用。已经办理审批手续的非农业建设占用耕地，一年以上未动工建设的，按省、自治区、直辖市的规定征收土地闲置费。

1. 收费标准。

（1）已经签订国有土地使用权出让合同的闲置土地，每月的土地闲置费标准为：经营性房地产用地为合同出让金总额的 1.2%；一般建设用地为合同出让金总额的 0.8%；工业和基础设施用地为合同出让金总额的 0.4%；各类用地累计征收土地闲置费总额不超过该宗用地土地使用权出让金合同总额的 20%。

（2）未签订国有土地使用权出让合同或未办理划拨用地手续的闲置土地，土地闲置按各地规定的标准征收，计征时间累计不超过 24 个月。

2. 收费管理。

土地闲置费实行委托银行代收，收费收入缴入同级国库，实行“收支两条线”管理。

（三）不动产登记费

不动产登记费指县级以上不动产登记机构依法办理不动产权利登记时，根据不同情形，向不动产登记人收取的一种费用。

1. 收费标准。

（1）住宅类不动产登记收费标准。落实不动产统一登记制度，实行房屋所有权及其建设用地使用权一体登记。原有住房及其建设用地分别办理各类登记时收取的登记费，统一整合调整为不动产登记收费，即住宅所有权及其建设用地使用权一并登记，收取一次登记费。规划用途为住宅的房屋（以下简称住宅）及其建设用地使用权申请办理不动产登记事项，提供具体服务内容，据实收取不动产登记费，收费标准为每件 80 元。

（2）非住宅类不动产登记收费标准。办理非住宅类不动产权利的首次登记、转移登记、变更登记，收取不动产登记费，收费标准为每件 550 元。

2. 收费管理。

不动产登记费由登记申请人缴纳。按规定需由当事各方共同申请不动产登记的，不动产登记费由登记为不动产权利人的一方缴纳；不动产抵押权登记，登记费由登记为抵押权人的一方缴纳；不动产为多个权利人共有（用）的，不动产登记费由共有（用）人共同缴纳，具体分摊份额由共有（用）人自行协商。

七、住房城乡建设部门的行政事业性收费

住房城乡建设部门的行政事业性收费主要有污水处理费和城镇垃圾处理费。

（一）污水处理费

污水处理费是按照“污染者付费”原则，由排水单位和个人缴纳并专

项用于城镇污水处理设施建设、运行和污泥处理处置的资金。

1. 收费标准。

按照覆盖污水处理设施正常运营和污泥处理处置成本并合理盈利的原则制定，由县级以上地方价格、财政和排水主管部门提出意见，报同级人民政府批准后执行。

2. 收费管理。

全额上缴地方国库，纳入地方政府性基金预算管理，实行专款专用。

（二）城镇垃圾处理费

城镇垃圾处理费是指所有产生生活垃圾的国家机关、企事业单位（包括交通运输工具）、个体经营者、社会团体、城市居民和城市暂住人口等，按规定缴纳的生活垃圾处理的费用。

1. 收费标准。

按照补偿垃圾收集、运输和处理成本，合理盈利的原则核定，并区别不同情况，逐步到位。垃圾收集、运输和处理成本主要包括运输工具费、材料费、动力费、维修费、设施设备折旧费、人工工资及福利费和税金等。

2. 收费管理。

任何单位和个人都不得擅自减免垃圾处理费。对不按规定缴纳垃圾处理费的，各地要采取措施加强管理。

八、交通运输部门的行政事业性收费

交通运输部门的行政事业性收费主要有车辆通行费（限于政府还贷）和长江干线船舶引航收费。

（一）车辆通行费（限于政府还贷）

县级以上地方人民政府交通主管部门利用贷款或者向企业、个人有偿集资建设的公路（简称政府还贷公路）经依法批准后，方可收取车辆通行费。

1. 收费标准。

根据公路的技术等级、投资总额、当地价格指数、偿还贷款或者有偿集资款的期限和收回投资的期限以及交通量等因素计算确定。

2. 收费管理。

收费公路建成后，应当按照国家有关规定进行验收；验收合格的，方可收取车辆通行费。不得边建设边收费。政府还贷公路的管理者收取的车辆通行费收入，应当全部存入财政专户，严格实行“收支两条线”管理。政府还贷公路的车辆通行费，除必要的管理、养护费用从财政部门批准的车辆通行费预算中列支外，必须全部用于偿还贷款和有偿集资款，不得挪作他用。

（二）长江干线船舶引航收费

1. 收费标准。

（1）长江引航费按基本基价每净吨（马力）0.405 元，加里程基价每净吨（马力）公里 0.003 315 元计收，即每净吨（马力）引航费标准 =0.405 元 +0.003 315 元 / 公里 × 里程数，计算结果四舍五入进整到分。

（2）引航船舶不足 500 净吨（马力）的，按 500 净吨（马力）计收。

（3）逢节假日或夜班（22：00—6：00）引航、移泊的，按上述收费标准加收 50%，节假日夜班加收 100%。

（4）引航员由出发点至被引领船舶之间的交通费收费标准为，引航交通费每次 400 元，移泊交通费每次 100 元。

根据《国家发展改革委 财政部关于降低部分行政事业性收费标准的通

知》(发改价格〔2013〕1494号)的规定，长江干线船舶引航收费，在现行收费标准基础上下调20%。

2. 收费管理。

长江海事局应严格按照规定收费，不得擅自扩大收费范围、提高收费标准，并自觉接受价格、财政、审计部门的监督检查。

九、卫生健康部门的行政事业性收费

卫生健康部门的行政事业性收费主要有预防接种服务费、鉴定费和社会抚养费。

(一)预防接种服务费

根据《疫苗流通和预防接种管理条例》第三条规定，接种公民自费并且自愿受种的其他疫苗(也称第二类疫苗)由受种者或者其监护人承担费用。第三十条规定，接种单位接种第二类疫苗可以收取服务费、接种耗材费，具体收费标准由所在地的省、自治区、直辖市人民政府价格主管部门核定。

(二)鉴定费

1. 事故鉴定费。

医疗事故，是指医疗机构及其医务人员在医疗活动中，违反医疗卫生管理法律、行政法规、部门规章和诊疗护理规范、常规，过失造成患者人身损害的事故。《医疗事故处理条例》第三十四条规定，医疗事故技术鉴定，可以收取鉴定费用。经鉴定，属于医疗事故的，鉴定费用由医疗机构支付；不属于医疗事故的，鉴定费用由提出医疗事故处理申请的一方支付。鉴定费用标准由省、自治区、直辖市人民政府价格主管部门会同同级财政部门、卫生行政部门规定。

2. 职业病诊断鉴定费。

职业病，是指企业、事业单位和个体经济组织等用人单位的劳动者在职业活动中，因接触粉尘、放射性物质和其他有毒、有害因素而引起的疾病。根据《职业病防治法》第五十三条规定，职业病诊断鉴定委员会应当按照国务院卫生行政部门颁布的职业病诊断标准和职业病诊断、鉴定办法进行职业病诊断鉴定，向当事人出具职业病诊断鉴定书。职业病诊断、鉴定费用由用人单位承担。

3. 预防接种异常反应鉴定费。

预防接种异常反应的鉴定参照《医疗事故处理条例》执行。按照《医疗事故处理条例》规定，卫生行政部门接到医疗事故争议当事人要求处理医疗事故争议的申请后，对需要进行医疗事故技术鉴定的，应当交由负责医疗事故技术鉴定工作的医学会组织鉴定；医患双方协商解决医疗事故争议，需要进行医疗事故技术鉴定的，由双方当事人共同委托负责医疗事故技术鉴定工作的医学会组织鉴定。

十、法院系统的行政事业性收费

法院系统的行政事业性收费主要是诉讼费收入。诉讼费是指民事、行政等案件的当事人向人民法院提请诉讼或申请执行，依照法律规定缴纳的案件受理费、申请费和其他诉讼费。

（一）收费对象

（1）进行民事诉讼、行政诉讼的当事人，按规定可以不交纳或者免予交纳诉讼费用的除外。

（2）在人民法院进行诉讼的外国人、无国籍人、外国企业或者组织。

（二）收费范围

当事人应当向人民法院交纳的诉讼费用包括：①案件受理费；②申请费；③证人、鉴定人、翻译人员、理算人员在人民法院指定日期出庭发生的交通费、住宿费、生活费和误工补贴。

（三）收费标准

1. 案件受理费标准。

（1）财产案件根据诉讼请求的金额或者价额，按照下列比例分段累计交纳：①不超过 1 万元的，每件交纳 50 元；②超过 1 万～10 万元的部分，按照 2.5% 交纳；③超过 10 万～20 万元的部分，按照 2% 交纳；④超过 20 万～50 万元的部分，按照 1.5% 交纳；⑤超过 50 万～100 万元的部分，按照 1% 交纳；⑥超过 100 万～200 万元的部分，按照 0.9% 交纳；⑦超过 200 万～500 万元的部分，按照 0.8% 交纳；⑧超过 500 万～1 000 万元的部分，按照 0.7% 交纳；⑨超过 1 000 万～2 000 万元的部分，按照 0.6% 交纳；⑩超过 2 000 万元的部分，按照 0.5% 交纳。

（2）非财产案件按照下列标准交纳：①离婚案件每件交纳 50～300 元。涉及财产分割，财产总额不超过 20 万元的，不另行交纳；超过 20 万元的部分，按照 0.5% 交纳；②侵害姓名权、名称权、肖像权、名誉权、荣誉权以及其他人格权的案件，每件交纳 100～500 元。涉及损害赔偿，赔偿金额不超过 5 万元的，不另行交纳；超过 5 万～10 万元的部分，按照 1% 交纳；超过 10 万元的部分，按照 0.5% 交纳；③其他非财产案件每件交纳 50～100 元。

（3）知识产权民事案件，没有争议金额或者价额的，每件交纳 500～1 000 元；有争议金额或者价额的，按照财产案件的标准交纳。

（4）劳动争议案件每件交纳 10 元。

（5）行政案件按照下列标准交纳：①商标、专利、海事行政案件每件交纳 100 元；②其他行政案件每件交纳 50 元。

（6）当事人提出案件管辖权异议，异议不成立的，每件交纳 50～100 元。

省、自治区、直辖市人民政府可以结合本地实际情况在上述第（2）、（3）、（6）项规定的幅度内制定具体交纳标准。

2. 申请费标准。

（1）依法向人民法院申请执行人民法院发生法律效力的判决、裁定、调解书，仲裁机构依法做出的裁决和调解书，公证机关依法赋予强制执行效力的债权文书，申请承认和执行外国法院判决、裁定以及国外仲裁机构裁决的，按照下列标准交纳：①没有执行金额或者价额的，每件交纳 50～500 元；②执行金额或者价额不超过 1 万元的，每件交纳 50 元；超过 1 万～50 万元的部分，按照 1.5% 交纳；超过 50 万～500 万元的部分，按照 1% 交纳；超过 500 万～1 000 万元的部分，按照 0.5% 交纳；超过 1 000 万元的部分，按照 0.1% 交纳；③符合《中华人民共和国民事诉讼法》第五十五条第四款规定，未参加登记的权利人向人民法院提起诉讼的，按照本项规定的标准交纳申请费，不再交纳案件受理费。

（2）申请保全措施的，根据实际保全的财产数额按照下列标准交纳：产数额不超过 1 000 元或者不涉及财产数额的，每件交纳 30 元；超过 1 000～10 万元的部分，按照 1% 交纳；超过 10 万元的部分，按照 0.5% 交纳。但是，当事人申请保全措施交纳的费用最多不超过 5 000 元。

（3）依法申请支付令的，比照财产案件受理费标准的 1/3 交纳。

（4）依法申请公示催告的，每件交纳 100 元。

（5）申请撤销仲裁裁决或者认定仲裁协议效力的，每件交纳 400 元。

（6）破产案件依据破产财产总额计算，按照财产案件受理费标准减半交纳，但是，最高不超过 30 万元。

（7）海事案件的申请费按照下列标准交纳：①申请设立海事赔偿责任

限制基金的，每件交纳 1 000～10 000 元；②申请海事强制令的，每件交纳 1 000～5 000 元；③申请船舶优先权催告的，每件交纳 1 000～5 000 元；④申请海事债权登记的，每件交纳 1 000 元；⑤申请共同海损理算的，每件交纳 1 000 元。以调解方式结案或者当事人申请撤诉的，减半交纳案件受理费。

适用简易程序审理的案件减半交纳案件受理费。

对财产案件提起上诉的，按照不服一审判决部分的上诉请求数额交纳案件受理费。

被告提起反诉、有独立请求权的第三人提出与本案有关的诉讼请求，人民法院决定合并审理的，分别减半交纳案件受理费。

依照规定需要交纳案件受理费的再审案件，按照不服原判决部分的再审请求数额交纳案件受理费。

（四）司法救助

当事人交纳诉讼费用确有困难的，可以依照规定向人民法院申请缓交、减交或者免交诉讼费用的司法救助。

1. 免交诉讼费用。

当事人申请司法救助，符合下列情形之一的，人民法院应当准予免交诉讼费用：①残疾人无固定生活来源的；②追索赡养费、扶养费、抚育费、抚恤金的；③最低生活保障对象、农村特困定期救济对象、农村五保供养对象或者领取失业保险金人员，无其他收入的；④因见义勇为或者为保护社会公共利益致使自身合法权益受到损害，本人或者其近亲属请求赔偿或者补偿的；⑤确实需要免交的其他情形。

诉讼费用的免交只适用于自然人。

2. 减交诉讼费用。

当事人申请司法救助，符合下列情形之一的，人民法院应当准予减交诉讼费用：①因自然灾害等不可抗力造成生活困难，正在接受社会救济，或者家庭生产经营难以为继的；②属于国家规定的优抚、安置对象的；③社会福利机构和救助管理站；④确实需要减交的其他情形。

人民法院准予减交诉讼费用的，减交比例不得低于30%。

3. 缓交诉讼费用。

当事人申请司法救助，符合下列情形之一的，人民法院应当准予缓交诉讼费用：①追索社会保险金、经济补偿金的；②海上事故、交通事故、医疗事故、工伤事故、产品质量事故或者其他人身伤害事故的受害人请求赔偿的；③正在接受有关部门法律援助的；④确实需要缓交的其他情形。

当事人申请司法救助，应当在起诉或者上诉时提交书面申请、足以证明其确有经济困难的证明材料以及其他相关证明材料。

因生活困难或者追索基本生活费用申请免交、减交诉讼费用的，还应当提供本人及其家庭经济状况符合当地民政、劳动保障等部门规定的公民经济困难标准的证明。

人民法院对当事人的司法救助申请不予批准的，应当向当事人书面说明理由。

人民法院对一方当事人提供司法救助，对方当事人败诉的，诉讼费用由对方当事人负担；对方当事人胜诉的，可以视申请司法救助的当事人的经济状况决定其减交、免交诉讼费用。

人民法院准予当事人减交、免交诉讼费用的，应当在法律文书中载明。

诉讼费收入是国家财政收入的组成部分，各级人民法院应全力保障诉讼费应收尽收。诉讼费的缓交、减交、免交等司法救助应严格按照国家的有关规定执行，并报同级财政部门备案。

（五）收费管理

（1）诉讼费用的交纳和收取制度应当公示。人民法院收取诉讼费用按照其财务隶属关系使用国务院财政部门或者省级人民政府财政部门印制的财政票据。案件受理费、申请费全额上缴财政，纳入预算，实行“收支两条线”管理。

人民法院收取诉讼费用应当向当事人开具缴费凭证，当事人持缴费凭证到指定代理银行交费。依法应当向当事人退费的，人民法院应当按照国家有关规定办理。诉讼费用缴库和退费的具体办法由国务院财政部门商最高人民法院另行制定。

（2）在边远、水上、交通不便地区，基层巡回法庭当场审理案件，当事人提出向指定代理银行交纳诉讼费用确有困难的，基层巡回法庭可以当场收取诉讼费用，并向当事人出具省级人民政府财政部门印制的财政票据；不出具省级人民政府财政部门印制的财政票据的，当事人有权拒绝交纳。人民法庭直接代收的诉讼费，要定期交入当地指定银行，同时将票据上交基层人民法院。

实行人民法庭代收诉讼费的地区，需经省级财政部门和高级人民法院批准。

（3）案件审结后，人民法院应当将诉讼费用的详细清单和当事人应当负担的数额书面通知当事人，同时在判决书、裁定书或者调解书中写明当事人各方应当负担的数额。

需要向当事人退还诉讼费用的，人民法院应当自法律文书生效之日起15日内退还有关当事人。

（4）各级人民法院应当加强对诉讼收费的管理监督，严肃查处超出规定的范围、项目和标准收费，以诉讼收费名义收取其他费用，应收不收或违反规定进行司法救助等违法行为。

各级人民法院应当严格执行国家有关财务管理的法律、法规和规章制度，严格会计核算手续，自觉接受同级财政部门、审计部门和上级人民法院的监督和检查。

（5）价格主管部门、财政部门按照收费管理的职责分工，对诉讼费用进行管理和监督；对违反规定的乱收费行为，依照法律、法规和国务院相关规定予以查处。

十一、食品药品监管部门的行政事业性收费

食品药品监管部门收取的行政事业性收费包括药品注册费和医疗器械产品注册费，药品、医疗器械产品注册费，是指食品药品监管部门向药品、医疗器械产品注册申请人收取的注册受理、审评、现场检查（医疗器械产品注册为质量管理体系核查，下同）等费用。

（一）收费项目

1. 药品注册费。

包括：①新药注册费；②仿制药注册费；③补充申请注册费；④再注册费；⑤药品注册加急费。

2. 医疗器械产品注册费。

包括：①首次注册费。②变更注册费。③延续注册费。④临床试验申请费。国家食品药品监督管理总局在受理境内和进口第三类高风险医疗器械临床试验申请时，向申请人收取。第二类、第三类医疗器械产品分类办法依据《医疗器械监督管理条例》有关规定执行。⑤医疗器械产品注册加急费。

（二）收费标准

药品、医疗器械产品注册费标准按照收支平衡的原则制定。

（1）药品、医疗器械产品注册成本包括人工费、差旅费、会议费、信息与资料维护费、房租物业费、设备折旧费等费用支出。

（2）国务院食品药品监管部门收取药品、医疗器械产品注册费标准为：药品、医疗器械产品注册费=人日费用标准 × 注册所需人数 × 注册所需天数。

人日费用标准，按不高于 2 400 元 / 人 · 天执行。

药品、医疗器械产品注册的具体人日费用标准及所需人数、天数，由国务院食品药品监管部门根据工作实际分类确定。其中，人数是指药品、医疗器械产品注册受理、审评、现场检查等所需的平均工作人员数；天数是指完成药品、医疗器械产品注册所需的平均工作日数（每个工作日按 8 小时计）。

省级食品药品监管部门收取的药品、医疗器械产品注册费的收费标准，由省级价格、财政部门参照《中华人民共和国食品药品监督管理办法》相关规定制定。

（3）药品、医疗器械产品注册申请人申请加急办理注册，加急办理的条件及加急费标准，由国务院食品药品监管部门规定。

（4）药品、医疗器械产品注册费标准不包含药品、医疗器械产品注册检验费用，药品、医疗器械产品注册检验费按国家有关规定执行。

（5）食品药品监管部门对进口药品、医疗器械产品注册，加收现场检查境外部分的交通费、食宿费和公杂费等费用。

（6）国家食品药品监督管理总局和省级食品药品监督管理部门收取药品、医疗器械产品注册费后，不得在审评、现场检查过程中再向药品注册申请人收取规定之外的其他任何费用。

（7）药品、医疗器械产品注册费标准原则上每五年评估一次，根据评估情况进行适当调整。

（三）收费管理

国家食品药品监督管理总局及所属事业单位的行政事业性收费收入，全额上缴中央国库，纳入中央财政预算管理。省及省以下食品药品监督管理部门及所属事业单位的行政事业性收费收入，全额上缴地方同级国库，纳入地方同级财政预算管理。具体缴库办法按照财政部和省级财政部门的规定执行。食品药品监督管理部门及所属事业单位依法开展注册、检验、认证等工作所需经费，通过同级财政预算统筹安排。

收费单位应严格按上述规定执行，不得自行增加收费项目、扩大收费范围或调整收费标准，并自觉接受财政、价格、审计部门的监督检查。

【政策依据】

详见表 4-1。

表 4-1 文件汇总

序号	项目名称	文号	文件名
1	行政事业性收费概述		中华人民共和国价格管理条例
		国务院令第 427 号	财政违法行为处罚处分条例
		国务院令第 281 号	违反行政事业性收费和罚没收入收支两条线管理规定行政处分暂行规定
2	行政事业性收费的征收与管理	中华人民共和国主席令第 92 号（1997 年）	中华人民共和国价格法
		国务院令第 585 号	价格违法行为行政处罚规定
		教财〔1996〕101 号	普通高级中学收费管理暂行办法
		教财〔1996〕101 号	中等职业学校收费管理暂行办法
		财行〔2013〕523 号	财政部 中共中央组织部 国家公务员局关于印发《中央和国家机关培训费管理办法》的通知
		国务院令第 668 号	疫苗流通和预防接种管理条例
		中华人民共和国主席令第 81 号（2001 年）	中华人民共和国职业病防治法
		国务院令第 351 号	医疗事故处理条例
		财综〔2008〕70 号	财政部 国家发展改革委关于同意收取预防接种异常反应鉴定费的通知
		中华人民共和国主席令第八号	中华人民共和国专利法
		国务院令第 306 号	中华人民共和国专利法实施细则
		国务院令第 300 号	集成电路布图设计保护条例

续表

序号	项目名称	文号	文件名
2	行政事业性收费的征收与管理	国家知识产权局令第 11 号	集成电路布图设计保护条例实施细则
		财库〔2003〕106 号	财政部关于确认国家知识产权局收入收缴管理制度改革试点有关事宜的通知
		中华人民共和国主席令第 38 号（2017 年）	中华人民共和国仲裁法
		国办发〔1995〕44 号	仲裁委员会仲裁收费办法
		财税〔2015〕68 号	财政部 国家发展改革委关于重新发布中央管理的住房城乡建设部门行政事业性收费项目的通知
		财税〔2015〕69 号	关于重新发布中央管理的人力资源社会保障部门行政事业性收费项目的通知
		财税〔2016〕14 号	财政部 国家发展改革委关于重新发布中央管理的卫生计生部门行政事业性收费项目的通知
		财税〔2016〕105 号	财政部 国家发展改革委关于重新发布国家中医药管理局行政事业性收费项目的通知
		财税〔2018〕65 号	财政部 国家发展改革委关于同意收取法律职业资格考试考务费的复函
		财税〔2018〕66 号	财政部 国家发展改革委关于同意收取公路水运工程试验检测专业技术人员和勘察设计注册土木工程师（道路工程）考试考务费的复函
		发改价格〔2004〕2831 号	国家发展改革委、财政部关于加强和规范机动车牌证工本费等收费标准管理有关问题的通知
		发改价格〔2015〕1217 号	财政部 国家发展和改革委员会关于改革全国性职业资格考试收费标准管理方式的通知
		发改价格〔2016〕488 号	国家发展改革委 财政部关于重新核发中央管理的卫生计生部门行政事业性收费标准等有关问题的通知
		价费字〔1992〕452 号	国家物价局、财政部关于发布农业系统行政事业性收费项目和标准的通知

【随堂练习】

一、单选题

1. 服务中心接受当事人委托，代办签证，必须在受理后的（　　）个工作日内，将代办文件送达有关外国（地区）驻华使（领）馆，并负责及时取回通知当事人领取。

A. 1　　B. 2　　C. 3　　D. 4

答案：B

2. 下列费用支出中不属于公办幼儿园保育教育成本的是（　　）。

A. 教职工工资　　B. 社会保障支出

C. 修缮费　　D. 灾害损失

答案：D。（说明：公办幼儿园保教费标准根据年生均保育教育成本的一定比例确定。保育教育成本包括以下项目：教职工工资、津贴、补贴及福利、社会保障支出、公务费、业务费、修缮费等正常办园费用支出。不包括灾害损失、事故、经营性费用支出等非正常办园费用支出。）

3. 根据《国家发展改革委、财政部关于降低电信网码号资源占用费等部分行政事业性收费标准的通知》（发改价格〔2017〕1186号）的规定，办理一本普通护照的收费标准为（　　）元。

A. 120　　B. 130　　C. 160　　D. 180

答案：C

4. 已经办理审批手续的非农业建设占用耕地，（　　）以上未动工建设的，按省、自治区、直辖市的规定征收土地闲置费。

A. 半年　　B. 一年　　C. 两年　　D. 三年

答案：B

5. 某企业受让一块经营性房地产用地，企业已经签订国有土地使用权出让合同，合同出让金总额 1 000 万元，但受让后土地长期闲置，按规定应按月缴纳土地闲置费。该企业每月应缴纳土地闲置费（　　）万元。

A. 4　　B. 8　　C. 12　　D. 16

答案：C。（说明：经营性房地产用地缴纳土地闲置费的标准为合同出让金总额的 1.2%。）

6. 污水处理费按缴纳义务人的用水量计征，其中使用公共供水的单位和个人，其用水量以（　　）为准。

A. 计量设备显示的量值

B. 取水设施额定流量

C. 取水设施额定流量每日运转 24 小时计算

D. 水表显示的量值

答案：D

7. 码号资源占用费按月计费、按季度缴纳。电信业务经营者应在每季度第一个月（　　）日前缴纳上季度的码号资源占用费。

A. 3　　B. 5　　C. 10　　D. 15

答案：C

8. 取水单位或者个人因特殊困难不能按期缴纳水资源费的，可以自收到水资源费缴纳通知单之日起（　　）日内向发出缴纳通知单的水行政主管部门申请缓缴。

A. 3　　B. 5　　C. 7　　D. 10

答案：C

9. 征收的水资源费应当全额纳入财政预算，由财政部门按照批准的部门财政预算统筹安排，主要用于水资源的节约、保护和管理，也可以用于水资源的合理开发，由（　　）对水资源费的使用和管理进行审计监督。

A. 审计机关　　B. 纪检部门　　C. 监察部门　　D. 政府机关

答案：A。（说明：审计机关应当加强对水资源费使用和管理的审计监督。）

10. 车主自愿安装号牌架的，铁质号牌架及同类产品每只（ ）元（含号牌安装费），铝合金号牌架及同类产品每只（ ）元（含号牌安装费）。

A. 5，5　B. 5，10　C. 10，10　D. 10，5

答案：B

11. 社会抚养费的征收决定，自送达当事人之日起生效。当事人应当自收到征收决定之日起（ ）日内一次性缴纳社会抚养费。

A. 10　B. 15　C. 20　D. 30

答案：D

12. 当事人申请司法救助，下列情形中，属于人民法院应当准予减交诉讼费用的是（ ）。

A. 国家规定的优抚、安置对象　B. 最低生活保障对象

C. 无固定生活来源的残疾人　D. 农村特困定期救济对象

答案：A。（说明：BCD 选项属于免交诉讼费用的情形。）

13. 根据《中华人民共和国仲裁法》第七十六条的规定，当事人应当按照规定交纳仲裁费用。收取仲裁费用的办法，应当报（ ）核准。

A. 当地税务局　B. 价格委员会委员

C. 价格管理部门　D. 人民法院

答案：C

14. 申请人应当自收到仲裁委员会受理通知书之日起（ ）日内，按照仲裁案件受理费表的规定预交案件受理费。被申请人在提出反请求的同时，应当按照仲裁案件受理费表的规定预交案件受理费。

A. 5 日　B. 10 日　C. 15 日　D. 20 日

答案：C

二、多选题

1. 行政事业性收费的基本特征有（　　）。

A. 收费主体是国家机关或国家授权的其他机构

B. 以营利为目的

C. 对特定受益对象征收

D. 不以营利为目的

答案：ACD。（说明：行政事业性收费具有强制性、特定性、补偿性的基本特征。）

2. 按收费类别分，行政事业性收费主要包括（　　）。

A. 行政管理类收费　　B. 资源补偿类收费

C. 监管类收费　　D. 考试类收费

答案：ABD。（说明：按收费类别分，行政事业性收费可分为行政管理类收费、资源补偿类收费、鉴定类收费、考试类收费、培训类收费、其他类收费等六类。）

3. 下列收费项目中按标准应收取 10 元的有（　　）。

A. 结婚证　　B. 遗产继承证

C. 外国留学生申办学历证书的认证　　D. 出生证

答案：ACD

4. 高等学校学费按学年或学期收取，不得跨学年预收。学费收取实行（　　）原则。

A. 老生新办法　　B. 新生新办法

C. 老生老办法　　D. 新生老办法

答案：BC

5. 下列各项中不属于卫生健康部门收取的行政事业性收费的有（　　）。

A. 预防接种服务费　　B. 鉴定费

C. 疫苗费　　D. 社会抚养费

答案：ABD

6. 下列各项中属于殡葬服务的基本服务的有（　　）。

A. 遗体接运　B. 遗体防腐　C. 遗体整容　D. 骨灰寄存

答案：AD。（说明：殡葬服务应区分为基本服务和延伸服务（选择性服务）。基本服务主要包括遗体接运（含抬尸、消毒）、存放（含冷藏）、火化、骨灰寄存等服务。延伸服务包括遗体整容、遗体防腐、吊唁设施及设备租赁等。）

7. 污水处理收费标准原则有（　　）。

A. 污染付费　B. 公平负担　C. 补偿成本　D. 合理盈利

答案：ABCD

8. 下列社会公益性号码中免收码号资源占用费的有（　　）。

A. 119 火灾报警电话　　B. 120 急救服务电话

C. 114 号码查询电话　　D. 122 交通事故报警电话

答案：ABD。（说明：匪警电话 110、火灾报警电话 119、急救服务电话 120、交通事故报警电话 122、123 系列以及其他公益服务电话免收码号资源占用费。）

9. 下列新建民用建筑项目中免收防空地下室易地建设费的有（　　）。

A. 享受政府优惠政策建设的廉租房、经济适用房等居民住房

B. 临时民用建筑和不增加面积的危房翻新改造商品住宅项目

C. 新建幼儿园、学校教学楼、养老院及为残疾人修建的生活服务设施等民用建筑

D. 因遭受水灾、火灾或其他不可抗拒的灾害造成损坏后按原面积修复的民用建筑

答案：BD

10. 下列案件中不交纳案件受理费的有（　　）。

A. 行政赔偿案件

B. 再审案件

C. 裁定不予受理、驳回起诉、驳回上诉的案件

D. 特别程序审理的案件

答案：ACD

11. 食品药品监管部门收取的行政事业性收费包括（　　）。

A. 新药注册费

B. 药品注册加急费

C. 医疗器械产品注册费

D. 医疗器械产品注册加急费

答案：ABCD

12. 向国务院专利行政部门申请专利和办理其他手续时，应当缴纳的费用有（　　）。

A. 申请费

B. 复审费

C. 专利登记费

D. 公告印刷费

答案：ABCD

三、判断题

1. 外交部门的行政事业性收费有认证费（不含加急）、签证费和驻外使领馆收费。（　　）

答案：错误。（说明：含加急费。）

2. 幼儿园对入园幼儿按月或按学期收取保教费，可以跨学期预收。（　　）

答案：错误。（说明：不可以跨学期预收。）

3. 行政事业性收费单位要建立健全各项收费管理制度，收费收入要纳入单位财务管理，并按照资金性质，纳入财政预算内管理。（　　）

答案：正确。

4. 各地价格主管部门对殡仪馆销售的骨灰盒、寿衣、花圈等殡葬用品价格

要进行必要的指导规范，可根据本地区情况依法纳入地方定价目录，实行政府指导价或其它必要的价格管理方式。(　　)

答案：正确。

5. 基本服务收费标准，由各地价格主管部门会同有关部门在成本监审或成本调查的基础上，按照营利原则，根据财政补贴情况从严核定，并适时调整。(　　)

答案：错误。(说明：按照非营利原则。)

6. 土地复垦费用不可列入基本建设投资或生产成本。(　　)

答案：正确。

7. 污水处理费属于政府非税收入，全额上缴地方国库，纳入地方政府性基金预算管理，实行专款专用。(　　)

答案：正确。

8. 长江海事局应严格按照规定收费，不得擅自扩大收费范围、提高收费标准，并自觉接受价格、财政、审计部门的监督检查。(　　)

答案：正确。

9. 占有、使用码号资源不足一个月的，按一个月缴纳码号资源占用费。(　　)

答案：错误。(说明：免缴码号资源占用费。)

10. 对水利水电工程建设项目而言，水库淹没区包括在水土保持补偿费计征范围之内。(　　)

答案：错误。(说明：水库淹没区不在水土保持补偿费计征范围之内。)

11. 职业病，是指企业、事业单位和个体经济组织等用人单位的劳动者在职业活动中，因接触粉尘、放射性物质和其他有毒、有害因素而引起的疾病。(　　)

答案：正确。

12. 防空地下室易地建设费收入属于预算内资金，应全额缴入预算内资金财政专户，实行“收支两条线”管理。(　　)

答案：错误。（说明：属于预算外资金，应全额缴入预算外资金财政专户。）

13. 诉讼费是指民事、行政等案件的当事人向人民法院提请诉讼或申请执行，依照法律规定缴纳的案件受理费、申请费和其他诉讼费。（　　）

答案：正确。

14. 药品、医疗器械产品注册费标准原则上每三年评估一次，根据评估情况进行适当调整。（　　）

答案：错误。（说明：每五年评估一次。）

15. 商标注册费是指申请商标注册应当缴纳的费用，而专利收费是为保护专利而收取的费用。（　　）

答案：正确。

16. 国家知识产权局收取的专利收费、集成电路布图改计保护费等收入应按财务隶属关系分别使用财政部和地方财政部门统一印制的财政票据。（　　）

答案：错误。（说明：应按财务隶属关系分别使用财政部和省级财政部门统一印制的财政票据。）

17. 仲裁庭同意重新仲裁的，仲裁委员会不得再行收取案件受理费。（　　）

答案：正确。

四、辨析题

请辨析下列各项中哪项为非法收费，不得执行。

（1）省人民政府所属业务主管部门，市（含计划单列市，下同）、县（区）人民代表大会及其常务委员会，市县（区）、乡（镇）人民政府及所属业务主管部门或派出机构制定的规范性文件中自定的收费。

（2）地方国家行政机关在职责范围内办理公务，除相关法律、法规、规章、规范性文件规定以外的收费。

（3）行使行政管理职权的单位，将管理职责范围内的公务交所属事业单位以有偿服务名义进行的收费。

（4）同一管理行为已经批准收取管理费，又对证照收费。但国家法律、法规另有规定除外。

答案：上述四项均为非法收费，均不得执行。

五、问答题

1. 行政事业性收费必须依据哪些法律、法规、规章的有关规定执行？

答案：行政事业性收费必须依据下列法律、法规、规章的有关规定执行。

（1）全国人民代表大会及其常务委员会颁布的法律；

（2）国务院制定或批准制定的行政法规、颁布的规范性文件；

（3）国家发展改革委、财政部根据法律和国务院行政法规制定的规章；

（4）省人民代表大会及其常务委员会制定和颁布并已报全国人大常务会和国务院备案的地方性法规；

（5）省人民政府根据法律、行政法规和省人民代表大会及其常务委员会制定的地方性法规所制定的规章。

依据相关法律、法规和规范性文件规定，由国家发展改革委、财政部审核、下达或会同其他部门联合下达的行政事业性收费项目和收费标准（以下简称收费项目和收费标准），必须经省价格、财政部门或省价格、财政部门会同其他部门联合转发执行。

2. 下列各项违法行为应如何处罚？

（1）超越权限擅自设立收费项目、扩大收费范围或提高收费标准的；

（2）收费项目已取消或收费标准已调低，继续按原项目、标准收费的；

（3）擅自印发、转让、转借、代开收费收据的；

（4）不使用财政部门统一印制或规定使用的收费收据收费的；

（5）收费不按规定上交或超出规定范围使用的；

（6）瞒报、虚报、拒报收费收支情况的；

（7）拒绝接受监督检查机构检查的。

答案：对行政事业性收费过程中的违法行为，由监督检查机构在职责范围内按下列规定处罚：

（1）对有上述（1）~（2）项行为的，责令其限期纠正，将非法所得退还原交费者；无法退还的，没收上缴国库；并对收费单位予以处罚。

（2）对有上述（3）~（7）项行为的，依照国家有关财务、收据管理规定予以处罚。

（3）对以上受处罚单位、直接责任者和主管人员，监督检查机构可视情节予以通报批评，并向其主管部门或同级监察部门提出《行政处分建议书》。主管部门或监督部门在接到《行政处分建议书》之日起两个月内，应作答复。监督检查机构对答复有异议的，可以接到答复之日起 15 日内向同级人民政府反映。

3. 国家在行使公共管理过程中已经通过收税筹集了管理费用，为什么还会存在行政事业性收费呢？

答案：主要是因为收费与税收发挥的作用不同。政府提供的普遍性公共服务要通过税收筹集资金，有些不是普遍性公共服务，是对特定企业、个人提供的非普遍性服务，让一般纳税人来提供资金，是不公平的。国际上有一个使用者付费原则，即享受服务的对象来缴费，向特定收益人收费。

【案例分享】

高校违规收费现象较多

近年来，高等学校违规收费现象屡见不鲜，国家发展改革委等七部委高度重视，在全国部署开展教育收费专项检查行动。在检查工作中，发现部分高校存在如下违规收费情况：①某高校2017年应招计划内研究生822人，实招656人，少招166人；计划外应招120人，实招306人，多招186人。即该校将166名计划内研究生转为计划外并收费，扩大范围收取220余万元。②某高校未经有权机关审批，自定标准收取第二专业学费，2017年收取269 230元。③某高校对八人间宿舍按六人间宿舍标准向学生收取住宿费用，应收每生每年600元，实收每生每年800元，2016—2017年超标准收取住宿费716 400元；另外，该高校利用校园卡收取补办卡手续费，每张卡在补办过程中按22～23.5元向学生收取费用，2016—2017年9月间获取差额20 620元。④某高校以每卡11元的标准向学生收取饭卡费（初次办卡的费用），2016—2017年共计收取109 263元。

要求：根据发现的违规收费情况，指出其中具体违反行政事业性收费规定的行为。

解析：

（1）高校按照国家有关法规和政策规定，向经教育行政部门批准招收的各类普通、成人和高等函授教育本专科（高职）生，预科生，专升本学生……各类国家没有安排财政拨款的研究生（包括专业学位研究生，在职攻读硕士、博士学位研究生，申请硕士、博士学位的同等学力人员，示范性软件学院工程硕士研究生，委托培养、自筹经费硕士、博士研究生，研究生课程进修班学生等）；以本硕连读、本硕博连读形式学习的本科阶段的学生……收取学费。计划内研究生属于国家安排财政拨款（国家安排财政拨款不以财政是否真实拨款、是否按人头拨款等为衡量标准，以国家下达的招生计划为准）的研究生，不得收取学费。该高校将计划内研究生名额转为计划外并收费的，属于扩大范围收费行为。

（2）高校学费标准按属地化原则管理。国家现行高校收费政策有规定的，执行现行规定；没有规定的，由省级教育行政部门综合考虑实际成本、当地经济发展水平和居民经济承受能力等因素提出意见，报同级价格、财政部门审核，并经省级人民政府批准后执行。该高校未经有权机关审批，自行收取第二专业学费，违反规定，属于违规收费行为。

（3）学校为学生提供的住宿收费，应严格加以控制。住宿费收费标准必须严格按照实际成本确定，不得以营利为目的。该高校对住宿费按照住宿条件划分等级制定相应的收费标准，学校未达到相应等级条件按该等级标准收费的，属于超标准收费行为；该高校获取补办卡收益的行为违反非赢利原则，属于违规收费行为。

（4）高等学校除收取学费和住宿费以外，未经财政部、国家计委、国家教委联合批准或省级人民政府批准，不得再向学生收取任何费用。如押金、保证金和各类证、卡工本费等，该校收取饭卡（初次办卡）费行为属于自立项目收费，构成违规收费行为。

土地复垦费答疑

某单位为施工单位，在一条高速公路项目施工前，按照国务院发布的《土地复垦条例》、自然资源部发布的《土地复垦条例实施办法》，缴纳了100多万施工所需临时用地土地复垦费用，该费用一般也称之为复垦保证金，针对该笔费用回答以下问题：

（1）土地复垦义务人是否可以从任一账户支取土地复垦费用？自然资源部门该如何监管土地复垦费用的收取？

（2）土地复垦义务人进行会计核算时，应将土地复垦费记入什么科目？

解析：

（1）根据《土地复垦条例》和《土地复垦条例实施办法》，要求土地复垦义务人将土地复垦费用列入生产成本或者建设项目总投资，与损毁土地所在地县级国土资源主管部门在双方约定的银行建立土地复垦费用专门账户，按照土地复垦方案确定的资金数额，在土地复垦费用专门账户中足额预存土地复垦费用。预存的土地复垦费用遵循“土地复垦义务人所有，国土资源主管部门监管，专户储存专款使用”的原则。在使用上，土地复垦义务人应当按照土地复垦方案确定的工作计划和土地复垦费用使用计划，向损毁土地所在地县级国土资源主管部门申请出具土地复垦费用支取通知书。县级国土资源主管部门应当在七日内出具土地复垦费用支取通知书。土地复垦义务人凭土地复垦费用支取通知书，从土地复垦费用专门账户中支取土地复垦费用，专项用于土地复垦。

（2）土地复垦费是指有关企业和个人为履行土地复垦义务，在自行没有条件复垦或者复垦没有达到规定要求时，向当地政府或土地行政主管部门缴纳的进行土地复垦的费用，应记入“管理费用”科目。会计分录如下：

借：管理费用——土地复垦费

　贷：银行存款

根据《中华人民共和国土地管理法》第四十二条之规定，因挖掘、塌陷、压占等造成土地破坏的，用地单位和个人应当按照国家的有关规定，采取整治措施，使其恢复到可供利用的状态。如果没有条件复垦或者复垦不符合要求，则要缴纳土地复垦费，专项用于土地复垦。所谓“没有条件复垦”包括用地单位或个人不具备复垦被破坏的土地的技术、设备而无力复垦的情况，也包括由于土地被破坏的程度十分严重，复垦非常困难或得不偿失的情况。“复垦不符合要求”是说复垦后的土地利用不符合国家对复垦规定的标准。

移泊费的收取

将 1 500 净吨的船舶从宝山引航至江阴（引航里程 172 公里），应收取的引航费多少元，如果该船舶在某港港内移泊，应收取的移泊费多少元？

解析： 应收取的引航费 =1 500 净吨 ×（0.405 元 +0.003 315 元 / 公里 ×172 公里）/ 净吨 =1 462.77 元。

应收取的移泊费 =1 500 净吨 ×0.29 元 / 净吨 =435 元。

审计发现违反行政事业性收费相关规定

2017 年，审计署对民政部预算执行情况和其他财政收支情况开展了审计，审计发现的主要问题如下：

（1）2016 年，民政部本级未经批准在 39 个项目中列支基本支出 374.24 万元，在公用经费中列支人员经费 274.53 万元；2015 年和 2016 年，部本级和 3 家所属单位列支非预算单位基本支出等 2 068.66 万元，其中 2016 年 2 053.18 万元。

（2)2016 年，所属技能鉴定中心以虚假劳务费套取财政资金 9.25 万元；民政部所属康复协会、技能鉴定中心在考务费标准限额外，违规收取考试、考务费 55.27 万元。

要求：以上审计发现的问题是否违反了行政事业性收费的相关规定？

解析：

（1）民政部应该按规定制定费用预算，其列支预算外费用的行为，属于违规列支费用支出。

（2）虚列劳务费、超出考务费标准限额收取考试费的行为，属于违规收费行为。全国性考试考务费包括考试收费（含考务费和考试费）、职业技能鉴定考试考务费和专业技术人员职业资格考试考务费。中央考试单位收取的考务费标准或考试费标准，不再报送国家发展改革委、财政部审核，而是改由中央考试单位在考务费标准上限内按成本补偿原则自行确定考务费标准。

【延伸阅读】

我国加快了清理涉企收费的速度

2017 年 3 月 23 日，财政部、国家发改委发布了《关于清理规范一批行政事业性收费有关政策的通知》（财税〔2017〕20 号），宣布自 2017 年 4 月 1 日起，取消或停征 41 项中央设立的行政事业性收费，将商标注册收费标准降低 50%。这是 2008 年以来，我国第六次批量取消行政事业性收费项目。

财政部、国家发改委于 2008 年 11 月宣布，自 2009 年 1 月 1 日起取消或停止城市房屋拆迁管理费、暂住证（卡）工本费、新资源食品申请审评费等 100 项行政事业性收费。2012 年以来，我国加快了清理涉企收费的速度。2012 年 12 月，财政部、国家发改委宣布，自 2013 年 1 月 1 日起，取消和免征 30 项中央及省级行政事业性收费。2013 年 6 月、10 月，两部委又先后宣布，取消和免征 33 项中央级别行政事业性收费、取消 314 项各省设立的行政事业性收费。2015 年 10 月，财政部、国家发改委宣布自 2015 年 11 月 1 日起，在全国统一取消和暂停征收 37 项行政事业性收费。据不完全统计，2008 年以来，我国已累计取消或停征超过 515 项中央和省级行政事业性收费项目，每年可为企业和社会减轻上千亿元的负担。

（资料来源：沈漠 .41 项中央行政事业性收费将废止［N］. 财会信报，2017.）

关于身份证，这些知识你知道多少？

身份证是由 9 层构成的，最外面的这两层记载的是个人的身份信息，打印上去的。另一层叫做配平层，防止静电。在这层上可以看到长城烽火台图案和“中国CHINA”的防伪膜，有橘黄色的、绿色的防伪标志，是一个比较先进的技术。这层有一个芯片，长8毫米，宽5毫米，厚度0.4毫米，有两根天线，这一圈都是线圈，主要是为了避免泄漏个人信息，可以通过阅读器阅读。所以，新一代的身份证从安全性能方面来讲，主要是两个方面的防伪措施，一个是数字防伪措施，就是把个人的信息写入芯片，采用数字加密的办法。一个地区一个密码、每个公民拥有一个密码。防伪技术是我们国家自己研制的，安全性非常高。另一个是印刷防伪技术，印刷层图案两面都有。印刷的防伪技术采取了很多措施，由于采用了数字防伪措施、印刷防伪措施，所以安全性得到了大大提高。由于新的证件当中有个个人信息芯片才能刷的。

身份证号码与一个人的姓名、性别、民族、出生年月、籍贯等信息紧密相连，目前我们使用的十八位身份证号码，其中包含了大量的个人信息。在十八位身份证号码中，第1~6位是地址码，第7~14位为出生日期码，第15~17位为顺序码，第18位为校验码。具体来说，最后一位校验码是通过前面的数字通过某种运算得出的，用以检验该组数字的正确性；地址码表示编码对象（也就是身份证主人）常住户口所在地（市，县，区）的行政区域代码；出生日期码表示编码对象出生的年、月、日；顺序码是在同一地址码所标的区域范围内，对同年、同月、同日出生的人编定的顺序号。通常，顺序码的奇数分配给男性，偶数分配给女性，也就是说，第十七位数字位奇数的编码对象为男性，偶数则为女性。与十八位身份证号码相比，已淘汰的十五位身份证号码的出生日期码只有六位，而且没有最后一位校验码，其他均相同。

（资料来源：搜狐文化[EB/OL].（2017-03-24）http://www.sohu.com/a/130077873_640861.）

2018年4月12日，财政部 国家发展改革委出台了《关于停征免征和调整部分行政事业性收费有关政策的通知》（财税〔2018〕37号），文件规定了自2018年4月1日起，停征首次申领居民身份证工本费。

机动车号牌工本费

——新车上牌照经过哪些流程？

第一步：缴纳购置税，上交材料（包括开发票的身份证或组织机构代码证复印件，车辆合格证复印件，购车发票第一联复印件和报税联）；新车上保险；刑侦检测。

第二步（检测站办证）：非免检车过线检测；交款、填表；拓号照相；资料采集；领上牌资料。

第三步（车管办证大厅）：交资料、车主签名；民警对车辆外检及确认；选号、领回执单；车牌固封安装拍照；领行驶证、登记证书。

注：上牌需要带身份证、汽车合格证、汽车参数表、汽车发票二和四联、汽车购置税、汽车保单、购车发票，车辆合格证，开发票的身份证或组织机构代码证及复印件，交强险保单，完税证明，外地人还要暂住证等相关证件。

（资料来源：搜狐汽车 [EB/OL].（2018-01-26）http://www.sohu.com/a/219145646_677079.）

在中国"送"走一个人到底需要花多少钱？

一般来讲，常见的殡葬费用分为三大部分：第一是基本项目，包括遗体接运、冷藏、火化、骨灰寄存，这一部分由政府定价；第二是服务类的附加项目，包括寿衣、穿衣、净身、美容、礼仪队、灵柩、场地租用等，这一部分实行政府指导价；第三是实物类的附加项目，包括花圈、鲜花、铺盖、仪式、骨灰费、墓地等，这一部分实行市场调节价。而第二和第三部分就是多年来为人诟病的“殡葬暴利”。

2014 年,《大连日报》晒出一位大连市民操办母亲葬礼的账单：寿衣“七件套”等，1 400 元；布置小灵堂等，800 元；火化等基本殡葬服务，3 000 元；租车，1 100 元；花圈，1 200 元；鲜花，560 元；纸扎品，500 元；骨灰盒，5 200 元；请亲友吃饭，8 000 元；墓地，118 800 元。总计达到 140 560 元。

而且，家属还没法讲价，一旦谈价，便被对方扣上“不吉利”的帽子，背上“不孝”的心理负担。《新京报》报道称，2018 年 3 月，青岛一位老人去世，据家属列出的殡葬花费明细，老人从去世到遗体告别收费名目达 18 项，共计 98 215 元，其中与花相关的收费就达到了 61 200 元。家属称，“面对这么高的费用，我们提出了疑问，但工作人员称，如果不缴费，就没法给老人办理火化证。”

为什么殡仪馆能够这么“横”？归根到底是因为各地民政部门都有自己的下属殡仪馆，同时民政部门又掌握了民营殡仪馆的行政审批大权，权力的集中导致了市场的不稳定。那么为什么很多地方强推的殡葬改革会引起民意的强烈反弹？其实，很大程度上因为老人有“入土为安”的老观念，即便殡葬改革是现实的需要，鼓励火葬也是必然的方向，但传统观念的转变不是一朝一夕的事情，因此各地民政部门不能盲目推行殡葬改革，应在加强宣传的基础上，建立完善的殡葬服务收费标准和殡葬用品价格公示体系，通过本部门网站或其他载体将本地区殡仪馆和公墓的收费项目、收费标准（价格）进行公示，为群众选择提供方便，也是解除群众费用顾虑的主要手段，通过这样的公示制度广泛接受社会监督，达到改革的真正目的。

（资料来源：腾讯网，原文标题：在中国死一次要花多少钱？感觉快死不起了［EB/OL］.https://new.qq.com/cmsn/20180731/20180731012777.html.）

政府还贷公路和经营性收费公路的主要区别有哪些

一、投资主体不同

政府还贷公路，是指县级以上地方人民政府交通主管部门利用贷款或者向企业、个人有偿集资建设的公路，投资主体是县级以上人民政府交通主管部门。

经营性公路，是指国内外经济组织投资建设或者依照公路法的规定受让政府还贷公路收费权的公路，投资主体则为国内外经济实体。

二、车辆通行费的性质不同

政府还贷公路的车辆通行费是国家行政事业性收费，要纳入国家财政专户管理。

经营性公路的车辆通行费则是企业经营收费，由企业进行管理。

三、收费用途不同

政府还贷公路的收费只能用于偿还贷款、集资款和必要的养护管理支出。

经营性公路的收费则是为收回投资并取得合理回报，企业对其收益的支配，除有法律、法规、规章限定和合同约定的事项，以及用于养护管理支出外，其他基本不受限制。

四、享受的税费政策不同

（一）政府还贷公路

根据《关于车辆通行费有关营业税等税收政策的通知》（财税〔2000〕139号）之规定，凡交通、建设部门贷款或按照国家规定有偿集资修建路桥、隧道收取的车辆通行费，收费项目使用省、自治区、直辖市财政部门统一印（监）制的收费票据，所收资金全额纳入财政专户，实行“收支两条线”管理，不缴纳营业税。此前已征的税款不再退还，未征的税款不再补征。该文件明确规定了政府还贷公路不缴纳营业税。

按照《收费公路管理条例》第三十六条之规定，政府还贷公路的管理者收取的车辆通行费收入，应当全部存入财政专户，严格实行“收支两条线”管理，政府还贷公路的车辆通行费，除必要的管理、养护费用从财政部门批准的车辆通行费预算中列支外，必须全部用于偿还贷款和有偿集资款，不得挪做他用。根据《事业单位、社会团体、民办、非企业单位企业所得税征收管理办法》（国税发〔1999〕65号文件发布）第三条之规定，经国务院、省级人民政府（不包括计划单列市）批准，并纳入财政预算管理或财政预算外资金专户管理的行政事业性收费属于免征企业所得税的收入项目。由于政府还贷公路的车辆通行费属于纳入财政专户管理的行政事业性收费，因此，不缴纳企业所得税。

（二）经营性公路

根据《财政部、国家税务总局关于公路经营企业车辆通行费收入营业税政策的通知》（财税〔2005〕77号）之规定，自2005年6月1日起，对公路经营企业收取的高速公路车辆通行费收入统一减按3%的税率征收营业税。

营改增后，收费公路通行费包括：高速公路的车辆通行费，一级公路、二级公路、桥、闸通行费。按照“不动产经营租赁服务”，一般纳税人税率10%，但根据《财政部 国家税务总局关于全面推开营业税改征增值税试点的通知》（财税〔2016〕36号）附件2《营业税改征增值税试点有关事项的规定》之规定，公路经营企业中的一般纳税人收取试点前开工的高速公路的车辆通行费，可以选择适用简易计税方法，减按3%的征收率计算应纳税额。一般纳税人收取试点前开工的一级公路、二级公路、桥、闸通行费，可以选择适用简易计税方法，按照 5% 的征收率计算缴纳增值税。

试点前开工，是指相关施工许可证注明的合同开工日期在 2016 年 4 月 30 日前。

（资料来源：百度文库［OL］. https://wenku.baidu.com/view/5d91557d31b765ce05081481.html.）

水资源费知多少

2016 年 5 月 10 日，《财政部 国家税务总局关于全面推进资源税改革的通知》（财税〔2016〕53 号）中宣布，自 2016 年 7 月 1 日起，我国全面推进资源税改革。根据该通知，我国将开展水资源税改革试点工作，并率先在河北试点，采取水资源费改税方式，将地表水和地下水纳入征税范围，实行从量定额计征，对高耗水行业、超计划用水以及在地下水超采地区取用地下水，适当提高税额标准，正常生产生活用水维持原有负担水平不变。在总结试点经验基础上，财政部、国家税务总局将选择其他地区逐步扩大试点范围，条件成熟后在全国推开。

2017 年 11 月 24 日，《财政部 国家税务总局 水利部关于印发〈扩大水资源税改革试点实施办法〉的通知》（财税〔2017〕80 号）发布。为全面贯彻落实党的十九大精神，推进资源全面节约和循环利用，推动形成绿色发展方式和生活方式，按照党中央、国务院决策部署，自 2017 年 12 月 1 日起在北京、天津、山西、内蒙古、山东、河南、四川、陕西、宁夏等 9 个省（自治区、直辖市）扩大水资源税改革试点。

第五章

罚没收入

本章思维导图

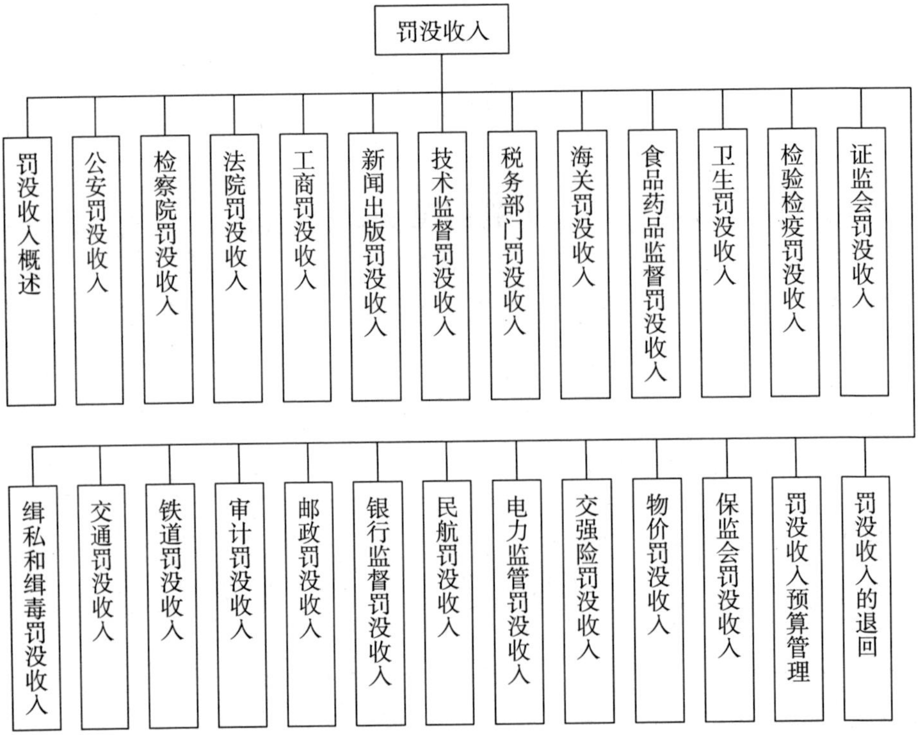
罚没收入
罚没收入概述
公安罚没收入
检察院罚没收入
法院罚没收入
工商罚没收入
新闻出版罚没收入
技术监督罚没收入
税务部门罚没收入
海关罚没收入
食品药品监督罚没收入
卫生罚没收入
检验检疫罚没收入
证监会罚没收入
缉私和缉毒罚没收入
交通罚没收入
铁道罚没收入
审计罚没收入
邮政罚没收入
银行监督罚没收入
民航罚没收入
电力监管罚没收入
交强险罚没收入
物价罚没收入
保监会罚没收入
罚没收入预算管理
罚没收入的退回

第五章　罚没收入

内容提要

本章内容包括罚没收入的概念、特征和分类，阐释了执行罚没应遵循的法定原则、公正原则、公开原则、“收支两条线”原则等四个原则。

【学习要点】

一、罚没收入概述

罚没收入是国家行政机关、司法机关和法律、法规授权的机构，依据法律、法规，对公民、法人和其他组织实施处罚所取得的罚没款以及没收赃物的折价收入。罚没收入主要包括一般罚没收入、缉私罚没收入和缉毒罚没收入，其中一般罚没收入具体有公安罚没收入、检察院罚没收入、法院罚没收等，缉私罚没收入包括公安缉私罚没收入、工商缉私罚没收入、海关缉私罚没收入等。

（一）罚没收入的特点

罚没收入具有以下特点：

（1）强制性。罚没是执法部门依法行政的一种责任，是对当事人违法违规行为进行处罚的形式，罚没款由国家执法部门依法向个人、企业以及其他组织强制征收。

（2）非固定性。政府罚没收入的非固定性主要体现在以下两个方面：一是征收时间的非固定性；二是征收数额的非固定性。

（3）惩罚性。惩罚性是指当事人对他人或社会公众造成危害的同时违反国家的法律法规，从而被处以相应的罚款的形式。

（4）无偿性。政府对违法者征收的罚没收入是无偿的，既不需要对当事人提供补偿和服务，也不需要支付任何报酬，是一种经济惩处的方式。

（5）一次性。罚没收入是针对违规违法行为实施的一种处罚方式，在违规者缴纳罚款后，执法机关在后续的处理中，要遵循"一事不二罚"的处罚原则，不能再针对该违法行为对当事人再次进行重复罚款，除非当事人事后又违规违法。罚没处罚属于一次性的处罚。

（二）罚没收入的分类

1. 按照财政收入预算科目设置划分。

具体可分为：①一般罚没收入，指除缉私罚没和缉毒罚没以外的所有罚没收入；②缉私罚没收入，指海关、公安（含武警边防）、工商行政管理等部门取得的缉私罚没收入；③缉毒罚没收入，指公安（含武警边防）、海关等部门取得的缉毒罚没收入。

2. 按照按照违法性质和罚没项目构成划分。

具体可分为：①罚金收入，罚金是指强制犯罪人向国家缴纳一定数额金钱的刑罚方法；②罚款收入，罚款是指行政执法单位对违反行政法规的个人和单位给予的行政处罚；③没收违法所得取得的收入，没收违法所得，是指行政机关或司法机关依法将违法行为人取得的违法所得财物，运用国家法律法规赋予的强制措施，对其违法所得财物的所有权予以强制性剥夺的处罚方式；④没收财产取得的收入，没收财产，是指剥夺犯罪人个人财产，无偿收归国有的一种刑罚方法；⑤没收非法财物取得的收入，没收非法财物，是指行政机关依法没收违法者实施违反行政法规行为使用的工具、非法经营的物品，是对违法者的一种行政处罚；⑥追回赃款赃物取得的收入，追回赃款赃物，是指机关、企事业单位由于发生贪污、盗窃、行贿、受贿等案件，依法追回的赃物赃款以及赃物变价款，应上交国库作为财政收入。

3. 按照执法部门划分。

具体可分为：①政法机关的罚没收入，是指公安机关、检察机关和审判机关的罚没收入；②行政机关的罚没收入，是指按照国家宪法和有关组织法的规定而设立的，代表国家依法行使行政权，包括工商、价格、审计、监察、国土资源、标准计量、劳动安全等部门取得的罚没收入；③其他国家职能部门罚没收入，是指农业、城市规划、环保、卫计、林业、渔政、邮电、电力、交通、水利、烟草专卖等部门，以及人民银行、银监局、保监局等取得的罚没收入。

（三）执行罚没应遵循的原则

1. 法定原则。

国家行政机关、司法机关以及其他行使罚没权的职能部门对公民、法人和其他组织实施处罚取得的收入，要依据法律、法规，没有法定依据或者不遵守法定程序，做出的罚款和没收财产等行政处罚无效。

2. 公正原则。

对当事人实施处罚时，必须以事实为依据，处罚要与违法行为的事实、性质、情节以及社会危害程度相当。

3. 公开原则。

对违法行为给予行政处罚的规定必须公布，未经公布的，不得作为行政处罚的依据。

4.“收支两条线”原则。

“收支两条线”是政府对罚没收入采取的管理方式。执罚部门取得的罚没收入与发生的支出脱钩，收入上缴国库或财政专户，支出由财政根据各单位履行职能的需要按标准核定的资金管理模式。

二、公安罚没收入

公安罚没收入是指公安机关对违法行为进行处罚而取得的罚没收入。具体包括以下三类：

（1）对违反治安管理法规行为的罚没收入，是指公安机关对违反治安管理的行为，包括扰乱公共秩序，妨害公共安全，侵犯人身权利、财产权利，妨害社会管理的行为而做出的处罚所取得的罚没收入。

（2）交通违章罚没收入，是指公安机关交巡警部门依照交通管理法律、法规和规章的规定，按照交通法规违章罚款标准对道路交通违章行为人做出罚款而取得的收入。

（3）反恐怖罚没收入，是指公安机关对组织、策划、准备实施、实施恐怖活动，宣扬恐怖主义，煽动实施恐怖活动，组织、领导、参加恐怖活动组织，为恐怖活动提供帮助的违法行为，情节轻微，不构成犯罪的，进行罚没处罚取得的收入。

三、检察院罚没收入

检察院罚没收入是指人民检察院扣押的涉案款物，依法不移送给人民法院的，待人民法院作出生效判决后，按照人民法院的通知上缴国库而取得的罚没收入。具体包括以下两类：

（1）撤销案件没收存款、汇款取得的收入，是指因犯罪嫌疑人死亡而撤销案件，被冻结的存款、汇款，应当依法予以没收的，可以申请人民法院裁定通知冻结犯罪嫌疑人存款、汇款的金融机构上缴国库；其他原因撤销案件的，依法不需要返还被害人的款物，直接通知冻结机构上缴国库。

（2）扣押、冻结的涉案款物没收收入，是指贪污、挪用公款犯罪案件中扣押、冻结的涉案款物，法院判决应上缴国库的收入；贪污、挪用公款犯罪案件中原单位已不存在或者虽然存在但对被贪污、挪用的款项已经作为损失核销，应上缴国库的收入。对扣押、冻结的涉案款物应当依法没收上缴国库。

四、法院罚没收入

法院罚没收入是指法院判处犯罪嫌疑人或者犯罪单位向国家缴纳一定数额的罚金和没收财产、追缴非法所得、没收违禁品等取得的收入。具体包括以下四类：

（1）罚金收入，是指法院对于个人或单位违反法律法规，以致危害国家利益或公共利益的行为给予处罚，课以罚金所形成的财政收入。

（2）没收财产取得的收入，是指法院依据法律规定判处没收犯罪分子个人所有财产的一部分或者全部，强制无偿地收归国有而取得的收入。

（3）追缴非法所得取得的收入，是指法院根据刑法规定，对犯罪分子违法所得的一切财物，包括违禁品和供犯罪所用的本人财物，依法应当予以追缴没收而取得的收入。

（4）追回赃款赃物取得的收入，是指人民法院对其管辖的刑事案件作出裁决后认定为赃款赃物，依法查处并予以追回而取得的收入。

五、工商罚没收入

工商罚没收入是指工商行政管理机关查处违反市场经营秩序、侵犯消费者合法权益、违法违章广告、商标侵权、违反合同法和其他经济违法违章行为采取的一种行政处罚而取得的收入。具体包括以下六类：

（1）侵犯消费者合法权益罚没收入，是指工商行政管理部门对经营者为消费者提供其生产、销售的商品或者提供服务，违反《中华人民共和国消费者权益保护法》，侵犯消费者合法权益的行为进行处罚而取得的收入。

（2）违法违章广告罚没收入，是指工商行政管理部门对违法违章从事广告活动的单位和个人依法实施罚没处罚取得的收入。

（3）商标侵权罚没收入，是指工商行政管理部门对违反商标注册规定，冒充注册商标，使用、滥用“驰名商标”，侵犯注册商标专用权行为进行处罚取得的罚没收入。

（4）对利用合同进行违法行为的罚没收入，是指工商行政管理部门对违反《中华人民共和国合同法》的行为进行罚没处罚取得的罚没收入。

（5）对违反公司法行为的罚没收入，是指工商行政管理部门对违反《中华人民共和国公司法》规定行为的单位、个人进行处罚而取得的收入。

（6）其他工商罚没收入。

又可分为以下两类：

①对违规接收离职公务员行为的罚没处罚收入。《中华人民共和国公务员法》规定，原系领导成员的公务员在离职三年内，其他公务员在离职两年内，不得到与原工作业务直接相关的企业或者其他营利性组织任职，不得从事与原工作业务直接相关的营利性活动。公务员辞去公职或者退休后有违反该项规定行为的，由其原所在机关的同级公务员主管部门责令限期改正；逾期不改正的，由县级以上工商行政管理部门没收该人员从业期间的违法所得，责令接收单位将该人员予以清退，并根据情节轻重，对接收单位处以被处罚人员违法所得一倍以上五倍以下的罚款。

②对生产、销售不符合强制性标准产品行为的罚没处罚收入。对违反《中华人民共和国标准化法》及其实施条例规定，依法由工商行

政管理部门职权决定的，工商行政管理部门应没收生产销售不符合强制性标准的产品，监督销毁或作必要技术处理；处以该批产品货值金额20%～50%的罚款；对有关责任者处以5 000元以下罚款。

六、食品药品监督罚没收入

食品药品监督罚没收入是食品药品监督管理部门对违反《中华人民共和国食品安全法》和《中华人民共和国药品管理法》等法律法规或者规章的单位或者个人，依法进行罚没处罚取得的收入。食品药品监督罚没收入由市场监督管理部门取得。

（一）对违反《中华人民共和国食品安全法》行为的罚没收入

指对未经许可从事食品生产经营活动，或者未经许可生产食品添加剂的，对可能危害人体健康的物质，经营被包装材料、容器、运输工具等污染的食品、发生食品安全事故后未进行处置、报告等违反《中华人民共和国食品安全法》的行为依法予以罚没处罚取得的收入。

（二）对违反《中华人民共和国药品管理法》行为的罚没收入

指对未取得《药品生产许可证》、《药品经营许可证》或者《医疗机构制剂许可证》生产药品、经营药品的，生产、销售假药劣药，知道或者应当知道属于假劣药品而为其提供运输、保管、仓储等便利条件，以及为药品检验机构出具虚假检验报告等违法行为进行处罚而取得的收入。

七、卫生罚没收入

卫生罚没收入是指卫生主管部门对违反卫生法律法规和部门规章行为

进行罚没处罚取得的罚没收入。具体包括：

（一）对违反《中华人民共和国执业医师法》行为的罚没收入

医疗机构和执业医师违反《中华人民共和国执业医师法》规定，要承担相应的法律责任，卫生主管部门应依法对违法行为进行处罚。比如未经批准擅自开办医疗机构行医或者非医师行医的，由县级以上人民政府卫生行政部门予以取缔，没收其违法所得及其药品、器械，并处10万元以下的罚款。

（二）对违反《中华人民共和国药品管理法》行为的罚没收入

对违反《中华人民共和国药品管理法》行为的罚没决定，由不同的管理和监督职能部门做出，其罚没收入应归入不同的科目。如医疗机构的负责人、药品采购人员、医师等有关人员收受药品生产企业、药品经营企业或者其代理人给予的财物或者其他利益的，由卫生行政部门或者本单位给予处分，没收违法所得。

（三）对违反《中华人民共和国精神卫生法》行为的罚没收入

处罚规定为：对于违反《中华人民共和国精神卫生法》规定，依法应由卫生行政部门作出罚没处罚的，如对不符合法律规定条件的医疗机构擅自从事精神障碍诊断、治疗的；心理咨询人员从事心理治疗或者精神障碍的诊断、治疗；从事心理治疗的人员在医疗机构以外开展心理治疗活动的等违反法律规定的行为，由县级以上人民政府卫生行政部门责令停止相关诊疗活动，给予警告，并处5 000元以上10 000元以下罚款，有违法所得的，没收违法所得。

（四）对违反《中华人民共和国禁毒法》行为的罚没收入

处罚规定为：未经批准，擅自从事戒毒治疗业务的，由卫生行政部门责令停止违法业务活动，没收违法所得和使用的药品、医疗器械等物品；构成犯罪的，依法追究刑事责任。

（五）对违反《中华人民共和国中医药法》行为的罚没收入

处罚规定包括：①对中医诊所超出备案范围开展医疗活动的检查，发现违规行为的，由所在地县级人民政府中医药主管部门责令改正，没收违法所得，并处1万元以上3万元以下罚款；②中医医师超出注册的执业范围从事医疗活动的罚没收入。

（六）对违反《中华人民共和国传染病防治法》行为的罚没收入

处罚规定包括：

（1）导致或者可能导致传染病传播、流行的罚没，由县级以上人民政府卫生行政部门责令限期改正，没收违法所得，可以并处5万元以下的罚款；

（2）未经卫生调查进行施工的，或者未按照疾病预防控制机构的意见采取必要的传染病预防、控制措施的罚没。

（七）对违反《中华人民共和国食品安全法》行为的罚没收入

处罚规定为：餐具、饮具集中消毒服务单位违反该法规定用水，使用洗涤剂、消毒剂，或者出厂的餐具、饮具未按规定检验合格并随附消毒合格证明，或者未按规定在独立包装上标注相关内容的，由县级以上人民政府卫生行政部门依照前款规定给予处罚，责令改正，给予警告；拒不改正的，处5 000元以上5万元以下罚款；情节严重的，责令停产停业，直至吊销许可证。

（八）对违反《中华人民共和国职业病防治法》行为的罚没收入

处罚规定包括：

（1）医疗机构违反职业病防治法规定，未按照规定进行职业病危害预评价就开工建设并投入使用的，属于卫生行政部门监管职责的，给予警告，责令限期改正；逾期不改正的，处 10 万元以上 50 万元以下的罚款。

（2）未取得职业卫生技术服务资质认可擅自从事职业卫生技术服务的，或者医疗卫生机构未经批准擅自从事职业病诊断的，属于卫生行政部门监管职责的，责令立即停止违法行为，没收违法所得。

（3）医疗卫生机构超出资质认可或者批准范围从事职业卫生技术服务或者职业健康检查、职业病诊断的行为，属于卫生行政部门监管职责的，责令立即停止违法行为，给予警告，没收违法所得。

（九）对违反《中华人民共和国母婴保健法》行为的罚没收入

该法对相关违法行为规定了处罚措施。比如，对未取得国家颁发的有关合格证书的，从事婚前医学检查、遗传病诊断、产前诊断或者医学技术鉴定的，县级以上地方人民政府卫生行政部门可以根据情节给予警告或者处以罚款。

八、检验检疫罚没收入

检验检疫罚没收入是检验检疫部门对违反《中华人民共和国进出境动植物检疫法》及其实施条例、《中华人民共和国进出口商品检验法》及其实施条例等法律法规以及规章等行为进行的罚没处罚取得的收入。

（一）对未经检验进出口商品行为的罚没收入

处罚规定为：将必须经商检机构检验的进口商品未报经检验而擅自销售或者使用的，或者将必须经商检机构检验的出口商品未报经检验合格而擅自出口的，由商检机构没收违法所得，并处货值金额 5% 以上 20% 以下的罚款；构成犯罪的，依法追究刑事责任。

（二）对未经许可从事进出口商品检验鉴定业务行为的罚没收入

处罚规定为：未经国家商检部门许可，擅自从事进出口商品检验鉴定业务的，由商检机构责令停止非法经营，没收违法所得，并处违法所得一倍以上三倍以下的罚款。

（三）对进口出口不合格商品行为的罚没收入

处罚规定为：进口或者出口属于掺杂掺假、以假充真、以次充好的商品或者以不合格进出口商品冒充合格进出口商品的，由商检机构责令停止进口或者出口，没收违法所得，并处货值金额 50% 以上 3 倍以下的罚款；构成犯罪的，依法追究刑事责任。

（四）对伪造、变造商检单证或质量认证标志行为的罚没收入

处罚规定为：伪造、变造、买卖或者盗窃商检单证、印章、标志、封识、质量认证标志的，依法追究刑事责任；尚不够刑事处罚的，由商检机构责令改正，没收违法所得，并处货值金额等值以下的罚款。

（五）处罚违反规定的国家商检部门、商检机构工作人员取得的罚没收入

处罚规定为：国家商检部门、商检机构的工作人员违反上述法律规定，泄露所知悉的商业秘密的，依法给予行政处分，有违法所得的，没收违法所得；构成犯罪的，依法追究刑事责任。

九、证监会罚没收入

证监会罚没收入是指证监会根据《中华人民共和国证券法》《中华人民

共和国证券投资基金法》以及相关的法规、规章，对证券违法行为进行罚没处罚取得的收入。

（一）对违反证券发行规定行为的罚没收入

相关法规对违法行为规定了处罚措施。比如，对未经法定机关核准，擅自公开或者变相公开发行证券的，责令停止发行，退还所募资金并加算银行同期存款利息，处以非法所募资金金额 1% 以上 5% 以下的罚款：对擅自公开或者变相公开发行证券设立的公司，由依法履行监督管理职责的机构或者部门会同县级以上地方人民政府予以取缔。对直接负责的主管人员和其他直接责任人员给予警告，并处以 3 万元以上 30 万元以下的罚款。

（二）对基金公开募集与非公开募集违规行为的罚没收入

处罚规定包括：

（1）未经批准擅自设立基金管理公司或者未经核准从事公开募集基金管理业务的，由证券监督管理机构予以取缔或者责令改正，没收违法所得，并处违法所得 1 倍以上 5 倍以下罚款。

（2）擅自公开或者变相公开募集基金的，责令停止，返还所募资金和加计的银行同期存款利息，没收违法所得，并处所募资金金额 1% 以上 5% 以下罚款。

（3）非公开募集基金募集完毕，基金管理人未备案的，处 10 万元以上 30 万元以下罚款，对直接负责的主管人员和其他直接责任人员给予警告，并处 3 万元以上 10 万元以下罚款。

（4）向合格投资者之外的单位或者个人非公开募集资金或者转让基金份额的，没收违法所得，并处违法所得 1 倍以上 5 倍以下罚款。

（5）擅自从事公开募集基金的基金服务业务的，责令改正，没收违法所得，并处违法所得1倍以上5倍以下罚款。

（三）对违反证券交易规定行为的罚没收入

处罚规定包括：

（1）证券交易内幕信息的知情人或者非法获取内幕信息的人，在涉及证券的发行、交易或者其他对证券的价格有重大影响的信息公开前，买卖该证券，或者泄露该信息，或者建议他人买卖该证券的，责令依法处理非法持有的证券，没收违法所得，并处以违法所得1倍以上5倍以下的罚款；单位从事内幕交易的，还应当对直接负责的主管人员和其他直接责任人员给予警告，并处以3万元以上30万元以下的罚款。

（2）违反证券法的规定，操纵证券市场的，责令依法处理非法持有的证券，没收违法所得，并处以违法所得1倍以上5倍以下的罚款；单位操纵证券市场的，还应当对直接负责的主管人员和其他直接责任人员给予警告，并处以10万元以上60万元以下的罚款。

（3）违反法律规定，在限制转让期限内买卖证券的，责令改正，给予警告，并处以买卖证券等值以下的罚款。对直接负责的主管人员和其他直接责任人员给予警告，并处以3万元以上30万元以下的罚款。

（4）违反证券法的相关规定，扰乱证券市场的，由证券监督管理机构责令改正，没收违法所得，并处以违法所得1倍以上5倍以下的罚款。

（5）违反证券法的相关规定，在证券交易活动中作出虚假陈述或者信息误导的，责令改正，处以3万元以上20万元以下的罚款。

（6）违反证券法的相关规定，法人以他人名义设立账户或者利用他人账户买卖证券的，责令改正，没收违法所得，并处以违法所得1倍以上5倍以下的罚款；没有违法所得或者违法所得不足3万元的，处以3万元以上30万元以下的罚款。对直接负责的主管人员和其他直接责任人员给予警告，并处以3万元以上10万元以下的罚款。

（四）对与期货相关的违法事项的罚没收入

1. 对期货公司违法行为的罚没收入。

处罚规定包括：

（1）期货公司接受不符合规定条件的单位或者个人委托等违法行为的，没收违法所得，并处违法所得 1 倍以上 3 倍以下的罚款；（2）对期货公司欺诈客户等违法行为，没收违法所得，并处违法所得 1 倍以上 5 倍以下的罚款；（3）期货公司发生欺诈客户等违法行为的，对直接负责的主管人员和其他直接责任人员给予警告，并处 1 万元以上 10 万元以下的罚款。

2. 对期货交易所违法行为的罚没收入。

处罚规定为：期货交易所未经批准，擅自制定或者修改章程、交易规则等违法行为的，责令改正，给予警告，没收违法所得，并处以违法所得 1 倍以上 5 倍以下的罚款；没有违法所得或者违法所得不足 10 万元的，处 10 万元以上 50 万元以下的罚款；情节严重的，责令停业整顿。对直接负责的主管人员和其他直接责任人员给予纪律处分，并处以 1 万元以上 10 万元以下的罚款。

3. 对单位或个人违法行为的罚没收入。

处罚规定为：任何单位或者个人违法操纵期货交易价格的，责令改正，没收违法所得，并处违法所得 1 倍以上 5 倍以下的罚款；没有违法所得或者违法所得不足 20 万元的，处 20 万元以上 100 万元以下的罚款。

（五）对中介服务机构违法行为的罚没收入

处罚规定为：会计师事务所、律师事务所、资产评估机构等中介服务机构未勤勉尽责，所出具的文件有虚假记载、误导性陈述或者重大遗漏的，责令改正，没收业务收入，暂停或者撤销相关业务许可，并处业务收入 1 倍以上 5 倍以下的罚款。对直接负责的主管人员和其他直接责任人员给予警告，并处 3 万元以上 10 万元以下的罚款。

（六）对上市公司违规收购行为的罚没收入

处罚规定包括：（1）收购人未按照证券法规定履行上市公司收购的公告、发出收购要约等义务的，责令改正，给予警告，并处以 10 万元以上 30 万元以下的罚款。

（2）收购人或者收购人的控股股东，利用上市公司收购，损害被收购公司及其股东的合法权益的，责令改正，给予警告；情节严重的，处以 10 万元以上 60 万元以下的罚款。

十、交通罚没收入

交通罚没收入是指交通部门取得的各类罚没收入。交通罚没依据的法律、法规及其相关的部门规章，包括《中华人民共和国公路法》《中华人民共和国道路运输条例》《国内水路运输管理条例》《中华人民共和国内河海事行政处罚规定》《道路运输车辆动态监督管理办法》等。

（一）对违反《中华人民共和国道路运输条例》行为的罚没收入

处罚规定包括：

（1）未取得道路客运经营许可，擅自从事道路客运经营的；未取得道路客运班线经营许可，擅自从事班车客运经营的；超越许可事项，从事道路客运经营的。这些违法行为，由县级以上道路运输管理机构责令停止经营；有违法所得的，没收违法所得，处违法所得 2 倍以上 10 倍以下的罚款；没有违法所得或者违法所得不足 2 万元的，处以 3 万元以上 10 万元以下的罚款。

（2）使用失效、伪造、变造、被注销等无效的道路客运许可证件从事道路客运经营的。这些违法行为，由县级以上道路运输管理机构责令停止经营；有违法所得的，没收违法所得，处违法所得 2 倍以上 10 倍以下的罚款；没有违法所得或者违法所得不足 2 万元的，处以 3 万元以上 10 万元以下的罚款；构成犯罪的，依法追究刑事责任。

（3）未取得客货运从业资格的人员驾驶道路运输客货运经营车辆的；使用失效、伪造、变造的从业资格证件，驾驶道路客货运经营车辆的；超越从业资格证件核定范围，驾驶道路客货运经营车辆的。这些违法行为，由县级以上道路运输管理机构责令改正，处 200 元以上 2 000 元以下的罚款；构成犯罪的，依法追究刑事责任。

（二）对违反《道路旅客运输及客运站管理规定》行为的罚没收入

《道路旅客运输及客运站管理规定》对罚没处罚规定了具体的范围和标准。比如，经营者未取得客运站经营许可，擅自从事客运站经营的，由县级以上道路运输管理机构责令停止经营；有违法所得的，没收违法所得，处违法所得 2 倍以上 10 倍以下的罚款；没有违法所得或者违法所得不足 1 万元的，处 2 万元以上 5 万元以下的罚款。对取得客运经营许可的客运经营者使用无《道路运输证》的车辆参加客运经营的，由县级以上道路运输管理机构责令改正，处 3 000 元以上 1 万元以下的罚款。

（三）对违反《危险化学品安全管理条例》行为的罚没收入

该条例对相关违法行为规定了处罚措施。比如，托运人不向承运人说明托运的危险化学品的种类、数量、危险特性以及发生危险情况的应急处置措施，或者未按照国家有关规定对所托运的危险化学品妥善包装并在外包装上设置相应标志的，由县级以上道路运输管理机构责令改正，并处 5

万元以上 10 万元以下的罚款；拒不改正的，责令停产停业整顿；构成犯罪的，依法追究刑事责任。

（四）对违反《机动车维修管理规定》行为的罚没收入

处罚规定为：机动车维修经营者不签发机动车维修竣工出厂合格证的，由县级以上道路运输管理机构责令改正；有违法所得的，没收违法所得，处以违法所得 2 倍以上 10 倍以下的罚款；没有违法所得或者违法所得不足 3 000 元的，处以 5 000 元以上 2 万元以下的罚款；情节严重的，由许可机关吊销其经营许可；构成犯罪的，依法追究刑事责任

（五）对违反《中华人民共和国公路法》和《公路安全保护条例》行为的罚没收入

《中华人民共和国公路法》和《公路安全保护条例》规定了违法的范围和处罚的标准，如擅自占用、挖掘公路，擅自跨越、穿越公路修建桥梁、渡槽等，列举了具体的违法行为和处罚标准，即由道路运输管理机构责令改正，处 3 万元以下的罚款。

（六）对违反《道路运输车辆动态监督管理办法》行为的罚没收入

该办法对相关违法行为规定了处罚措施。比如，对道路运输企业未使用符合标准的监控平台、监控平台未接入联网联控系统、未按规定上传道路运输车辆动态信息的，由县级以上道路运输管理机构责令改正；拒不改正的，处 3 000 元以上 8 000 元以下罚款。

（七）对违反《中华人民共和国安全生产法》行为的罚没收入

该法对相关违法行为规定了处罚措施。比如，生产经营单位不具备安

全生产条件的，责令限期改正，提供必需的资金；逾期未改正的，责令生产经营单位停产停业整顿；导致发生生产安全事故的，对个人经营的投资人处 2 万元以上 20 万元以下的罚款。

（八）对违反《出租汽车驾驶员从业资格管理规定》行为的罚没收入

处罚规定包括：

（1）未取得从业资格证或者超越从业资格证核定范围等违法行为的，驾驶出租汽车从事经营活动；转借、出租、涂改从业资格证等违法行为的，由县级以上出租汽车行政主管部门责令改正，并处 1 万元以上 3 万元以下的罚款。

（2）出租汽车驾驶员违反该规定第十六条、第四十条规定的，由县级以上出租汽车行政主管部门责令改正，并处 200 元以上 2 000 元以下的罚款。

（3）聘用未取得从业资格证的人员，驾驶出租汽车从事经营活动的，由县级以上出租汽车行政主管部门责令改正，并处 5 000 元以上 1 万元以下的罚款；情节严重的，处 1 万元以上 3 万元以下的罚款。

（4）未按规定办理注册手续的人员，驾驶出租汽车从事经营活动的，由县级以上出租汽车行政主管部门责令改正，并处 1 000 元以上 3 000 元以下的罚款。

十一、其他一般罚没收入

（一）对违反劳动法规定行为的罚没收入

处罚规定包括：

（1）用人单位违反规定，以担保或者其他名义向劳动者收取财物的，由劳动行政部门责令限期退还劳动者本人，并以每人 500 元以上 2 000 元以下的标准处以罚款；给劳动者造成损害的，应当承担赔偿责任。

（2）劳务派遣单位违反规定，由劳动行政部门和其他有关主管部门责令改正；情节严重的，以每人 1 000 元以上 5 000 元以下的标准处以罚款。

（3）用人单位未与工会和劳动者协商，强迫劳动者延长工作时间的，并可按每名劳动者每延长工作时间一小时罚款 100 元以下的标准处罚。

（4）用人单位每日延长劳动者工作时间超过 3 小时或每月延长工作时间超过 36 小时的，可按每名劳动者每超过工作时间一小时罚款 100 元以下的标准处罚。

（5）用人单位劳动安全设施和劳动卫生条件不符合国家规定的，可处以 5 万元以下罚款。用人单位对发生的急性中毒或伤亡事故隐瞒、拖延不报或谎报的，以及故意破坏或伪造事故现场的，应责令改正，并可处以 2 万元以下罚款。

（6）用人单位新建、改建、扩建和技术改造项目的劳动安全卫生设施未能与主体工程同时设计、同时施工、同时投入生产和使用，安全卫生设施不符合国家规定标准的，应责令改正，并可处以 5 万元以下罚款。

（7）用人单位未向劳动者提供必要的劳动防护用品和劳动保护设施，或未对从事有职业危害作业的劳动者定期检查身体的，应责令改正，并可处以 5 000 元以下罚款。

（8）用人单位锅炉压力容器无使用证而运行的，或不进行定期检验的，应责令停止运行或查封设备，并可处以 1 万元以下罚款。

（9）用人单位非法招用未满 16 周岁的未成年人的，应责令改正，并按国家有关规定处以罚款。

（10）用人单位违反规定侵害女职工和未成年工合法权益，按每侵害一名女职工或未成年工罚款 3 000 元以下的标准处罚。

（11）用人单位无理阻挠劳动行政部门及其劳动监察人员行使监督检查权，或者打击报复举报人员的，处以1万元以下罚款。

（12）对具有数种违反劳动法行为的，应分别决定处罚，合并执行；不能合并执行的可以从重处罚。对数次（二次及以上）违反劳动法的，可以加重处罚。加重处罚可按原罚款标准的2～5倍计算罚款金额。

（二）对违反邮政法规行为的罚没收入

指邮政管理机构对违反《中华人民共和国邮政法》和《中华人民共和国邮政法实施细则》以及其他与邮政相关的法律、法规和规章的行为，进行罚没取得的收入。其中，适用治安处罚法的罚没收入归属于公安罚没收入。

（三）对违反认证认可行为的罚没收入

指认证认可监督管理部门对违反从事认证认可法律、法规规章的活动依法予以罚没处罚取得的收入。认证认可监督管理部门对违反《认证认可条例》第60条规定的四种行为，依法予以罚没处罚。

（四）对财政违法行为的罚没收入

指财政部门对违反《财政违法行为处罚处分条例》的行为做出的罚没处罚而取得的收入。审计部门审计后做出的处罚归审计罚没收入。

（五）对违反农业法规行为的罚没收入

指农业主管部门对违反农业、草原、畜牧、农药、肥料、动物防疫、水污染防治、自然保护区、农产品质量安全等涉农法律法规的行为，由农业主管部门给予的罚没处罚取得的收入。

（六）对违反新闻出版法规行为的罚没收入

指新闻出版行政机关对公民、法人或者其他组织违反出版管理法规、规章的行为实施的罚没处罚取得的收入。其处罚范围和标准依照《出版管理条例》《音像制品管理条例》《印刷业管理条例》的规定执行。

（七）海关罚没收入

指海关缉毒罚没收入和缉私罚没收入以外的罚没收入。海关部门在对进出境货物、物品、运输工作监管过程中，对违反《中华人民共和国海关法》及其他相关法律、行政法规的行为，按照罚没标准进行处罚。

十二、缉私和缉毒罚没收入

（一）缉私罚没收入

具体包括：

（1）公安缉私罚没收入，是指公安部门取得的缉私罚没收入。

（2）工商缉私罚没收入，是指工商部门取得的缉私罚没收入。

（3）海关缉私罚没收入，是指海关变价处理的走私货物、物品的变价收入和追缴的私货款取得的收入，包括海关在处理走私案件时对单位和个人的罚款，以及对单位和个人没收的违法所得和其他非法款项等所取得的收入。

（4）边防缉私罚没收入，是指边防武警取得的缉私罚没收入。

（5）其他缉私罚没收入，是指除公安、工商、海关和边防以外的其他部门取得的缉私罚没收入。

（二）缉毒罚没收入

缉毒罚没收入是指缉毒部门对违反《中华人民共和国禁毒法》规定行

为进行处罚所缴获的毒资，毒犯财产变价款和对禁种、禁吸毒品行为的罚没款等收入。

十三、罚没收入的预算管理

（一）归属中央的罚没收入

具体包括：

（1）一般罚没收入中的银监会、民航、证监会、铁路公检法罚没收入。归属中央专用收入科目，其收入全部上缴中央。

（2）缉私罚没收入。属中央收入。

（3）海关逾期无人认领货物。缴入中央金库。

（二）归属地方的罚没收入

具体包括：

（1）烟草罚没收入。全额缴地方，按属地原则分级管理。省直垂直管理单位的罚没收入全额缴入省本级。

（2）交强险罚没收入。为地方收入。

（三）中央与地方共享的罚没收入

一般罚没收入中，除归属中央专用收入科目或者地方专用收入科目的收入外，其他收入属中央与地方共用收入科目。具体包括：

（1）国家外汇管理部门取得的其他罚没收入，中央与地方各半。

（2）出入境检验检疫机构取得的罚没收入，中央与地方各半。

（3）铁路系统其他罚没收入，中央与地方各半。

（4）税务机关和司法机关取得的涉税罚没收入，按照税款入库预算级次上缴国库。

（5）缉毒罚没收入，属中央与地方共用收入科目；地方缉毒罚没收入，属省本级收入。

十四、罚没收入的退库

罚没收入退库是指根据规定向代收单位支付代收的罚没收入手续费办理退库。

（一）代收罚没收入手续费支付规定

财政部门按代收机构管辖行缴入国库罚款总额 0.5% 的比例，按季支付手续费。其中，缴入中央国库的，手续费由各地财政监察专员办事机构支付；缴入地方国库的，由地方同级财政部门支付。

（二）申请单位应报送的资料

具体包括：①代收中央级罚没收入单位提出的退库申请文件；②代收中央级罚没收入的对账表以及《专用缴款书》、《一般缴款书》或《罚款收据》等凭证资料；③与退库申请相关的其他材料。

（三）退库程序

具体包括：

（1）代收机构汇总核对。代收机构应于每季终了后 3 日内，将上季代收并缴入中央和地方国库的各项罚款分别汇总，填写罚款汇总表。

（2）受理。主办人员受理申请单位报送的资料，并审核资料是否齐全。

（3）审批。主办人员进行初审，协办人员复审，并报经处室领导、办领导审批。

（4）办理退库。主办人员起草并印发退库文件，将退库文件交内勤，由内勤开具《收入退还书》，一并交申请单位。

【政策依据】

详见表 5-1。

表 5-1　文件汇总

序号	科目名称	文号	文件名
1	公安罚没收入	主席令第 67 号（2012 年）	中华人民共和国治安管理处罚法
		主席令第 47 号（2011 年）	中华人民共和国道路交通安全法
		主席令第 6 号（2018 年）	中华人民共和国反恐怖主义法
2	检察院罚没收入	（86）财预 228 号文件	罚没财物和追回赃款赃物管理办法
3	法院罚没收入		
4	工商罚没收入	主席令第 7 号（1993 年）	中华人民共和国消费者权益保护法
		主席令第 15 号（1999 年）	中华人民共和国合同法
			中华人民共和国公司法
		主席令第 76 号（2017 年）	中华人民共和国公务员法
			中华人民共和国标准化法
		国务院第 53 号令	中华人民共和国标准化法实施条例
5	食品药品监督罚没收入		中华人民共和国食品安全法
			中华人民共和国药品管理法
6	卫生罚没收入		中华人民共和国执业医师法
			中华人民共和国精神卫生法
			中华人民共和国药品管理法
			中华人民共和国禁毒法

续表

序号	科目名称	文号	文件名
6	卫生罚没收入		中华人民共和国中医药法
			中华人民共和国传染病防治法
			中华人民共和国职业病防治法
			中华人民共和国食品安全法
			中华人民共和国职业病防治法
			中华人民共和国母婴保健法
7	检验检疫罚没收入		中华人民共和国进出境动植物检疫法
			中华人民共和国进出口商品检验法
8	证监会罚没收入		中华人民共和国证券法
			中华人民共和国证券投资基金法
9	交通罚没收入		中华人民共和国公路法
		国务院令 2004 第 406 号	中华人民共和国道路运输条例
		国务院令 2012 第 625 号	国内水路运输管理条例
		交通运输部令 2015 年第 9 号	中华人民共和国内河海事行政处罚规定
		中华人民共和国交通运输部 中华人民共和国公安部 国家安全生产监督管理总局令 2014 年第 5 号	道路运输车辆动态监督管理办法
		交通运输部令 2016 年第 37 号	机动车维修管理规定
			中华人民共和国安全生产法
		国务院令 2011 年第 593 号	公路安全保护条例
		交通运输部令 2016 年第 63 号	出租汽车驾驶员从业资格管理规定
10	其他一般罚没收入		中华人民共和国劳动法
			中华人民共和国邮政法
			中华人民共和国邮政法实施细则
		国务院令 2004 年第 427 号	财政违法行为处罚处分条例
		国务院令 2001 年第 343 号	出版管理条例
		新闻出版署令 1996 年第 4 号	音像制品管理条例
		国务院令 2001 年第 315 号	印刷业管理条例

【随堂练习】

一、单选题

1.（ ）是形成财政收入的最基本形式。

A. 国债　B. 罚没收入　C. 上交利润　D. 税收

答案：D

2.（ ）是政府对罚没收入采取的管理原则。

A. 法定原则　B. 公开原则

C. 公平原则　D. “收支两条线”原则

答案：C

3. 下列各项中属于检察院罚没收入的是（ ）。

A. 对扰乱公共秩序行为的罚没收入

B. 撤销案件没收存款、汇款取得的收入

C. 没收财产取得的收入

D. 追缴非法所得取得的收入

答案：B

4. 扰乱公共秩序的行为情节较严重的应（ ）。

A. 处 5 日以上 10 日以下拘留，可以并处 500 元以下罚款

B. 处 10 日以上 15 日以下拘留，并处 500 元以上 1 000 元以下罚款

C. 处 5 日以上 10 日以下拘留，并处 200 元以上 500 元以下罚款

D. 处 10 日以上 15 日以下拘留，并处 500 元以上 2 000 元以下罚款

答案：A

5. 下列各项中不属于公安罚没收入的是（ ）。

A. 扰乱公共秩序行为的罚没收入

B. 妨害公共安全行为的罚没收入

C. 侵犯消费者合法权益罚没收入

D. 妨害社会管理行为的罚没收入

答案：C

6. 烟草罚没收入（ ）。

A. 全额上缴中央

B. 50% 上缴中央、50% 地方

C. 30% 上缴中央、70% 地方

D. 全额缴地方

答案：D

二、多选题

1. 下列各项中属于罚没收入的特征的有（ ）。

A. 强制性

B. 非固定性

C. 惩罚性

D. 无偿性

E. 一次性

答案：ABCDE

2. 按照财政收入预算科目设置划分，罚没收入可分为（ ）。

A. 一般罚没收入

B. 缉私罚没收入

C. 缉毒罚没收入

D. 公安罚没收入

E. 法院罚没收入

答案：ABC

3. 下列各项中属于执行罚没应遵循的原则的有（ ）。

A. 法定原则

B. 公开原则

C. 公正原则

D. 公平原则

E. “收支两条线”原则

答案：ABCE

4. 按照违法性质和罚没项目构成，罚没收入可分为（　　）。

A. 罚金收入
B. 罚款收入
C. 没收违法所得取得的收入
D. 没收财产取得的收入
E. 没收非法财物取得的收入
F. 追回赃款赃物取得的收入

答案：ABCDEF

5. 下列各项中属于罚款标准的有（　　）。

A. 无限额罚款
B. 有限额罚款
C. 倍数罚款
D. 比例罚款

答案：BCD

6. 一般罚没收入包括（　　）。

A. 公安罚没收入
B. 检察院罚没收入
C. 法院罚没收入
D. 工商罚没收入
E. 新闻出版罚没收入

答案：ABCDE

7. 下列各项中属于对违反治安管理法规行为的罚没收入的有（　　）。

A. 对扰乱公共秩序行为的罚没收入
B. 对妨害公共安全行为的罚没收入
C. 交通违章罚没收入
D. 对侵犯他人人身权利、财产权利行为的罚没收入
E. 对妨害社会管理行为的罚没收入

答案：ABDE

8. 下列各项中属于法院罚没收入的有（　　）。

A. 罚金收入
B. 没收财产取得的收入
C. 追缴非法所得取得的收入
D. 追回赃款赃物取得的收入
E. 对违法违章广告的罚没收入

答案：ABCD

9. 交通罚没收入包括（　　）。

A. 对违反《中华人民共和国道路运输条例》行为的罚没收入

B. 对违反《中华人民共和国安全生产法》行为的罚没收入

C. 对违反《交强险条例》行为的罚没收入

D. 对违反《机动车维修管理规定》行为的罚没收入

E. 对违反《道路运输车辆动态监督管理办法》行为的罚没收入

答案：ABDE

三、判断题

1. 罚没收入按照财政收入预算科目设置分类，可分为一般罚没收入、缉私罚没收入、缉毒罚没收入。（　　）

答案：正确。

2. 工商机关查获企业违法经营行为并进行处罚取得的罚没收入不属于我国预算收入范围。（　　）

答案：错误。（说明：属于。）

3. 罚款的标准，有无限额罚款、限额罚款、倍数罚款和比例罚款。（　　）

答案：错误。（说明：不包括无限额罚款。）

4. 一般罚没收入是指除缉私罚没收入以外的国家行政机关和司法机关依据法律法规规定向违法行为的单位和个人收取的罚款、没收财产等收入。（　　）

答案：错误。（说明：一般罚没收入是指除缉私罚没收入和缉毒罚没收入以外的收入。）

5. 食品药品监督罚没收入是指食品药品监督管理部门对违反《中华人民共和国食品安全法》和《中华人民共和国药品管理法》的单位或者个人依法进行罚没处罚取得的收入。（　　）

答案：正确。

6. 会计师事务所、律师事务所、资产评估机构等中介服务机构未勤勉尽责，所出具的文件有虚假记载、误导性陈述或者重大遗漏的，责令改正，没收业务收入，暂停或者撤销相关业务许可，并处业务收入 1 倍以上 10 倍以下的罚款。（　　）

答案：错误。（说明：应处 1 倍以上 5 倍以下的罚款。）

7. 对中医诊所超出备案范围开展医疗活动检查，发现违法行为的，由所在地县级人民政府中医药主管部门责令改正，没收违法所得，并处 1 万元以上 3 万元以下罚款。（　　）

答案：正确。

四、辨析题

罚金与罚款有什么区别？

答案：罚金是由人民法院强制被判了刑的人在一定的期限内交纳一定数量的金钱，它和判处有期徒刑、无期徒刑、死刑或者是剥夺政治权利、没收财产一样，是一种刑罚，前提必须是被判处罚金的人构成了犯罪。

适用罚金这种刑罚的犯罪，一般都是贪财、图利或者与财产有关的。对这些犯罪分子，从金钱上加以剥夺，使他们在经济上得不到好处，是一种有效的惩罚和教育。罚款和罚金不同，它虽然也是剥夺一定的金钱，但不是一种刑罚。适用的对象一般不是犯罪分子，而是没有达到犯罪程度的违法人员。

罚款的问题比较复杂，从法律的角度上说，罚款分为两种：一种是由人民法院依据民法或诉讼法作出的，罚款的对象是有妨碍民事诉讼行为的人；另一种是由公安机关或者其他行政机关依照行政法规作出的，罚款的对象是违反治安管理法规或者违反海关、工商、税收等行政法规的人。所以，罚款的适用范围比罚金要宽得多。现在有一种倾向，就是到处罚款。有的罚款是有法律、法规作依据的，有的就没有什么法律依据了，不论是什么单位，事情不分大小，对象也不加区别，动不动就罚款。还有的根本就不开收据，名为罚款，其实钱都进了个人的腰包，这也应当是重点治理的一个方面。

【案例分享】

以信访为由拉横幅，罚！

2018 年 1 月 15 日，违法行为人芦某以信访为由采取拉横幅的方式扰乱新乡市政府单位秩序，根据《中华人民共和国治安管理处罚法》第二十三条第一款第（一）项之规定，芦某被新乡市公安局南环分局以扰乱单位秩序行政拘留 10 日，处以罚款 500 元。该笔罚款属于什么类型罚没收入？

解析：扰乱公共秩序行为是指扰乱国家机关、企事业单位、社会团体的生产秩序、经营秩序、教学科研秩序、医疗卫生秩序以及公共场所的活动秩序、公共交通秩序、人民群众的生活秩序等行为。是行为人扰乱公共秩序行为不够刑事处罚，公安机关依照《中华人民共和国治安管理处罚法》和其他法律法规的规定进行罚没处罚而取得的收入，所以该笔罚款是对扰乱公共秩序行为的罚没收入。

超载的处罚实例

马某驾驶半挂车辆，因涉嫌超载被交警大队扣查。经过磅检测，其所载货物超核定载质量 10%，交警大队对马某做出罚款 200 元的行政处罚，同时对其记 3 分。该笔罚款属于什么类型的罚没收入？

解析：交通违章罚没收入是公安机关交巡警部门依照交通管理法律、

法规和规章的规定，按照交通法规违章罚款标准对道路交通违章行为人做出罚款而取得的收入，所以该笔罚款为交通违章罚没收入。

如果违法当事人死亡，行政处罚该怎么处理

任润厚原系山西省人民政府副省长，曾任山西潞安矿业（集团）有限责任公司董事长、总经理，山西潞安环保能源开发股份有限公司董事长，2014 年 9 月 20 日因严重违纪被免职，同年 9 月 30 日因病死亡。根据最高人民法院的指定管辖决定，扬州市中级人民法院于 2016 年 12 月受理了申请没收任润厚违法所得一案。扬州中院经开庭审查查明，有证据证明，犯罪嫌疑人任润厚于 2001 年至 2013 年，利用担任山西潞安矿业（集团）有限责任公司董事长、山西潞安环保能源开发股份有限公司董事长、山西省人民政府副省长等职务上的便利，索取他人财物，或者非法收受他人财物，为他人谋取利益，实施了受贿犯罪；财产、支出明显超过合法收入，差额巨大，不能说明来源，构成了巨额财产来源不明犯罪。根据庭审查明的事实及证据，犯罪嫌疑人任润厚构成了受贿、巨额财产来源不明犯罪，检察机关扣押、冻结的任润厚及其亲属名下财产人民币 12 955 627.08 元、港币 429 757.68 元、美元 1 042 946.99 元、欧元 213 200.57 元、加元 1 万元，以及珠宝、字画等物品 135 件，这些属于任润厚实施受贿、巨额财产来源不明犯罪所得。

2017 年 7 月 25 日，扬州市中级人民法院对本案公开宣判，裁定对任润厚违法所得人民币 12 955 627.08 元、港币 429 757.68 元、美元 1 042 946.99 元、欧元 213 200.57 元、加元 1 万元及孳息，以及物品 135 件予以没收，上缴国库。

［辨析］本案罚没收入属于什么性质罚没收入?

解析：法院罚没收入是指法院判处犯罪嫌疑人或者犯罪单位向国家缴

纳一定数额的罚金和没收财产、追缴非法所得、没收违禁品等取得的收入。其中没收财产收入是法院依据法律规定判处没收犯罪分子个人所有财产的一部分或者全部，强制无偿地收归国有而取得的罚没收入。所以本案罚没收入属于法院罚没收入。

“老鼠仓”的处罚

2014 年 4 月中旬，华为原副总裁、时任北京牛电科技有限责任公司董事长李一男从武汉华中数控股份有限公司（简称华中数控）总裁李某涛处获知华中数控重大资产重组的内幕信息，随即借用他人账户大量买入华中数控股票，并暗示其妹妹同期买入部分华中数控股票，两人合计获利 700 余万元，构成内幕交易。因涉嫌犯罪，证监会将本案依法移送公安机关追究刑事责任。2017 年 1 月 22 日，广东省高级人民法院作出二审判决，判处李一男有期徒刑二年六个月，没收违法所得并处罚金 700 余万元。该处罚收入属于什么类型的罚没收入？

解析：属于对违反证券交易规定行为的罚没收入。处罚规定包括：

（1）证券交易内幕信息的知情人或者非法获取内幕信息的人，在涉及证券的发行、交易或者其他对证券的价格有重大影响的信息公开前，买卖该证券，或者泄露该信息，或者建议他人买卖该证券的，责令依法处理非法持有的证券，没收违法所得，并处以违法所得 1 倍以上 5 倍以下的罚款；没有违法所得或者违法所得不足 3 万元的，处以 3 万元以上 60 万元以下的罚款。单位从事内幕交易的，还应当对直接负责的主管人员和其他直接责任人员给予警告，并处以 3 万元以上 30 万元以下的罚款。证券监督管理机构工作人员进行内幕交易的，从重处罚。

（2）违反证券法的规定，操纵证券市场的，责令依法处理非法持有的证券，没收违法所得，并处以违法所得 1 倍以上 5 倍以下的罚款；没有违法所得或者违法所得不足30万元的，处以30万元以上300万元以下的罚款。单位操纵证券市场的，还应当对直接负责的主管人员和其他直接责任人员给予警告，并处以10万元以上60万元以下的罚款。

（3）违反法律规定，在限制转让期限内买卖证券的，责令改正，给予警告，并处以买卖证券等值以下的罚款。对直接负责的主管人员和其他直接责任人员给予警告，并处以3万元以上30万元以下的罚款。

（4）违反证券法的相关规定，扰乱证券市场的，由证券监督管理机构责令改正，没收违法所得，并处以违法所得1倍以上5倍以下的罚款；没有违法所得或者违法所得不足3万元的，处以3万元以上20万元以下的罚款。

（5）违反证券法的相关规定，在证券交易活动中作出虚假陈述或者信息误导的，责令改正，处以3万元以上20万元以下的罚款；属于国家工作人员的，还应当依法给予行政处分。

（6）违反证券法的相关规定，法人以他人名义设立账户或者利用他人账户买卖证券的，责令改正，没收违法所得，并处以违法所得1倍以上5倍以下的罚款；没有违法所得或者违法所得不足3万元的，处以3万元以上30万元以下的罚款。对直接负责的主管人员和其他直接责任人员给予警告，并处以3万元以上10万元以下的罚款。证券公司为上述规定的违法行为提供自己或者他人的证券交易账户的，除依照上述的规定处罚外，还应当撤销直接负责的主管人员和其他直接责任人员的任职资格或者证券从业资格。

【延伸阅读】

徐翔案宣判　被罚110亿

2017年1月23日，曾经的“股神”徐翔陨落。青岛市中级人民法院开庭宣判，现年40岁的私募名人徐翔被判有期徒刑五年半，罚金110亿元。这距离徐翔案一审刚刚过去一个半月。

至此，昔日“宁波涨停板敢死队总舵主”的辉煌时代宣告彻底终结，等待他的将是近6年的监狱生活。凤凰财经记者注意到，对于宣判结果，很多人并无意外，反倒是对他手中巨额资产的去向更为关注。

记者梳理“徐翔系”的资产后发现，徐翔个人与其家人所持上市公司股权总市值累计达79.96亿元。也就是说，徐翔早年的“成果”都将成为他如今的代价。

根据记者的不完全统计，“徐翔系”资本共由三部分组成，分别是徐翔个人持股、通过资管类产品持有以及通过其父母直接持股。按照23日收盘价计算，徐翔通过旗下公司持有华丽家族5.76%的流通股股份，市值约7.34亿元；通过瑞丽金泽代持东方金钰股份市值高达29.58亿元。此外，徐翔还通过旗下资管产品购买持股共计4.21亿元，与其公司持股相较占比较小。值得注意的是，构成“徐翔系”资产的最大部分并非徐翔的个人资产，而是隶属于其父母名下、市值将近40亿元的庞大资金团。

公开资料显示，在被徐翔视为资本运作平台的四家公司中，有两家的法人代表分别为其母郑素贞与其父徐柏良，二人分别作为上海泽熙资产管理中心和西藏泽添投资发展有限公司的法人代表出现在不少上市公司的大股东名单中。查找2016年上市公司披露的三季报可以发现，郑素贞、徐柏良截至2015年9月共计持有三家上市公司的股份，其中徐柏良通过名下公司西藏泽添投资发展有限公司持股宁波中百约3 540.53万股，按照23日收盘价18.83元/股计算，市值约为6.67亿元；而郑素贞的资产数字更为惊人，直接通过个人分列大恒科技的第一大股东以及文峰股份的第二大股东，两家公司所占市值32.16亿元，接近统计中的徐翔个人股权资产总值。徐翔父母合计持有三家上市公司约38.83亿元，成为“徐翔资产版图”中的最大部分。

根据以上统计数据，徐翔和其关联人以及泽熙系资产合计约为 79.96 亿元，并未达到一审判决书中提到的 110 亿元的处罚数额。

早前采访中，不少与徐翔相熟的投资人表示，除了赚钱，徐翔几乎没有其他爱好，一天的主要时间基本上都花在了交易室内。而如今，徐翔注定将在狱中度过两千个日夜，用反思来讲述属于他的“忏悔录”。

（资料来源：凤凰财经 . 证券 . 徐翔案宣判被罚 110 亿：名下近 80 亿股权资产恐成罚款［EB/OL］. http:：//finance.ifeng.com/a/20170123/15164182_0.shtml.）

2018 年问题疫苗事件

2018 年 7 月 29 日晚间，新华社发布消息，经长春市公安机关开展侦办工作，基本查明长春长生生物科技有限责任公司生产冻干人用狂犬病疫苗的涉嫌违法犯罪事实。

依据《中华人民共和国刑事诉讼法》第七十九条之规定，长春新区公安分局以涉嫌生产、销售劣药罪，对长春长生生物科技有限责任公司董事长高某芳等 18 名犯罪嫌疑人向检察机关提请批准逮捕。

疫苗事件进展

2017 年 11 月 3 日，原国家食药监总局发布《百白破疫苗效价指标不合格产品处置情况介绍》。据介绍，在药品抽样检验中检出长春长生生物科技有限公司生产的批号为 201605014–01、武汉生物制品研究所有限责任公司生产的批号为 201607050–2 的百白破疫苗效价指标不符合标准规定。

2018 年 7 月 15 日，国家药监局发布《关于长春长生生物科技有限责任公司违法违规生产冻干人用狂犬病疫苗的通告》（2018 年第 60 号）。

长生生物在飞行检查中被发现，在冻干人用狂犬病疫苗生产过程中存在记录造假等严重违反药品 GMP 的行为，国家药监局已要求吉林省局收回长春长生的《药品 GMP 证书》。

7 月 16 日，长生生物发布公告称，对有效期内所有批次的冻干人用狂犬病疫苗全部实施召回，对此次事件的发生深表歉意。

7 月 18 日，长生生物发布公告称，已收到《吉林省食品药品监督管理局行政处罚决定书》。

共有三项处罚：①没收库存的“吸附无细胞百白破联合疫苗”186 支；②没收违法所得 858 840.00 元。③处违法生产药品货值金额 3 倍罚款 2 584 047.60 元。罚没款总计 3 442 887.60 元。

7 月 22 日，李克强总理批示，此次疫苗事件突破人的道德底线，必须给全国人民一个明明白白的交代。李总理在批示中要求，国务院要立刻派出调查组，对所有疫苗生产、销售等全流程全链条进行彻查，尽快查清事实真相，不论涉及哪些企业、哪些人，都坚决严惩不贷，绝不姑息。

7 月 23 日，长春长生董事长及 4 名高管被警方带走审查。

7 月 23 日，习近平主席的重要指示指出，长生生物违法违规生产疫苗行为，性质恶劣，令人触目惊心。习主席强调，有关地方和部门要高度重视，立即调查事实真相，一查到底，严肃问责，依法从严处理。要及时公布调查进展，切实回应群众关切，确保药品安全是各级党委和政府义不容辞之责。

7 月 24 日，据长春公安宣传消息，长生生物董事长高某芳等 15 名涉案人员被依法刑事拘留。

7 月 25 日，新华社发布消息，国务院调查组赴吉林开展长春长生疫苗案件调查处理工作。调查组组长、市场监管总局党组书记、副局长毕井泉主持召开调查组第一次全体会议。调查组听取了吉林省人民政府、药监局检查组的工作汇报，中央纪委国家监委、公安部、国家卫生健康委、证监会通报了前期工作开展情况。

7月27日，企业违法违规的事实已基本查清。

据新华社报道，长春长生相关文件已被查封。调查组询问相关人员的书证34份，取证材料1 138页，利用查获的计算机还原了实际生产记录和伪造的生产记录。公安机关已追回犯罪嫌疑人丢弃并意图损毁的60块电脑硬盘。

7月29日，长春新区公安分局以涉嫌生产、销售劣药罪，对长生生物董事长等18名犯罪嫌疑人向检察机关提请批准逮捕。

什么是生产、销售劣药罪

根据《中华人民共和国刑法》第一百四十一条的规定，生产、销售假药罪，是指生产者、销售者违反国家药品管理法规，生产、销售假药，足以危害人体健康的行为。

根据《中华人民共和国刑法修正案（八）》的规定，只要具有主观故意生产、销售假药的行为，即构成本罪。

生产、销售的假药具有下列情形之一的，应当立案：

（1）含有超标准的有毒有害物质的；

（2）不含所标明的有效成分，可能贻误诊治的；

（3）标明的适应症或者功能主治超出规定范围，可能造成贻误诊治的；

（4）缺乏所标明的急救必需的有效成分的。

如何处罚

根据《中华人民共和国刑法》第一百四十一条之规定，“生产、销售假药的，处三年以下有期徒刑或者拘役，并处罚金；对人体健康造成严重危害或者有其他严重情节的，处三年以上十年以下有期徒刑，并处罚金；致人死亡或者有其他特别严重情节的，处十年以上有期徒刑、无期徒刑或者死刑，并处罚金或者没收财产”。

《中华人民共和国刑法》第一百五十条规定，“单位犯生产、销售假药罪的，对单位判处罚金，并对其直接负责的主管人员和其他直接责任人员，按个人犯生产、销售假药罪的法定刑处罚”。

（资料来源：百度百科．长春长生疫苗事件［EB/OL］. https://baike.baidu.com/item/%E9%95%BF%E6%98%A5%E9%95%BF%E7%94%9F%E7%96%AB%E8%8B%97%E4%BA%8B%E4%BB%B6/22752278.）

第六章

国有资源（资产）有偿使用收入

本章思维导图

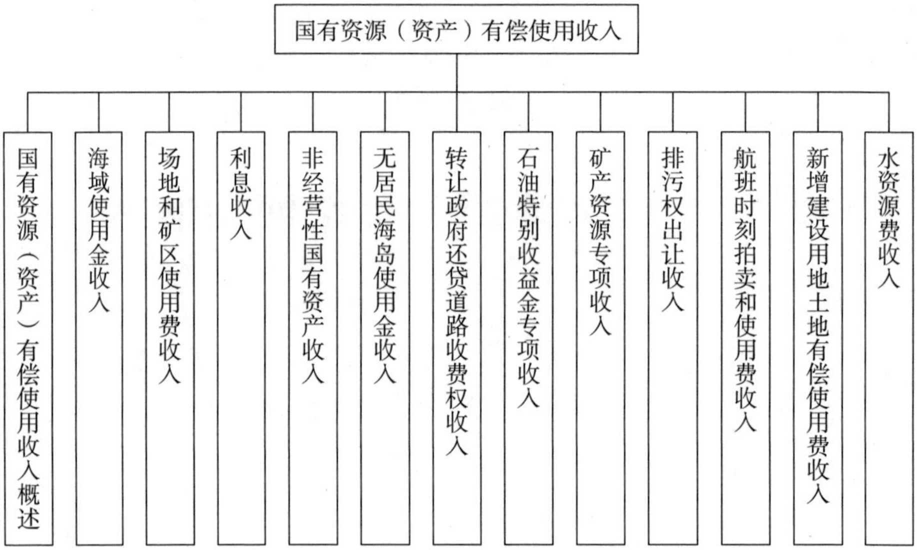
国有资源（资产）有偿使用收入
国有资源（资产）有偿使用收入概述
海域使用金收入
场地和矿区使用费收入
利息收入
非经营性国有资产收入
无居民海岛使用金收入
转让政府还贷道路收费权收入
石油特别收益金专项收入
矿产资源专项收入
排污权出让收入
航班时刻拍卖和使用费收入
新增建设用地土地有偿使用费收入
水资源费收入

第六章　国有资源（资产）有偿使用收入

内容提要

本章内容包括国有资源（资产）有偿使用收入的概念，介绍了国有资源（资产）有偿使用收入的征收管理，具体包括海域使用金收入的征收管理、场地和矿区使用费收入的征收管理，以及其他各种国有资源（资产）有偿使用收入的征收管理等内容。

【学习要点】

一、国有资源（资产）的定义

国有资源（资产），是指通过开发能够带来一定经济价值的国有资源。这种资源属于国家专有，经过开发利用可以产生收益。

国有资源（资产）一般具有以下特性：①品种的稀缺性；②数量的有限性；③品质的复杂性；④分布的失衡性。

国有资源（资产）按资源存在的物质形态又可以分为以下六类：①国土资源；②国有森林资源；③国有矿产资源；④国有草原资源；⑤国有水资源；⑥国有海洋资源。

二、国有资源（资产）有偿使用收入的概念和内容

（一）国有资源（资产）有偿使用收入的概念

国有资源（资产）有偿使用收入，是指行政事业单位利用所占有、使用的国有资源（资产）进行的不以营利为目的、资源（资产）使用权或所有权发生变化的经营活动所取得的收入，包括国有自然资源有偿使用收入、社会公共资源有偿使用收入和行政事业单位国有资产有偿使用收入。

（1）国有资源有偿使用收入，是指国家机关、事业单位及其他组织利用各种形态的自然资源、公共资源、信息和技术资源向社会提供公共服务、准公共服务、经营服务以及出租出让、转让国有资源使用权所取得的收入。国有资源有偿使用收入属于权利金的范畴，是国家作为资源所有者经济权益的体现。

（2）国有资产有偿使用收入，是指国家机关、事业单位及其他组织将其占有使用的固定资产、流动资产、无形资产，通过处置、租赁、对外合作、对外服务、对外投资和担保等形式所取得的收入。

（二）国有资源（资产）有偿使用收入的内容

我国国有资源（资产）有偿使用收入由海域使用金收入、场地和矿区使用费收入、特种矿产品出售收入、专项储备物资销售收入、利息收入、非经营性国有资产收入、出租车经营权有偿出让和转让收入、无居民海岛使用金收入、转让政府还贷道路收费权收入、石油特别收益金专项收入、动用国家储备物资上缴财政收入、铁路资产变现收入、电力改革预留资产变现收入、矿产资源专项收入、排污权出让收入、航班时刻拍卖和使用费收入、农村集体经营性建设用地土地增值收益调节金收入、新增建设用地土地有偿使用费收入、水资源费收入、国家留成油上缴收入和其他国有资

源（资产）有偿使用收入构成。

三、海域使用金收入

（一）征缴范围

辽宁、大连、河北、天津、山东、青岛、江苏、上海、浙江、宁波、福建、厦门、广东、深圳、广西、海南省等沿海的省（自治区、直辖市）及计划单列市的单位和个人使用海域按等级征收不同的海域使用金。

（二）征缴标准

海域使用金统一按照用海类型（共五类）、海域等别（共六等）以及相应的海域使用金征收标准计算征收。

（三）减免管理

1. 减免权限。

减免国务院审批的项目用海应缴的海域使用金，由财政部和国家海洋局审查批准。减免县级以上地方人民政府审批的项目用海应缴地方国库的海域使用金，由省、自治区、直辖市人民政府财政部门和海洋行政主管部门审查批准。减免养殖用海应缴的海域使用金，由审批项目用海的地方人民政府财政部门和同级海洋行政主管部门审查批准。依法申请减免海域使用金，应严格按照相关规定执行，规范申请减免及审批程序。任何地区、部门和单位都不得以“招商引资”等名义违规越权减免海域使用金。

2. 减免规定。

（1）免缴项目。下列项目用海，依法免缴海域使用金：①军事用海；

②用于政府行政管理目的的公务船舶专用码头用海，包括公安边防、海关、交通港航公安、海事、海监、出入境检验检疫、环境监测、渔政、渔监等公务船舶专用码头用海；③航道、避风（避难）锚地、航标、由政府还贷的跨海桥梁及海底隧道等非经营性交通基础设施用海；④教学、科研、防灾减灾、海难搜救打捞、渔港等非经营性公益事业用海。

（2）减免项目。下列项目用海，依法减免海域使用金：①除避风（避难）以外的其他锚地、出入海通道等公用设施用海；②列入国家发展和改革委员会公布的国家重点建设项目名单的项目用海；③遭受自然灾害或者意外事故，经核实经济损失达正常收益60%以上的养殖用海。

按照规定程序依法经批准减免海域使用金的用海项目，发生转让、出租海域使用权或者经批准改变海域用途或者用海性质的，海域使用权受让人或者海域使用权人应当按照《海域使用金减免管理办法》规定重新履行海域使用金减免申请和报批手续。

四、场地和矿区使用费收入

（一）陆上石油矿区使用费的征收管理

1. 征缴对象。

在中华人民共和国境内从事陆上石油资源合作开采业务的中国企业和外国企业。

2. 计费依据。

矿区使用费按照每个油、气田日历年度原油或者天然气总产量分别计征。

3. 征收管理。

（1）征缴形式：原油和天然气的矿区使用费，均用实物缴纳。

（2）代扣代缴人：中外合作油、气田的矿区使用费，由油、气田的作业者代扣，交由中国石油开发公司负责代缴。

（二）海上石油矿区使用费的征收管理

1. 征缴对象。

在中华人民共和国内海、领海、大陆架及其他属于中华人民共和国行使管辖权的海域内依法从事海洋石油资源开采业务的中国企业和外国企业。

2. 计费依据。

矿区使用费按照每个油、气田日历年度原油或者天然气总产量计征。

（三）外商投资企业场地使用费收入的征收管理

1. 征缴对象。

①中外合资、合作经营的工业、旅游业、商业、服务业、农牧业及合资建设的住宅公寓等所需的建设用地；②中方与国外华侨、港澳同胞合资、合作所需的建设用地和工程用地；③外商、国外华侨、港澳同胞在中国投资举办拥有全部资本的企业的建设用地和工程用地。

外商投资企业通过缴纳场地使用费方式取得国有土地使用权，应当按相关合同等约定缴纳场地使用费。外商投资企业租赁房屋，不需要缴纳场地使用费。

2. 征收标准。

①一般地区，外商投资企业用地，场地使用费为每平方米 5～300 元；②经济不发达地区，经所在地人民政府同意可以给予特别优惠；③对于从事农、牧业的外商投资企业，经所在地省、自治区、直辖市政府同意，场地使用费可不按每平方米计算，而按企业营业收入计算；④对产品出口企业和先进技术企业的场地使用费，给予特别优惠。

五、利息收入

（一）国库存款计付的利息收入

国库存款计付的利息收入，是指各级财政机关在中国人民银行及中国人民银行委托代理国库业务的商业银行、信用社开设的人民币国库存款账户资金所取得的计付利息收入。

（1）利率。国库存款计付利息利率按现行中国人民银行规定的单位活期存款利率计付。利率发生调整时，按调整后的利率计付。

（2）管理。国库存款利息，分财政级次、按日库款余额（日积数）累计积数计算，按季结算利息。各级财政机关在中国人民银行的国库存款利息，由中国人民银行直接计付；在商业银行、信用社代理国库的存款利息，由商业银行、信用社于结息日（每季度最后一月的20日）后的次日向中国人民银行报送计息积数，中国人民银行据以计算并及时计付。各级库款按季结息的收入，转增同级财政库款。各级财政机关根据有关库款计息凭证等记账依据，登记国库存款账。各级财政机关发现库款结存数额、库款计息积数、利息计算有误的，应及时通知中国人民银行各级国库办理更正。

（二）国库现金管理操作的利息收入

1. 中央国库现金管理操作的利息收入。

中央国库现金，是指财政部在中央总金库的活期存款。中央国库现金管理操作的利息收入，是指财政部在中央总金库的活期存款通过商业管理操作方式所取得的利息收入。中央国库现金管理的操作方式包括商业银行定期存款、买回国债、国债回购和逆回购等。在国库现金管理初期，主要采取商业银行定期存款和买回国债两种操作方式。

（1）商业银行定期存款，是指将国库现金存放在商业银行，商业银行以国债为质押获得存款并向财政部支付利息的交易行为。商业银行定期存款期限一般在一年以内（含一年）。国库现金管理定期存款操作面向国债承销团和公开市场业务一级交易商中的商业银行总行公开招标进行。

（2）买回国债，是指财政部利用国库现金从国债市场买回未到期的可流通国债并予以注销或持有到期的交易行为。

2. 地方国库现金管理操作的利息收入。

地方国库现金，是指地方政府存放在同级国库的财政资金。地方国库现金管理操作的利息收入，是指地方政府存放在同级国库的财政资金通过商业管理操作方式所取得的利息收入。地方国库现金管理操作工具为商业银行定期存款，期限在一年以内。商业银行需提供足额质押并向地方财政部门支付利息。

（1）地方国库现金管理操作不得与银行贷款挂钩，不得指定质押品，不得借此干预金融机构正常经营，防止地方国库现金管理影响财政支出。

（2）地方预算支出进度未达到财政部有关规定的地区，不得开展国库现金管理操作。不得将地方国库定期存款资金投向国家有关政策限制的领域，不得以地方国库定期存款资金赚取高风险收益。

六、非经营性国有资产收入

非经营性国有资产收入，也称行政事业性国有资产收益，指的是行政事业单位上缴的非经营性国有资产出租、出借及处置收入，包括行政单位出租出借收入、行政单位国有资产处置收入、事业单位国有资产处置收入、事业单位国有资产出租出借收入和其他非经营性国有资产收入，均归属于政府收支科目中的中央与地方共用收入科目。

（一）行政单位国有资产出租、出借及处置收入

行政单位国有资产，是指由各级行政单位（包括参照公务员法管理、执行行政单位财务和会计制度的事业单位和社会团体，下同）占有、使用的，依法确认为国家所有，能以货币计量的各种经济资源的总称，即行政单位的国有（公共）财产。包括行政单位用国家财政性资金形成的资产、国家调拨给行政单位的资产、行政单位按照国家规定组织收入形成的资产，以及接受捐赠和其他经法律确认为国家所有的资产，其表现形式为固定资产、流动资产和无形资产等。

1. 行政单位国有资产出租、出借收入。

（1）概念。行政单位国有资产出租、出借收入，是指行政单位在保证完成正常工作的前提下，经审批同意，出租、出借本单位国有资产所取得的收益。

（2）管理。行政单位拟将占有、使用的国有资产对外出租、出借的，必须事先上报同级财政部门审核批准。行政单位出租、出借的国有资产，其所有权性质不变，仍归国家所有；所形成的收入，按照政府非税收入管理的规定，实行“收支两条线”管理。行政单位应当认真履行国有资产管理职责和国有资产收入上缴义务，及时足额上缴国有资产收入，不得隐瞒、规避；不得截留、挤占、坐支和挪用。

2. 行政单位国有资产处置收入。

（1）概念。行政单位国有资产处置收入，是指行政单位国有资产产权的转移及核销，包括各类国有资产的无偿转让、出售、置换、报损、报废等过程中所取得的收益。

（2）构成。资产处置收入包括有偿转让收入、置换差价收入、报废报损残值变价收入、征收补偿收入、保险理赔收入以及处置资产取得的其他收入。

（3）管理。行政单位国有资产处置应当按照公开、公正、公平的原则进行。行政单位处置国有资产应当严格履行审批手续，未经批准不得处置。资产处置应当由行政单位资产管理部门会同财务部门、技术部门审核鉴定，提出意见，按审批权限报送审批。需处置资产应当产权清晰，权属关系不明或存在权属纠纷的资产，需待权属界定明确后予以处置。

（二）事业单位国有资产出租、出借及处置收入

事业单位国有资产，是指事业单位占有、使用的，依法确认为国家所有，能以货币计量的各种经济资源的总称，即事业单位的国有（公共）财产。事业单位国有资产包括国家拨给事业单位的资产，事业单位按照国家规定运用国有资产组织收入形成的资产，以及接受捐赠和其他经法律确认为国家所有的资产。其表现形式为流动资产、固定资产、无形资产和对外投资等。

1. 事业单位国有资产出租、出借收入。

（1）概念。事业单位国有资产出租、出借收入，是指事业单位在保证完成正常工作的前提下，经审批同意，出租、出借本单位国有资产所取得的收益。

（2）管理。事业单位利用国有资产对外出租、出借应当进行必要的可行性论证，并提出申请，经主管部门审核同意后，报同级财政部门审批。法律、行政法规另有规定的，依照其规定。

2. 事业单位国有资产处置收入。

（1）概念。事业单位国有资产处置收入，是指事业单位对其占有、使用的国有资产实施产权出售、出让、转让、对外捐赠、报废、报损以及货币性资产损失核销等行为中所取得的收益。

（2）管理。事业单位处置国有资产，应当严格履行审批手续，未经批准不得自行处置。事业单位国有资产处置应当遵循公开、公正、公平的原

则。事业单位出售、出让、转让、变卖资产数量较多或者价值较高的，应当通过拍卖等市场竞价方式公开处置。

七、无居民海岛使用金收入

（一）概念

无居民海岛使用金收入，是指国家在一定年限内出让无居民海岛使用权，由无居民海岛使用者依法向国家缴纳的无居民海岛使用权价款所形成的财政收入，不包括无居民海岛使用者取得无居民海岛使用权应当依法缴纳的其他相关税费。

无居民海岛，是指在中国管辖海域内不作为常住人口居住地的岛屿、岩礁和低潮高地等。2011 年 4 月 12 日，中国公布首批无居民海岛开发名录，这些无居民海岛最长开发使用年限为 50 年。

（二）征缴范围

辽宁、河北、天津、山东、江苏、上海、浙江、福建、广东、广西、海南等省（自治区、直辖市）的无居民海岛实行分等别（六等）有偿出让使用制度。

（三）征缴依据

（1）计征方式。无居民海岛使用权可以通过申请审批方式出让，也可以通过招标、拍卖、挂牌的方式出让。其中，旅游、娱乐、工业等经营性用岛有两个及两个以上意向者的，一律实行招标、拍卖、挂牌方式出让。未经批准，无居民海岛使用者不得转让、出租和抵押无居民海岛使用权，不得改变海岛用途和用岛性质。

（2）计征依据。无居民海岛使用权出让实行最低价限制制度。

（四）征缴期限

无居民海岛使用金按照批准的使用年限实行一次性计征。应缴纳的无居民海岛使用金额度超过 1 亿元的，无居民海岛使用者可以提出申请，经批准用岛的海洋主管部门商同级财政部门同意后，可以在 3 年时间内分次缴纳。分次缴纳无居民海岛使用金的，首次缴纳额度不得低于总额度的 50%。

（五）免缴管理

免缴无居民海岛使用金的范围包括：①国防用岛；②公务用岛，指各级国家行政机关或者其他承担公共事务管理任务的单位依法履行公共事务管理职责的用岛；③教学用岛，指非经营性的教学和科研项目用岛；④防灾减灾用岛；⑤非经营性公用基础设施建设用岛，包括非经营性码头，桥梁、道路建设用岛，非经营性供水、供电设施建设用岛，不包括为上述非经营性基础设施提供配套服务的经营性用岛；⑥基础测绘和气象观测用岛；⑦国务院财政部门、海洋主管部门认定的其他公益事业用岛。免缴无居民海岛使用金的，应当依法申请并经核准。

（六）缴库管理

无居民海岛使用金实行就地缴库办法。省级以上海洋主管部门征收无居民海岛使用金，应当向无居民海岛使用者开具《无居民海岛使用金缴款通知书》，通知无居民海岛使用者按照有关要求，填写一般缴款书，在无居民海岛所在市、县就地缴纳无居民海岛使用金。省级以上海洋主管部门应将《无居民海岛使用金缴款通知书》以及一般缴款书第四联复印件报送财政部驻当地财政监察专员办事处备查。填写一般缴款书时，“财政机关”

项填写“财政部门”，“预算级次”项填写“中央地方分成”，“收款国库”项填写实际收纳款项的国库名称，“备注”栏注明中央与地方分成比例。

（七）法律责任

（1）无居民海岛使用者未按规定及时足额缴纳无居民海岛使用金的，按日加收1‰的滞纳金。

（2）拒不缴纳无居民海岛使用金的，由依法颁发无居民海岛使用权证书的海洋主管部门无偿收回无居民海岛使用权。

（3）单位和个人有下列行为之一的，依照有关规定追究法律责任：①不按规定征收无居民海岛使用金的；②不按规定及时足额缴纳无居民海岛使用金的；③违反规定核准免缴无居民海岛使用金的；④申请人不如实提供有关资料，弄虚作假，骗取免缴无居民海岛使用金的；⑤截留、挤占、挪用无居民海岛使用金的。

八、转让政府还贷道路收费权收入

转让政府还贷道路收费权收入，是指政府在收费公路或城市道路建成通车后，将合法取得的收费公路权益依法有偿转让给受让方的国内外经济组织（包括不以营利为目的的专门建设和管理政府还贷公路的法人组织和投资建设经营经营性公路的国内外经济组织）的交易活动中所取得的经济收益。

收费公路权益转让条件如下：

（1）转让收费权的公路，应当符合规定的技术等级和规模。即：①高速公路连续里程30千米以上（城市市区至本地机场的高速公路除外）；②一级公路连续里程50千米以上；③二车道的独立桥梁、隧道，长度1 000米以上；④四车道的独立桥梁、隧道，长度500米以上。

（2）有下列情形之一的，收费公路权益中的收费权不得转让：①长度小于 1 000 米的二车道独立桥梁和隧道；②二级公路；③收费时间已超过批准收费期限 2/3。

（3）转让收费公路权益，不得有下列行为：①将一个依法批准的收费公路项目分成若干段转让收费权；②将收费公路权益项目与非收费公路权益项目捆绑转让；③受让方没有全部承继转让方原对政府和社会公众承担的责任、义务；④将政府还贷公路权益无偿划转给企业法人。

转让尚未偿清国际金融组织或者外国政府贷款的收费公路权益的，应当按照国家相关规定在申请转让审批前经原利用国外贷款审批部门同意。

九、石油特别收益金专项收入

石油特别收益金专项收入，是指国家对石油开采企业销售国产原油因价格超过一定水平所获得的超额收入按比例征收的收益金所形成的财政收入。石油特别收益金专项收入属中央财政非税收入，纳入中央财政预算管理。

（一）缴费人

在中华人民共和国陆地领域和所辖海域独立开采并销售原油的企业，以及在上述领域以合资、合作等方式开采并销售原油的其他企业（以下简称合资合作企业），均应当按照规定缴纳石油特别收益金。合资合作企业应当缴纳的石油特别收益金，由合资合作的各方中拥有石油勘探和开采许可证的一方企业统一向财政机关申报。

（二）征缴范围

在中华人民共和国陆地领域和所辖海域开采的石油，无论其是否在中国境内销售，均应按规定缴纳石油特别收益金。中外合作油田按规定上缴国家的石油增值税、矿区使用费、国家留成油不征收石油特别收益金。

（三）费率

石油特别收益金实行5级超额累进从价定率计征。石油特别收益金征收比率按石油开采企业销售原油的月加权平均价格确定。为便于参照国际市场油价水平，原油价格按美元/桶计价，起征点为65美元/桶。

具体征收比率及速算扣除数见表6–1。

表6–1　石油特别收益金具体征收比率及速算扣除数

原油价格（美元/桶）	征收比率	速算扣除数（美元/桶）
65~70（含）	20%	0
70~75（含）	25%	0.25
75~80（含）	30%	0.75
80~85（含）	35%	1.5
85以上	40%	2.5

（四）费额计算

计算公式为：应缴纳石油特别收益金（f）＝［（c–65）× 征收率—速算扣除数］×d× 吨桶比 × 美元兑换人民币汇率；

或＝［（c–65）× 征收率—速算扣除数］×e× 美元兑换人民币汇率。

式中，a 指石油开采企业当月销售原油所实现的加权平均销售价格，按当月实际销售收入除以销售量计算；b 为销售价格（元/吨）；$c = b/$（吨桶比 × 美元兑换人民币汇率）；d 为销售数量（吨）；e 为销售数量（桶）。

计算石油特别收益金时，原油吨桶比按石油开采企业实际执行或挂靠油种的吨桶比计算。

石油特别收益金列入企业成本费用，准予在企业所得税税前扣除。

（五）征缴方式

石油特别收益金实行按月计算、按季申报，按月缴纳。

（六）申报缴费

石油特别收益金以人民币缴纳。美元兑换人民币汇率以中国人民银行当月每日公布的中间价按月平均计算。缴纳石油特别收益金的石油开采企业，应当如实填写《石油特别收益金申报表》，各集团公司汇总后，在每季度结束后的10个工作日内，向财政机关申报缴纳上季度各月石油特别收益金。石油开采企业集团公司下属多家石油开采企业的，石油特别收益金以石油开采企业集团公司为单位汇总缴纳。对合作油田的各方企业应缴纳的石油特别收益金，在申报缴纳时应分别列示。在规定期限内由于申报环节或缴款环节延误须加收的滞纳金和罚款，由有关责任方分别承担。石油开采企业在申报应缴纳的石油特别收益金时，应同时提供本企业各个月份销售原油的价格执行依据文件。中外合作油田应提供合作各方确定的分成价格确定文件。

（七）缴库管理

石油特别收益金缴库一律使用财政部统一监制的一般缴款书。缴款书所列各项内容必须填列完整、正确。“财政机关”栏填写“财政部”，“预算级次”栏填写“中央级”，“预算科目”栏填写第103类第07款第10项“石油特别收益金专项收入”。石油开采企业在规定的期限内未足额缴纳石油特别收益金的，由财政机关责令限期缴纳，并从滞纳之日起按日加收万分之五的滞纳金。石油开采企业未按照规定缴纳石油特别收益金的，按照相关规定予以处罚。任何单位不得擅自减征或免征石油开采企业应缴纳的石油特别收益金。

十、矿产资源专项收入

矿产资源专项收入，是指国家以矿产资源所有者身份对在中华人民共和国领域及管辖海域勘查、开采、使用、占用矿产资源的探矿权人或采矿权人收取的各项收入，包括矿产资源补偿费收入、探矿权采矿权使用费收入、探矿权采矿权出让收益和探矿权采矿权占用费收入。

（一）矿产资源补偿费收入的征收管理

矿产资源补偿费收入，是对采矿权人因开采消耗属于国家所有的矿产资源而缴纳的经济补偿所形成的财政收入。对采矿权人征收矿产资源补偿费是矿产资源有偿开采和维护国家财产权益的重要体现。

1. 征缴范围。

在中华人民共和国领域和其他管辖海域开采矿产资源，应当依照规定缴纳矿产资源补偿费；法律、行政法规另有规定的，从其规定。

2. 计费依据。

（1）计征对象的界定：计征矿产资源补偿费的矿产品是以公开交易市场价格销售的原矿或者选矿（初加工）产品。

（2）矿产品计征销售价格的确定：矿产资源补偿费按照矿产品销售收入的一定比例计征。

（3）矿产资源补偿费以矿产品销售时使用的货币结算；采矿权人对矿产品自行加工的，以其销售最终产品时使用的货币结算。

3. 缴费人。

矿产资源补偿费由采矿权人缴纳。

4. 费额计算。

矿产品销售收入是按照矿产品市场实际交易价格计算的，基数中不考虑增值税以及交易过程中发生的其他相关费用。

计算公式如下：

$$\text{征收矿产资源补偿费金额} = \text{矿产品销售收入} \times \text{补偿费费率} \times \text{开采回采率系数}$$

其中，开采回采率系数 = 核定开采回采率 / 实际开采回采率。

核定开采回采率，以按照国家有关规定经批准的矿山设计为准。按照国家有关规定，只要求有开采方案，不要求有矿山设计的矿山企业，其开采回采率由县级以上地方人民政府负责地质矿产管理工作的部门会同同级有关部门核定。

不能按照以上方式计算矿产资源补偿费的矿种，由国务院地质矿产主管部门会同国务院财政部门另行制定计算方式。

5. 减免规定。

（1）免缴情形。采矿权人有下列情形之一的，经省级人民政府地质矿产主管部门会同同级财政部门批准，可以免缴矿产资源补偿费：①从废石（矸石）中回收矿产品的；②按照国家有关规定经批准开采已关闭矿山的非保安残留矿体的；③国务院地质矿产主管部门会同国务院财政部门认定免缴的其他情形。

（2）减缴情形。采矿权人有下列情形之一的，经省级人民政府地质矿产主管部门会同同级财政部门批准，可以减缴矿产资源补偿费：①从尾矿中回收矿产品的；②开采未达到工业品位或者未计算储量的低品位矿产资源的；③依法开采水体下、建筑物下、交通要道下的矿产资源的；④由于执行国家定价而形成政策性亏损的；⑤国务院地质矿产主管部门会同国务院财政部门认定减缴的其他情形。采矿权人减缴的矿产资源补偿费超过应当缴纳的矿产资源补偿费 50% 的，须经省级人民政府批准。批准减缴矿产资源补偿费的，应当报国务院地质矿产主管部门和国务院财政部门备案。

6. 缴库管理。

（1）缴费时间。采矿权人应当于每年的 7 月 31 日前缴纳上半年的矿产资源补偿费；于下一年度1月31日前缴纳上一年度下半年的矿产资源补偿费。采矿权人在中止或者终止采矿活动时，应当结缴矿产资源补偿费。

（2）分成比例。征收的矿产资源补偿费，应当及时全额上缴，并按照规定的中央与省、自治区、直辖市的分成比例分别入库，年终不再结算。其中，中央与省、直辖市矿产资源补偿费的分成比例为5∶5；中央与自治区矿产资源补偿费的分成比例为4∶6。

（二）探矿权、采矿权使用费收入的征收管理

探矿权、采矿权使用费收入，是指国家为维护矿产资源的国家所有权，在将矿产资源探矿权、采矿权出让给探矿权人、采矿权人时，按规定向探矿权人、采矿权人收取的使用费所形成的财政收入。探矿权采矿权使用费收入专项用于矿产资源勘查、保护和管理支出。

1. 缴费人。

在中华人民共和国领域及管辖的其他海域勘查、开采矿产资源的探矿权采矿权人，应按规定交纳探矿权采矿权使用费。探矿权人、采矿权人均不得为个人。

2. 收取标准。

（1）探矿权使用费以勘查年度计算，按区块面积逐年缴纳，第一个勘查年度至第三个勘查年度，每平方公里每年缴纳100元，从第四个勘查年度起每平方公里每年增加100元，最高不超过每平方公里每年500元。

（2）采矿权使用费按矿区范围面积逐年缴纳，每平方公里每年1 000元。开采方式是指地下开采或者露天开采。

3. 减免规定。

（1）适用范围。在我国西部地区、国务院确定的边远贫困地区和海域从事符合下列条件的矿产资源勘查开采活动，可以依照规定申请探矿权、采矿权使用费的减免：①国家紧缺矿产资源的勘查、开发；②大中型矿山

企业为寻找接替资源申请的勘查、开发；③运用新技术、新方法提高综合利用水平的（包括低品位、难选冶的矿产资源开发及老矿区尾矿利用）矿产资源开发；④国务院地质矿产主管部门和财政部门认定的其他情况。国家紧缺矿产资源由国土资源部[1]确定并发布。在中华人民共和国领域及管辖的其他海域勘查开采矿产资源遇有自然灾害等不可抗力因素的，在不可抗力期间可以申请探矿权、采矿权使用费减免。

（2）审批权限。①幅度审批探矿权、采矿权使用费的减免按以下幅度审批。探矿权使用费，第一个勘查年度可以免缴，第二至第三个勘查年度可以减缴 50%；第四至第七个勘查年度可以减缴 25%。采矿权使用费，矿山基建期和矿山投产第一年可以免缴，矿山投产第二至第三年可以减缴 50%；第四至第七年可以减缴 25%；矿山闭坑当年可以免缴。②层级审批。探矿权、采矿权使用费的减免，实行两级审批制。国务院地质矿产主管部门审批登记、颁发的勘查许可证、采矿许可证的探矿权采矿权使用费的减免，由国务院地质矿产主管部门负责审批，并报国务院财政部门备案。省级地质矿产主管部门审批登记、颁发的勘查许可证、采矿许可证和省级以下地质矿产主管部门审批登记颁发的采矿许可证的探矿权采矿权使用费的减免，由省级地质矿产主管部门负责审批。省级地质矿产主管部门应将探矿权采矿权使用费的批准文件报送上级登记管理机关和财政部门备案。

（三）探矿权、采矿权出让收益的征收管理

探矿权、采矿权出让收益也称矿业权出让收益，是指国家基于自然资源所有权者权益，将探矿权、采矿权（以下简称矿业权）出让给探矿权人、采矿权人（以下简称矿业权人）而依法收取的国有资源有偿使用收入。矿业权出让收益包括探矿权出让收益和采矿权出让收益。

[1] 现已撤销，重新组建自然资源部。

1. 缴费人。

在中华人民共和国领域及管辖海城勘查、开采矿产资源的矿业权人，应按照规定缴纳矿业权出让收益。

2. 计费依据。

（1）通过招标、拍卖、挂牌等竞争方式出让矿业权的，矿业权出让收益按招标、拍卖、挂牌的结果确定。

（2）通过协议方式出让矿业权的，矿业权出让收益按照评估价值、市场基准价就高确定。

（3）竞争出让矿业权，以出让金额为标的的，矿业权出让收益底价不得低于矿业权市场基准价；以出让收益率为标的的，出让收益底价由矿业权出让收益基准率确定。

3. 征缴环节。

（1）探矿权增列矿种以及采矿权增列矿种、增加资源储量的，增列、增加的部分比照协议出让方式，在采矿权阶段征收采矿权出让收益。对国家鼓励实行综合开发利用的矿产资源，国家另有规定的，从其规定。

（2）以出让金额形式征收的矿业权出让收益，低于规定额度的，可一次性征收；高于规定额度的，可按以下原则分期缴纳：①探矿权人在取得勘查许可证前，首次缴纳比例不得低于探矿权出让收益的 20%；剩余部分在转为采矿权后，在采矿权有效期内按年度缴纳。②采矿权人在取得采矿许可证前，首次缴纳比例不得低于采矿权出让收益的 20%；剩余部分在采矿权有效期内分年度缴纳。一次性缴纳标准、首次缴纳比例和分期缴纳年限，由省级财政部门、矿产资源主管部门制定。

（3）以出让收益率确定的矿业权出让收益，在矿山开采时按年度征收。

（4）采矿权人开采完毕注销采矿许可证前，应当缴清采矿权出让收益。因国家政策调整、重大自然灾害和破产清算等原因注销采矿许可证的，采矿权出让收益按照采矿权实际动用的资源储量进行核定，实行多退少补。

4. 缴库管理。

矿业权出让收益的征收管理由财政部门负责，具体征收由矿产资源主管部门负责，监缴由财政部驻各地财政监察专员办事处负责。

（四）探矿权、采矿权占用费收入的征收管理

探矿权、采矿权占用费收入，是指国家基于矿业权所有者的身份对探矿权人、采矿权人按其探矿、采矿所占用的面积收取的费用收入。探矿权、采矿权占用费统称矿业权占用费，是国家为了有效防范矿业权市场中的“跑马圈地”“圈而不探”行为，提高矿产资源利用效率，自2017年开始在矿业权占有环节，将现行主要依据占地面积、单位面积按年定额征收的探矿权采矿权使用费整合而成的，并根据矿产品价格变动情况和经济发展需要实行动态调整。矿业权占用费中央与地方分享比例确定为2 ∶ 8，不再实行探矿权采矿权使用费按照登记机关分级征收的办法。具体办法由财政部会同国土资源部制定。

十一、排污权出让收入

（一）概念

排污权出让收入，是指政府以有偿出让方式配置排污权取得的收入，包括采取定额出让方式出让排污权收取的排污权使用费和通过公开拍卖等方式出让排污权取得的收入。

（二）征收方式

1. 定额出让方式。

对现有排污单位取得排污权，采取定额出让方式。具体规定包括：

（1）采取定额出让方式出让排污权的，排污单位应当按照排污许可证

确认的污染物排放种类、数量和规定征收标准缴纳排污权使用费。

（2）排污权有效期原则上为五年。有效期满后，排污单位需要延续排污权的，应当按照地方生态环境保护部门重新核定的排污权，继续缴纳排污权使用费。

（3）现有排污单位将无偿取得的排污权进行转让、抵押的，应当按规定征收标准补缴转让、抵押排污权的使用费。

2. 市场公开出让方式。

对新建项目排污权和改建、扩建项目新增排污权，以及现有排污单位在排污许可证核定的排污权基础上新增排污权，通过市场公开出让方式。

3. 政府储备出让费。

为了调控排污权市场，政府通过收取出让费形式将储备排污权适时投放市场，以支持重点战略性新兴产业、重大科技示范等项目建设。

（三）缴库管理

排污单位通过市场公开出让方式购买政府出让排污权的，应当一次性缴清款项，或者按照排污权交易合同的约定缴款。缴纳排污权使用费金额较大、一次性缴纳确有困难的排污单位，可在排污权有效期内分次缴纳，首次缴款不得低于应缴总额的40%；分次缴纳排污权使用费的具体办法由试点地区确定。排污单位应当自接到排污权使用费缴纳通知单之日起7日内，缴纳排污权使用费。严禁违规对排污单位减免、缓征排污权出让收入，或者以先征后返、补贴等形式变相减免排污权出让收入。

十二、航班时刻拍卖和使用费收入

为更好地发挥市场在航班时刻资源配置中的决定性作用，探索建立航班时刻资源市场配置最佳模式，进一步促进航班时刻配置的公平、效率和竞争，民航局于2015年发布了《航班时刻资源市场配置改革试点方案》。

（一）收入类型

（1）航班时刻拍卖收入。如广州白云机场开展的以“时刻拍卖”模式所取得的收入。

（2）航班时刻使用费收入。如上海浦东机场开展的以“时刻抽签＋使用费”模式所取得的收入。

（二）缴库管理

公开拍卖方式出让航班时刻取得的收入和采取抽签方式出让航班时刻收取的航班时刻使用费，属于国有资源（资产）有偿使用收入。应当全额上缴中央国库，纳入中央财政一般公共预算管理，列《政府收支分类科目》1030799“其他国有资产（资源）有偿使用收入”，具体收缴办法按照财政国库集中收缴的有关规定执行。

十三、新增建设用地土地有偿使用费收入

（一）概念

新增建设用地土地有偿使用费收入，是指国务院或省级人民政府在批准农用地转用、征收土地时，向取得出让等有偿使用方式的新增建设用地的市、县人民政府按核定的当地实际新增建设用地面积、相应等别和征收标准所收取的平均土地纯收益。

（二）征缴范围

土地利用总体规划确定的城市（含建制镇）建设用地范围内的新增建设

用地（含村庄和集镇新增建设用地）；在土地利用总体规划确定的城市（含建制镇）、村庄和集镇建设用地范围外单独选址、依法以出让等有偿使用方式取得的新增建设用地；在水利水电工程建设中，移民迁建用地占用城市（含建制镇）土地利用总体规划确定的经批准超出原建设用地面积的新增建设用地。

（三）征缴标准和等别

（1）新增建设用地土地有偿使用费征收标准见表 6–2。

表 6–2　新增建设用地土地有偿使用费征收标准

单位：元 / 平方米

等别	1	2	3	4	5	6	7	8	9	10	11	12	13	14	15
标准	140	120	100	80	64	56	48	42	34	28	24	20	16	14	10

（2）新增建设用地土地有偿使用费征收等别，按地区不同分为 15 类等别。

（四）征收管理

新增建设用地土地有偿使用费，由市、县人民政府按照国土资源部或省、自治区、直辖市国土资源管理部门核定的当地实际新增建设用地面积、相应等别和征收标准缴纳。

十四、水资源费收入

（一）三峡电站水资源费收入的征收管理

1. 缴费人。

中国长江电力股份有限公司按照三峡电站实际发电量和规定的征收标准，对水力发电用水按每千瓦时 0.005 元缴纳水资源费。

2. 征收管理。

三峡电站水资源费收入的10%上缴中央国库，其余90%按比例（湖北省16.67%、重庆市83.33%）在湖北省和重庆市之间进行分配，并分别上缴两省（直辖市）国库。

（二）其他水资源费收入的征收管理

1. 征缴范围。

（1）在北京、天津、山西、内蒙古、山东、河南、四川、陕西、宁夏等9个实行水资源税改革试点以外的省（自治区、直辖市），直接从江河、湖泊或者地下取用水资源的单位（包括中央直属水电厂和火电厂）和个人，除规定不需要申领取水许可证的情形外，均应按照规定缴纳水资源费。

（2）下列情形不需要申请领取取水许可证：农村集体经济组织及其成员使用本集体经济组织的水塘、水库中的水的；家庭生活和零星散养、圈养畜禽饮用等少量取水的；为保障矿井等地下工程施工安全和生产安全必须进行临时应急取（排）水的；为消除对公共安全或者公共利益的危害临时应急取水的；为农业抗旱和维护生态与环境必须临时应急取水的。

2. 征缴标准。

其他水资源费区分地表水和地下水分类制定不同的征收标准。同一类型取用水，地下水水资源费征收标准要高于地表水，水资源紧缺地区地下水水资源费征收标准要大幅高于地表水；超采地区的地下水水资源费征收标准要高于非超采地区，严重超采地区的地下水水资源费征收标准要大幅高于非超采地区；城市公共供水管网覆盖范围内取用地下水的自备水源水资源费征收标准要高于公共供水管网未覆盖地区，原则上要高于当地同类用途的城市供水价格。

地表水分为农业、城镇公共供水、工商业、水力发电、火力发电贯流式、特种行业及其他取用水；地下水分为农业、城镇公共供水、工商业、特种行业及其他取用水。特种行业取用水包括洗车、洗浴、高尔夫球场、滑雪场等取用水。在上述分类范围内，各省（自治区、直辖市）可根据本地区水资源状况、产业结构和调整方向等情况，进行细化分类。

3. 缴费依据。

水资源费缴纳数额根据取水口所在地水资源费征收标准和实际取水量确定。

4. 征收管理。

（1）征收期限：取水单位和个人按月向负责征收水资源费的水行政主管部门报送取水量（或发电量）。

（2）缴库管理：水资源费实行就地缴库。除南水北调受水区外，县级以上地方水行政主管部门征收的水资源费，按照 1 : 9 的比例分别上缴中央和地方国库。

【政策依据】

详见表 6–3。

表 6–3　文件汇总

序号	科目名称	文号	文件名
1	海域使用金收入	中华人民共和国主席令第 61 号（2001 年）	中华人民共和国海域使用管理法
		财综〔2006〕24 号	财政部、国家海洋局关于印发《海域使用金减免管理办法》的通知
		财综〔2007〕10 号	财政部、国家海洋局关于加强海域使用金征收管理的通知
		财综〔2008〕71 号	财政部、国家海洋局关于海域使用金减免管理等有关事项的通知
		财综〔2013〕66 号	关于调整海域使用金免缴审批权限的通知

续表

序号	科目名称	文号	文件名
1	海域使用金收入	财建〔2015〕250 号	财政部、国家海洋局关于印发《中央海岛和海域保护资金使用管理办法》的通知
2	场地和矿区使用费收入	财工字〔1995〕53 号	财政部、国家土地管理局关于加强外商投资企业场地使用费征收管理的通知
		财企〔2008〕166 号	财政部关于外商投资企业场地使用费征收问题的意见
		财企〔2008〕293 号	财政部关于地方不再上缴中央级外商投资企业场地使用费收入的通知
		财税〔2018〕16 号	财政部 国土资源部 商务部关于进一步明确外商投资企业场地使用费有关问题的通知
3	利息收入	财库〔2002〕62 号	国库存款计付利息管理暂行办法
		财综〔2004〕53 号	财政部关于加强非税收入管理的通知
		财库〔2006〕37 号	财政部 中国人民银行关于印发《中央国库现金管理暂行办法》的通知
		财库〔2014〕183 号	财政部 中国人民银行关于印发《地方国库现金管理试点办法》的通知
		财库〔2015〕129 号	财政部 中国人民银行关于中央和地方国库现金管理商业银行定期存款质押品管理有关事宜的通知
		财库〔2017〕8 号	关于全面开展省级地方国库现金管理的通知
4	非经营性国有资产收入	财政部令第 35 号	国有资产管理办法
		财政部令第 36 号	事业单位国有资产管理暂行办法
		财综〔2004〕53 号	财政部关于加强非税收入管理的通知
		财行〔2014〕228 号	地方行政单位国有资产处置管理暂行办法
		财行〔2009〕400 号	中央行政单位国有资产处置收入和出租出借收入管理暂行办法
5	无居民海岛使用金收入	中华人民共和国主席令第 22 号（2009 年）	中华人民共和国海岛保护法
		财综〔2010〕44 号	财政部、国家海洋局关于印发《无居民海岛使用金征收使用管理办法》的通知
		国海发〔2016〕25 号	国家海洋局关于印发《无居民海岛开发利用审批办法》的通知

续表

序号	科目名称	文号	文件名
6	转让政府还贷道路收费权收入	中华人民共和国交通运输部 国家发展和改革委员会 财政部令 2008 年第 11 号	收费公路权益转让办法
		国务院令第 417 号	收费公路管理条例
			《收费公路权益转让办法》解读
7	石油特别收益金专项收入	国发〔2006〕13 号	国务院关于开征石油特别收益金的决定
		财企〔2006〕72 号	财政部关于印发《石油特别收益金征收管理办法》的通知
		财企〔2006〕183 号	关于征收石油特别收益金有关问题的补充通知
		财企〔2012〕42 号	财政部关于调整石油特别收益金征收方式的通知
		财税〔2014〕115 号	财政部关于提高石油特别收益金起征点的通知
8	矿产资源专项收入	主席令第22号(2009年)	中华人民共和国矿产资源法
		国务院令第 152 号	中华人民共和国矿产资源法实施细则
		国务院令第 150 号	矿产资源补偿费征收管理规定
		国务院令第 222 号	矿产资源补偿费征收管理规定
		国务院令第 240 号	矿产资源勘查区块登记管理办法
		国务院令第 241 号	矿产资源开采登记管理办法
		财综字〔1999〕74 号	关于印发《探矿权采矿权使用费和价款管理办法》的通知
		财综字〔1999〕183 号	财政部、国土资源部关于探矿权采矿权使用费和价款管理办法的补充通知
		土资发〔2000〕174 号	探矿权采矿权使用费减免办法
		国土资发〔2009〕200 号	国土资源部关于进一步规范探矿权管理有关问题的通知
		国土资发〔2011〕14 号	国土资源部关于进一步完善采矿权登记管理有关问题的通知
		国土资发〔2013〕77 号	关于进一步规范矿产资源补偿费征收管理的通知
		国土资发〔2015〕65 号	国土资源部关于修改《国土资源部关于进一步完善采矿权登记管理有关问题的通知》第十三条规定的通知
		国发〔2017〕29 号	国务院关于印发矿产资源权益金制度改革方案的通知

续表

序号	科目名称	文号	文件名
8	矿产资源专项收入	财综〔2017〕35 号	财政部、国土资源部关于印发《矿业权出让收益征收管理暂行办法》的通知
		财预〔2018〕22 号	财政部、中国人民银行、税务总局关于修订 2018 年政府收支分类科目的通知
9	排污权出让收入	国办发〔2014〕38 号	国务院办公厅关于进一步推进排污权有偿使用和交易试点工作的指导意见
		财税〔2015〕61 号	排污权出让收入管理暂行办法
10	航班时刻拍卖和使用费收入	财税〔2015〕146 号	关于航班时刻拍卖收入和航班时刻使用费管理有关问题的复函
			航班时刻资源市场配置改革试点方案
11	新增建设用地土地有偿使用费收入	财综〔2009〕24 号	财政部、国土资源部关于调整部分地区新增建设用地土地有偿使用费征收等别的通知
		财库〔2011〕122 号	财政部、国土资源部、中国人民银行关于新增建设用地土地有偿使用费缴纳凭证有关问题的通知
		财综〔2006〕48 号（附件 2 已作废）	财政部、国土资源部、中国人民银行关于调整新增建设用地土地有偿使用费政策等问题的通知
12	水资源费收入	〔1992〕价费字 181 号	关于发布中央管理的水利系统行政事业性收费项目及标准的通知
		财综〔2008〕79 号	水资源费征收使用管理办法
		发改价格〔2009〕1779 号	国家发展改革委、财政部、水利部关于中央直属和跨省水利工程水资源费征收标准及有关问题的通知
		财综〔2011〕19 号	财政部、国家发展和改革委员会、水利部、中国人民银行关于三峡电站水资源费征收使用管理有关问题的通知
		发改价格〔2013〕29 号	国家发展改革委财政部水利部关于水资源费征收标准有关问题的通知
		发改价格〔2014〕1959 号	关于调整中央直属和跨省水力发电用水水资源费征收标准的通知

【随堂练习】

一、单选题

1. 油、气田的作业者违反规定，不按期向税务机关报送油、气田的实际产量和税务机关所需其他有关资料的，税务机关可酌情处以人民币（　　）以下的罚款；隐匿产量的，除追缴应缴纳的矿区使用费外，可酌情处以应补缴矿区使用费（　　）以下的罚款。

A. 1 000，1 倍　　B. 3 000，3 倍

C. 5 000，5 倍　　D. 10 000，10 倍

答案：C

2. 转让政府还贷道路收费权收入必须缴入（　　），除用于偿还贷款和有偿集资款外，必须用于公路建设。

A. 国库　　B. 省财政

C. 市财政　　D. 县财政

答案：A

3. 无居民海岛使用者未按规定及时足额缴纳无居民海岛使用金的，按日加收（　　）的滞纳金。

A. 1‰　　B. 3‰　　C. 5‰　　D. 1%

答案：A

4. 缴纳排污权使用费金额较大、一次性缴纳确有困难的排污单位，可在排污权有效期内分次缴纳，首次缴款不得低于应缴总额的（　　）。

A. 10%　　B. 20%　　C. 30%　　D. 40%

答案：D

二、多选题

1. 下列用海项目中，可以免缴海域使用金的有（　　）。

A. 军事用海

B. 用于政府行政管理目的的公务船舶专用码头用海，包括公安边防、海关、交通港航公安、海事、海监、出入境检验检疫、环境监测、渔政、渔监等公务船舶专用码头用海

C. 航道、避风（避难）锚地、航标、由政府还贷的跨海桥梁及海底隧道等非经营性交通基础设施用海

D. 教学、科研、防灾减灾、海难搜救打捞、渔港等非经营性公益事业用海

E. 列入国家发展和改革委员会公布的国家重点建设项目名单的项目用海

答案：ABCD

2. 矿产资源专项收入主要包括（　　）。

A. 矿产资源补偿费收入　　B. 探矿权采矿权使用费收入

C. 探矿权采矿权出让收益　　D. 探矿权采矿权占用费收入

答案：ABCD

3. 行政单位国有资产处置国有资产范围包括（　　）。

A. 闲置资产

B. 因技术原因并经过科学论证，确需报废、淘汰的资产；

C. 因单位分立、撤销、合并、改制、隶属关系改变等原因发生的产权或者使用权转移的资产

D. 盘亏、呆账及非正常损失的资产

E. 已超过使用年限无法使用的资产

F. 依照国家有关规定需要进行资产处置的其他情形

答案：ABCDEF

4. 在我国西部地区、国务院确定的边远贫困地区和海域从事符合（　　）

条件的矿产资源勘查开采活动，可以依照规定申请探矿权、采矿权使用费的减免。

A. 国家紧缺矿产资源的勘查、开发

B. 大中型矿山企业为寻找接替资源申请的勘查、开发

C. 运用新技术、新方法提高综合利用水平的（包括低品位、难选冶的矿产资源开发及老矿区尾矿利用）矿产资源开发

D. 国务院地质矿产主管部门和财政部门认定的其他情况

答案：ABCD

5. 下列各项中，属于国有资源（资产）有偿使用收入的有（　　）。

A. 海域使用金收入

B. 场地和矿区使用费收入

C. 特种矿产品出售收入

D. 专项储备物资销售收入

E. 出租车经营权有偿出让和转让收入

F. 无居民海岛使用金收入

答案：ABCDEF

三、判断题

1. 原油和天然气的矿区用使用费，由财政部门负责征收管理。（　　）

答案：错误。（说明：应由税务机关负责。）

2. 土地管理部门要按月填制财政部统一规定的场地使用费收入清算单，并于次月 5 日前清算单交同级财政部门。（　　）

答案：正确。

3. 国库存款利息，分财政级次、按日库款余额（日积数）累计积数计算，按年结算利息。（　　）

答案：错误。（说明：按季结算利息。）

4. 合资合作企业应当缴纳的石油特别收益金，由合资合作的各方中拥有石

油勘探和开采许可证的一方企业统一向财政机关申报。(　　)

答案：正确。

5. 国有资产有偿使用收入是指国家机关、事业单位及其他组织将其占有使用的固定资产、流动资产、无形资产，通过处置、租赁、对外合作、对外服务、对外投资和担保等形式取得的收入。(　　)

答案：正确。

四、计算题

1. 王某、许某和陈某等人在厦门成立了 ××× 海上娱乐有限公司，经营业务为快艇、帆板、冲浪、潜水等娱乐活动。其公司租用厦门某海域 320 公顷，该海域为一等海域，海域使用金征收标准为每公顷 2.25 万元，按年征收，那么 ××× 海上游乐有限公司每年需支付多少海域使用金？

答案：海域使用金 = 使用海域面积 × 海域使用金征收标准；

海上游乐有限公司每年需支付的海域使用金 =320 公顷 ×2.25 万元 / 公顷 =720 万元。

2. 某公司在西藏从事石油、天然气开采业务，其所有油田的石油年开采量为 180 万吨，每吨 3 000 元；天然气年开采量 15 亿立方米，每立方米 1.5 元，则该公司每年应缴纳多少陆上石油矿区使用费？

答案：按《中外合作开采陆上石油资源缴纳矿区使用费暂行规定》，西藏开采石油费陆上石油矿区使用费率如表 6–4 所示。

表 6–4

档次	级　距	费率
1	每个油田日历年度原油总产量不超过 100 万吨的部分	免征
2	每个油田日历年度原油总产量超过 100 万吨至 150 万吨的部分	4%

续表

档次	级　距	费率
3	每个油田日历年度原油总产量超过 150 万吨至 200 万吨的部分	6%
4	每个油田日历年度原油总产量超过 200 万吨至 300 万吨的部分	8%
5	每个油田日历年度原油总产量超过 300 万吨至 400 万吨的部分	10%
6	每个油田日历年度原油总产量超过 400 万吨的部分	12.5%

说明：年度原油总产量，指合同区内每一个油、气田在每一日历年度内生产的原油量，扣除石油作业用油和损耗量之后的原油总量。

其中开采天然气的陆上石油矿区使用费费率如表 6–5 所示。

表 6–5

档次	级　距	费率
1	每个气田日历年度天然气总产量不超过 10 亿标立方米的部分	免
2	每个气田日历年度天然气总产量超过 10 亿标立方米至 25 亿标立方米的部分	1%
3	每个气田日历年度天然气总产量超过 25 亿标立方米至 50 亿标立方米的部分	2%
4	每个气田日历年度天然气总产量超过 50 亿标立方米的部分	3%

说明：年度天然气总产量，指合同区每一个油、气田在每一日历年度内生产的天然气量，扣除石油作业用气和损耗量之后的天然气总量。

陆上石油矿区使用费 =（500 000 × 4%+300 000 × 6%）× 3 000+500 000 000 × 1.5 × 1%=1.215（亿元）。

3. 赵某在山西大同成立一家 ××× 铝业开采有限公司，年产铝矿石 100 万吨，每吨价格 260 元，铝矿费率为 2%，核定回采率 80%，实际回采率 78%，则赵某公司每年应缴纳多少矿产资源补偿费？

答案：矿产资源补偿费金额 = 矿产品销售收入 × 补偿费费率 × 开采回采率系数；

开采回采率系数 = 核定开采回采率 / 实际开采回采率。

赵某公司每年应缴纳矿产资源补偿费=1 000 000×260×2%×80%/78%=533.33（万元）。

4. 福建省某市政府将市郊区 50 公顷的未利用地转为建设用地，该区域属于12级土地，新增建设用地土地有偿使用费征收标准为20元/平方米，则该市政府应缴纳多少新增建设用地土地有偿使用费？

答案：新增建设用地土地有偿使用费 = 土地面积 × 新增建设用地土地有偿使用费征收标准。

市政府应缴纳新增建设用地土地有偿使用费 =50×10 000×20=1 000（万元）。

【案例分享】

无居民海岛使用金征收管理实例

吴某成立 ××× 旅游公司，在山东省莱阳市租用一无人居住海岛用于旅游开发，该岛离岸距离 4 公里，海岛面积 1 600 公顷，租用时间 50 年。请根据已知条件分析吴某公司首年度最少应缴纳多少无居民海岛使用金？

解析：按《财政部、国家海洋局关于印发〈无居民海岛使用金征收使用管理办法〉的通知》（财综〔2010〕44 号）的规定，山东省莱阳市海域为一等无居民海岛，离岸距离 4 公里观光旅游用岛其费用为 1 500 元公顷 / 年，则吴某公司总计应缴纳无居民海岛使用金 =1 600×50×1 500=1.2（亿元）。

同时，《财政部、国家海洋局关于印发〈无居民海岛使用金征收使用管理办法〉的通知》（财综〔2010〕44 号）规定，应缴纳的无居民海岛使用金额度超过 1 亿元的，无居民海岛使用者可以提出申请，经批准用岛的海洋主管部门商同级财政部门同意后，可以在 3 年时间内分次缴纳。分次缴纳无居民海岛使用金的，首次缴纳额度不得低于总额度的 50%。因此吴某公司首年度最少应缴纳无居民海岛使用金 6 000 万元。

新增建设用地土地有偿使用费征收实例

为兴办村幼儿园、敬老院、卫生所，某村依法办理了农用地转用和建设用地审批手续，取得了集体建设用地使用权。正待实施建设时，因城市总体规划修订，该地段的建设用途调整为商业住宅区，原拟建的幼儿园等项目不得不重新选址建设。后该村考虑到撤销建设用地批准书并退回有关费用不可行，不如将该宗地征为国有土地招拍挂出让后进行房地产开发，既符合规划，又符合相关土地法律法规。但该村在报批征地手续时认为，其报批的是集体建设用地，故不必缴纳新增建设用地土地有偿使用费；国土资源部门工作人员认为，市政府在按程序审批该宗地农用地转为集体建设用地时，按农村集体建设没有要求缴纳新增建设用地土地有偿使用费，且该宗地实际上仍然是农用地尚未改变为集体建设用地，因此征收时应当缴纳新增建设用地土地有偿使用费。

请问：该宗地是否应当缴纳新增建设用地土地有偿使用费?

解析：应当缴纳。

1. 新增建设用地土地有偿使用费的来源。《中华人民共和国土地管理法》第五十五条明确规定："以出让等有偿使用方式取得国有土地使用权的建设单位，按照国务院规定的标准和办法，缴纳土地使用权出让金等土地有偿使用费和其他费用后，方可使用土地"；"自本法施行之日起，新增建设用地的土地有偿使用费，百分之三十上缴中央财政，百分之七十留给有关地方人民政府，都专项用于耕地开发"。而财政部、国土资源部 1999 年 8 月 4 日发布的《新增建设用地土地有偿使用费收缴使用管理办法》（财综字〔1999〕117 号）第二条明确给出了"新增建设用地土地有偿使用费"的定义，是指国务院或省级人民政府在批准农用地转用、征用土地时，向取得出让等有偿使用方式的新增建设用地的县、市人民政府收取的平均土地纯收益。由此可以看出，新增建设用地土地有偿使用费的缴纳主体是市、县人民政府。这也就是省政府办公厅 2000 年 8 月 5 日转发省财政厅、省国土资源厅《关于新增建设用地土地有偿使用费征收管理和使用有关问题的意见》中“土地有偿使用费征收范围、缴费主体和上缴比例”所明确规定的，“在土地利用总体规划确定的城市（含建制镇）建设用地范围内，分批次由农用地转用的建设用地；在城市建设用地范围外，单独选址按《土地管理法》的规定应实行土地有偿使用的建设项目新增建设用地，均应缴纳土地有偿使用费”。“土地有偿使用费由申报用地的市、县人民政府缴纳，市、县政府财政行政主管部门负责缴纳”。“土地有偿使用费为预算基金收入，其中 30% 上缴中央金库，70% 上缴省财政”。

2. 设立新增建设用地土地有偿使用费的目的。《中华人民共和国土地管理法》设立这一规费的立法本意有以下几层意思：一是体现中央政府的国有土地所有权产权主体地位，使中央政府对国有土地在财产方面有所体现，要求代行国有土地所有权的地方政府将其平均土地纯收益中的 30% 向中央财政上解；二是鼓励各业建设尽量使用存量土地，少占或不占农地，一方面为耕地占补平衡积累资金，用于开垦新的耕地等农地，另一方面为建设占用耕地等农地抬高门槛，引导土地使用者使用存量土地或未利用地，实现土地资源的集约高效利用；三是培育和规范土地市场，以市场机制配置土地资源，促使地方政府多以出让方式供地，逐步降低以划拨方式供地的比例。

3. 新增建设用地土地有偿使用费的缴纳环节。财综字〔1999〕117 号文件第六条规定了新增建设用地土地有偿使用费的具体缴纳环节：“一、农用地转用、征用土地属于同级审批的，土地有偿使用费在批准农用地转用前缴纳；二、农用地转用、征用土地属于不同级审批的，土地有偿使用费在批准征用土地前缴纳；……四、只需办理征用土地审批的农民集体所有的土地转为建设用地的，土地有偿使用费在批准征用土地前缴纳；……”那么，该例所述的情形究竟属于上述规定中的第二项，还是第四项呢？《陕西省实施〈中华人民共和国土地管理法〉办法》第三十二条对“乡镇企业使用本集体经济组织农民集体所有的土地或者乡（镇）村公共设施和公益事业建设使用农民集体所有的土地”的情形，规定了“须经村民会议同意，乡（镇）人民政府审核，向设区的市土地行政主管部门派出机构、县（市）土地行政主管部门申请，按照本办法第三十一条规定的权限审批；涉及农用地转用的，应当依法办理转用审批手续”。由于《新增建设用地土地有偿使用费收缴办法管理》第十三条规定了“乡（镇）土地利用总体规划逐级报经设区的市（地区）人民政府批准，并向省土地行政主管部门备案”同时在第三十一条分别规定了县（市）、设区的市和省级人民政府批准的限额，这就意味着，农村“三类用地”需要使用农民集体所有土地，且面积标准符合该实施办法第三十一条规定的，其农用地转用手续由设区的市人民政府批准即可。

很显然，其后将该宗土地征为国有，并不属于财综字〔1999〕117 号文件第六条第二项规定的“农用地转用、征用土地属于不同级审批”的情形，而是属于该条第四项规定的“只需办理征用土地审批”的情形，所以，其新增建设用地土地有偿使用费应当依照该条该项规定，“在批准征用土地前缴纳”。

【延伸阅读】

石油特别收益金就是一种“暴利税”

财政部发出通知，决定从 2015 年 1 月 1 日起，将石油特别收益金起征点提高至 65 美元 / 桶。起征点提高后，石油特别收益金征收仍实行 5 级超额累进从价定率计征。

财政部之所以决定提高石油特别收益金起征点，与近几个月来国际市场油价持续下跌有直接关系。由于我国国内油价实行与国际油价的联动机制，因此国内市场的油价已经在最近几个月里经历了 11 次下调，这对我国成品油生产企业产生了很大的压力。根据国家统计局提供的数据，我国的原油进口量已经从 2000 年的 0.7 亿吨上升到 2013 年的 2.8 亿吨，成为国际上的原油进口第一大国。但是，我国进口的大量原油，大都是在本轮油价暴跌出现之前进口或已与国外石油企业签订了包括价格在内的进口协议，而在国际油价持续暴跌的情况下，成品油价格只能跟随下跌。在这样的市场背景之下，提高石油特别收益金起征点，可以在一定程度上舒缓石油企业的压力。

在石油领域征收石油特别收益金，起始于 2006 年 3 月。从 2004 年开始，国际市场上的石油价格出现了持续的、大幅度的上涨，致使国内原油采掘业利润增加很快，其他行业和社会用油的成本则在不断加大，各行业之间的利益分配出现了不平衡，影响到了经济的平稳运行。因此，国务院于 2006 年决定开征石油特别收益金，最初的起征点是 40 美元 / 桶，2011 年调整为 55 美元 / 桶。

最近出现的国际市场油价暴跌，其幅度之大是史上罕见的，事实上我国市场供应的原油市场价格已经低于 60 美元 / 桶的起征点，因此此次提高起征点后，石油特别收益金就只是一种名义上的收费项目了。但是，这并不等于这一收费项目已经取消，将来如果油价再度上升，那么，石油企业仍然必须上缴特别收益金。但是，就我国国内的很多油田来说，其开发、生产成本一直居高不下，这也是促使我国更多地从国外进口石油资源的一个重要原因，而这些企业即使是在此次提高起征点之前，也根本不存在什么“特别收益”，因此，我国的石油特别收益金主要来自中石油、中海油和中石化这三大油企。有统计数据表明，2009—2013 年，三大油企缴纳的石油特别收益金分别为 3 264.95 亿元、1 057.59 亿元和 1 193.65 亿元，成为国家财政收入的一个重要补充。

按照国务院在 2006 年开征石油特别收益金时的说法，这一举措的目的是“妥善处理各方面的利益关系，推进石油价格形成机制改革，加强国家调控，促进国民经济持续健康协调发展”。但事实上，这一收费项目只是为政府开创了一个收费渠道，并没有起到预期的作用。在油价高企的情况下，政府本来可以通过降低成品油价格将这部分收益消化掉，从而真正起到平衡各行业利益分配的作用，但遗憾的是政府没有选择这样的路径。石油特别收益金的征收从表面上看是遏制了石油企业的暴利，实际上却是政府和石油企业瓜分了这种暴利，而这种暴利所产生的后果，却只能由全社会来承担。

石油特别收益金实际上就是一种“暴利税”，国家有权对某种商品的价格超过一定水平所获得的超额收入按比例征收特别收益金。但是，就我国石油行业来说，其暴利的产生更多地在于石油领域由三大央企基本实现了垄断并在此基础上产生了暴利。这种暴利的长期存在对我国国民经济运行产生的负面效应是一目了然的，比如我国物流成本占到了 GDP 的 18% 左右，明显高于发达国家 10% 左右的水平，其中就有油价长期高企造成的因素。因此，要终结石油暴利，让各个行业能够平衡发展，最为重要的是打破石油领域的市场垄断，而不是通过征收特别收益金来加固这种暴利。

（资料来源：石油特别收益金就是一种“暴利税”[EB/OL]. http://tax.rednet.cn/c/2014/12/29/3561603.htm.）

排污权交易十年推而不广，问题出在哪了？

根据公开资料，我国的排污权交易探索始于 20 世纪七八十年代。2007 年起，国家先后组织湖南、湖北等 11 省（直辖市）开展首批试点工作；

2014 年 8 月，《关于进一步推进排污权有偿使用和交易试点工作的指导意见》发布；2015 年 7 月，财政部、发展改革委、环保部联合印发《排污权出让收入管理暂行办法》。

从首次明确试点至今，我国排污权有偿使用和交易的推行已进入第十个年头。试点地区交易情况如何？推广是否顺利？有无真正发挥成效？本报记者对此展开调查。

建立排污权有偿使用和交易制度的初衷，在于使用市场杠杆调节环境资源的合理使用，倒逼排污单位树立环境意识，主动治污减排。按照要求，试点省市需在 2017 年基本建立这一制度，并完成试点工作。

尽管“试水”已有十年之久，各地的交易情况却参差不齐。除重庆、山西等少数地区外，天津、河北等约 2/3 试点省（直辖市）的表现并不尽如人意，市场明显冷热不均。一些地区甚至出现了“叫好不叫座”的局面，部分企业不愿买账，推行工作面临困境。

2015 年 5 月初，重庆市环保局公布了一组统计数据：2015 年 1 月至今，全市共有 6 946 家企业参与排污权交易，累计交易 17 047 次，交易额超过 3.9 亿元。

作为全国第 8 个获批的试点城市，重庆于 2009 年正式启动排污权有偿使用和交易工作，并于次年 12 月 30 日完成首笔交易。此后在推行中，不仅曾获环保部的点名认可，交易总量也长期位居 11 个试点省（直辖市）前列。

“我们已在工业领域实现区域、行业、规模和指标全覆盖，基本完成排污权由无偿获得向有偿取得的转变。随着环境容量资源‘有限、有价、有偿’理念的深入，一定程度上抑制了高排放企业、产能过剩行业的过度引入。”重庆市环保局负责人表示。

在国家级排污权试点市山东省青岛市，排污权交易的探索始于下属县级市胶州，并建成环保物联网总量控制排污权交易云计算平台，在全国范围内首次实现环境管理联动机制创新，填补了全省排污权交易的空白。

减排效果好的企业还能“赚钱”。一位经营者算了笔账：3 月份，企业剩余二氧化硫指标 88 千克、化学需氧量 990 千克、氨氮 134 千克，按照标准，挂网销售至少可卖得 5 575.8 元。据此估算，全年约可获利 6.7 万元。

据悉，市场化的产权交易已成为节能减排的主流方式之一。在倒逼企业的同时，还可能带来收益，企业治污减排的积极性在无形中得到提高。

多因素导致市场冷热不均

值得注意的是，类似重庆、胶州的火热场面其实并不普遍。

2015 年底，环保部曾对 11 个试点省（直辖市）展开过摸底。调查结果显示，试点工作虽取得了一定进展，却存在初始排污权分配和出让定价方法差异大、交易在部分省份不活跃、部分企业积极性不足等问题。

本报记者查阅发现，内蒙古、浙江等约 2/3 的试点地区都曾出现不同程度的交易记录“断层”，有地区甚至连续数月未更新出让信息，意味着交易量为零。

上述情形，也发生在上海、北京等自主尝试推广的地区。例如，北京环境交易所自 2008 年 5 月挂牌至今，尚未在北京地区真正实施过交易。该所排污权交易中心的工作主要停留在研究阶段，实践也仅限于在哈尔滨市组织的二氧化硫交易。

“局面尴尬！”北京一位从事排污权交易工作的资深人士向记者表示，由于北京的高排污园区基本搬迁或关停，排污权交易空间确实要小于其他工业大省。但更重要的，是因为缺乏相应的政策法规、交易制度，导致北京开展排污权交易“先天不足”，后续工作无据可循，必然也很难取得进展。

一位参与过重庆、浙江等地调研的环保部专家则表示：“国家层面虽已出台相关指导文件，但并未制定明确具体的法规制度。已发布交易制度的地区也只是‘各自为政’，污染物指标、指导价格、交易范围等均为自行圈定，缺乏国家层面的统一监管。”

他告诉记者，现行排污权交易通常分为一级、二级市场，前者在政府和企业间进行，如排污权初始分配、政府回购等，后者才是企业间的配额买卖。但部分地区交易多由政府主导，通过“拉郎配”促成。“无论是一级市场还是政府干预交易，都不能算真正意义上的市场化行为。部分地区行政色彩过浓，从而遏制了二级市场的活力。”

让企业真正成为交易主体

“十三五”环保规划中，提出“建立健全跨区域排污权交易市场”。时任环保部部长陈吉宁也曾表示，要在新的排污许可制实施过程中，探索更大区域和范围的排污权交易实践。该如何破局？

北京环境交易所排污权交易中心主任岳鹏对此认为，交易只是一种手段，最终目的在于让排污权反映环境资源的经济价值，引导企业自主选择、治污减排。但同时，也不能过度炒作偏离排污权的基本价值，给企业造成负担，挫伤其交易积极性。

在上述环保部专家看来，只有让企业真正成为交易主体，二级市场才能活跃起来，发挥控制污染和降低社会总减排成本的作用。“排污权交易并非天然形成的市场，而由人为创建。这就离不开从国家到各省市的制度保障、统一监管，政府作用因此不可少。同时，既然作为市场化行为，真正的主体就应该是交易企业双方，还需明确政府的职责和边界，把握好参与的‘度’。”

对此，重庆市环保局负责人向记者举例称，当地引入了基准价交易、竞价交易、挂牌交易、大宗交易等多种模式，在降低成本、提高效率的同时，妥善处理政府和企业、一级和二级市场之间的关系。市环保局负责监督管理，区县环保局齐抓共管，交易全权由重庆资源与环境交易所组织实施，企业可根据实际情况选择参与。

“要营造成熟统一、冷热均匀的市场，就得结束当前碎片化的格局，结束只试点没升级的局面，在国家层面进行顶层设计，引入统一标准、统一规范。同时，培育开放市场，鼓励同类产业间的竞争性交易，实现发展与治污双赢。”西南政法大学政治与公共管理学院副教授和静钧说。

（资料来源：独家|排污权交易十年推而不广，问题出在哪了？［EB/OL］. http://www.sohu.com/a/141819971_468637.）

航班时刻改革：拍卖、抽签＋使用费

长期供求矛盾突出的航班时刻资源，终于走上了市场化改革的破冰之路。

2015 年，民航局制定了《航班时刻资源市场配置改革试点方案》（以下简称《方案》），将在广州白云机场开展以“时刻拍卖”为模式的初级市场改革试点，在上海浦东机场开展以“时刻抽签＋使用费”为模式的初级市场改革试点。

对于外界担忧拍卖成本转嫁给消费者，一家大型国有航企市场部高层对《每日经济新闻》记者表示，毕竟广东、上海试点能拿出来的航线资源还是很少一部分，加上各大公司运行总量基本达到一个平衡点，能再往上增加的空间不大，因此成本转嫁之说暂时看不出来。至于未来大面积推广以后，时刻拍卖收入会占到营收成本的多大比例，还需要视具体供需关系来看。

“时刻拍卖、抽签＋使用费”

据民航局消息，2016 年白云机场、浦东机场每周各新增的 196 个起飞 / 落地时刻，50% 将试行市场配置，用于国内干支线客运飞行；另外 50% 实行行政配置，用于国际地区飞行。

业内人士告诉记者，北上广是国内航班时刻资源最紧张、也是最具代表性的三个地方，拿来市场化能体现其相应价值，“北京现在已经资源紧张到没时刻了，拿不出来”。

国际上对航班时刻资源配置主要有两种模式：行政性分配和市场化配置。大部分国家采用行政分配方式配置，还没有一个国家完全采用市场化方式。

民航局明确：通过市场配置获得的时刻资源具有 3 年的使用权，不需要换季时刻协调，不具有所有权。改革试点将采取初级市场和次级市场同时推进的方式。允许航空公司将初级市场以市场配置方式获得的航班时刻，在次级市场通过交换、转让、出租、出售等方式进行交易；以行政分配方式获得的航班时刻，在次级市场可基于“一对一”原则进行交换。交易和交换可基于无偿或者有偿。

上述国有航企人士告诉记者，在英美部分航空公司，航班时刻在使用期内也是可以交换的，有值得中国借鉴的地方。但由于国情不同，中国在改革上要更加兼顾公众利益，还要为经济转型服务。

“中国是民航大国，还不是民航强国，这需要市场化创造更多新机制。”该人士表示，国有航企对市场化改革十分支持和欢迎，有利于推动国家层面的空域改革。

三大航存资产重估可能

对于外界的担心，业内人士认为，民航反腐已经进入到一个空前阶段，多位落马“大老虎”起到很大的震慑作用。而改革的目标也是为促进航班时刻资源的公开公平配置、消除权力寻租空间，促进良性竞争机制的形成，因此值得期待。

此外，《方案》也明确了市场配置时刻的使用规则，航空公司如有意或反复滥用航班时刻，民航局将予以召回。为保证改革试点工作的公开透明以及方案的科学性，还将由第三方机构对改革试点效果实施监测评估。

值得一提的是，民航局明确，参与试点的国内客运航空公司只要取得中国民用航空规章 121 部认证，且在近 2 年内没有发生过航空器飞行事故，不区分所有制性质，不区分规模大小，均平等参与广州白云机场的时刻竞拍或上海浦东机场的分类抽签。这被认为将极大利好民营航空的市场份额扩大。

兴业证券则认为，对于春秋、吉祥等民营航企而言，改革短期仍然利空，因其规模较小、资本实力相对弱小，获取拍卖时刻的难度较大。

一位民营航空人士对《每日经济新闻》记者表示，从长期来看，如果时刻价格回落到合理价值，未来比拼的就是航空公司之间的运营能力和成本管控能力。

此前传统三大航都累积了大量优质时刻资源。兴业证券认为，这些时刻在航空公司的资产负债表原本没有任何体现，“一旦允许存量时刻进入流通市场，这些价值将会得到重估，三大航也因此存在巨额资产重估的价值。”

（资料来源：航班时刻改革：拍卖、抽签＋使用费［EB/OL］. http://www.sohu.com/a/47956590_115833.）

第七章

国有资本经营收入

本章思维导图

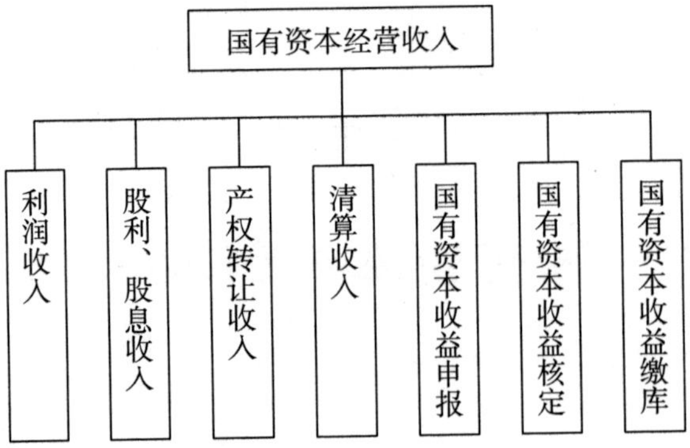
国有资本经营收入
利润收入
股利、股息收入
产权转让收入
清算收入
国有资本收益申报
国有资本收益核定
国有资本收益缴库

第七章　国有资本经营收入

内容提要

本章内容主要包括国有资本经营收入的概念、国有资本的特征以及国有资本经营收入的构成内容。同时重点介绍了国有资本经营收入主要形式：利润收入，股利、股息收入，产权转让收入和清算收入。

【学习要点】

一、国有资本经营收入概述

国有资本经营收入，也称经营性国有资本收益，是指国家以国有资本所有者身份，凭借其对国有资产的所有权或出资所有权，从国有资产经营收入中取得的各项收益，包括国有资本经营、转让、清算等形成的财政预算收入。

（一）国有资本的特征

主要包括：

（1）国有资本是属于国家的一种财产权利，广义而言，是属于国家的一种财产。

（2）国有资本是国家向企业实施投资的行为而产生的一种财产权利，

即国家作为出资人享有的财产权利。

（3）国有资本是能不断产生投资回报的一种财产权利。

（4）国有资本是可以依法实施转让的一种财产权利。

（二）国有资本有别于其他社会性资产的特点

首先，国有资本能带动和引导国有经济在全球竞争中的优势地位，推动国内经济加快全球化的战略脚步；其次，国有资本大部分分布在我国经济的关键领域，能集中资源和优势实现经济安全、平稳、有效运行的目的；再次，国有资本代表国家经济利益，在政府力量的扶持下能解决市场运行中的一些难关，保障社会经济稳步向前发展。另外，国有资本具有公共物品和公共服务的性质，由于国有资本属于全体国民所有，其所产生的经济效益必然要用于为社会成员提供基础的公共产品和公共服务。

二、国有资本经营收入的内容

按政府收支预算科目划分，国有资本经营收入包括：

（1）利润收入，即国有独资企业按规定应当上缴国家的利润。

（2）国有股股利、股息收入，即国有控股、参股企业国有股权（股份）获得的股利、股息收入。

（3）国有产权转让收入，即转让国有产权、股权（股份）获得的收入。

（4）企业清算收入，即国有独资企业清算收入，国有控股、参股企业国有股权（股份）分享的公司清算收入。

（5）国有资本经营收入退库，即按有关政策审批退库的国有资本经营收入。

（6）国有企业计划亏损补贴，即按照规定通过收入退库安排的国有企业计划亏损补贴（包括工业企业、农业企业和其他国有企业计划亏损）。

（7）烟草企业上缴专项收入，即从中国烟草总公司税后利润收取的专项收入。

（8）其他国有资本经营收入。

三、利润收入

利润收入，是指国有独资企业按规定应上交国家的税后利润而形成的财政收入，是国有资产所有者凭借经济权力参与国有企业的税后利润分配，是国有企业依据税后利润（净利润中扣除以前年度未弥补亏损和提取的法定公积金）和规定的收取比例计算上缴国家的一种收入形式。国有企业上缴利润收入具有无偿性和一定程度的强制性，但不具有固定性。

（1）拥有全资或控股子公司的中央企业，根据经中国注册会计师审计的年度合并财务报表反映的、归属于母公司所有者的净利润，按规定弥补以前年度亏损和提取法定公积金后为企业应交利润基数。

为了贯彻更多用于保障和改善民生的精神，合理分配和使用国有资本收益，2014 年起国有独资企业（即一级企业，不含金融企业）应交利润的收取比例分别提高为：第一类是烟草企业，收取比例为 25%；第二类是石油石化、电力、电信、煤炭等资源型企业，收取比例为 20%；第三类是钢铁、运输、电子、贸易、施工等一般竞争型企业，收取比例为 15%；第四类是军工企业、转制科研院所、中国邮政集团公司及其他纳入中央国有资本经营预算实施范围的企业，收取比例为 10%；第五类是政策性企业，包括中国储备粮管理总公司、中国储备棉管理总公司，免交当年应交利润。

符合小型微型企业规定标准的国有独资企业，应交利润不足 10 万元的，比照第五类政策性企业，免交当年应交利润。

（2）中央级事业单位出资企业应交利润，按国有独资企业当年可供投资者分配利润的 10% 收取。企业计算当年可供投资者分配利润，可扣除以前年度未弥补亏损和提取的法定公积金。

（3）地方国有企业实现净利润应上缴国有资本经营收入的比例由各地自行制定。

四、股利、股息收入

国有股股息收入，是指在实行国有资产股份制经营方式的企业中，国有股在一定时期内根据企业经营业绩为国家财政提供的收入。

国有独资企业国有控股、参股企业国有股股利、股息，由国有控股、参股企业依据《中华人民共和国公司法》，按照股东会或股东大会决议通过的利润分配方案执行。国有控股、参股企业应当依法分配年度净利润。国有参股企业当年不予分配的，应当说明暂不分配的理由和依据，并出具股东会或者股东大会的决议。

中央事业单位所属国有企业国有股股利、股息，实际发生时，按国有控股、参股企业当年可供投资者分配利润的10%收取，如实际分配的国有股权股利、股息低于按当年可供投资者分配利润的10%，则按实际分配的国有股股利、股息收取。

五、产权转让收入

国有产权（含国有股份）转让收入是指国有企业的出资人通过有偿转让方式收回股权投资所取得的净收入，包括国有股减持收入、国有股权股份转让收入、国有独资企业产权转让收入、金融企业产权转让收入和其他产权转让收入。

国有企业国有产权，是指国家对企业以各种形式投入形成的权益，国有及国有控股企业各种投资所形成的应享有的权益，以及依法认定为国家所有的其他权益。

关于国有企业国有产权转让的处理方式，下面分一般规定和特殊规定进行介绍。

（一）一般规定

除金融企业外的企业国有产权转让的处理分为以下几种情况：

（1）上市公司国有股减持所得收益。按照国务院规定，国有股东授权代表单位应按转让收入的一定比例上缴全国社会保障基金。

减持国有股（包括国家股和国有法人股）是指向社会公众及证券投资基金等公共投资者转让上市公司（包括拟上市公司）国有股的行为。

（2）转让母公司国有资本所得收益。由于母公司的国有资本由各级人民政府持有，转让母公司国有资本实际上属于政府收回对企业投资的国有资本，应向其主管财政（国资）部门上缴，然后再办理国有资本核减手续。

（3）企业转让子公司股权所得收益。由于企业转让子公司产权实际上是以转让方式收回对子公司的股权投资，转让所得扣除其对该子公司股权投资账面余额后的净额，作为企业投资收益处理。

中央级事业单位所属国有企业国有产权转让收入，按企业产权转让协议和资产评估报告等资料核定的转让净收入（扣除转让费用）全额收取。

企业国有产权转让可以采取拍卖、招投标、协议转让以及国家法律、行政法规规定的其他方式进行。

转让的企业国有产权权属应当清晰。权属关系不明确或者存在权属纠纷的企业国有产权不得转让。被设置为担保物权的企业国有产权转让，应当符合《中华人民共和国担保法》的有关规定。

（二）特殊规定

金融企业国有资产转让包括非上市企业国有产权转让和上市公司国有

股份转让。金融企业国有资产是指各级人民政府及其授权投资主体对金融企业各种形式的出资所形成的权益。金融企业包括所有获得金融业务许可证的企业和金融控股（集团）公司。

1. 非上市企业国有产权转让。

非上市企业国有产权的转让应当在依法设立的省级以上（含省级）产权交易机构公开进行，不受地区、行业、出资或者隶属关系的限制。

国有及国有控股金融企业转让一级子公司的产权，应当报财政部门审批。除国家明确规定需要报国务院批准外，中央管理的国有及国有控股金融企业转让一级子公司的产权应当报财政部审批；地方管理的金融企业国有资产转让的审批权限，由省级财政部门确定。国有及国有控股金融企业一级子公司（省级分公司或者分行、金融资产管理公司办事处）转让所持子公司产权，由控股（集团）公司审批。其中，涉及重要行业、重点子公司的重大国有产权转让，或者导致转让标的企业所持金融企业或者其他重点子公司控股权转移的，应当报财政部门审批。

在产权交易过程中，首次挂牌价格不得低于经核准或者备案的资产评估结果。

经公开征集，产生两个以上（含两个）意向受让方时，转让方应当会同产权交易机构共同对意向受让方进行资格审核，根据转让标的企业的具体情况采取拍卖、招投标或者国家规定的其他公开竞价方式实施产权交易；经产权交易机构公开征集只产生一个符合条件的意向受让方时，产权转让可以采取场内协议转让方式进行，但转让价格不得低于挂牌价格。

2. 上市公司国有股份转让。

转让上市金融企业国有股份和金融企业转让上市公司国有股份应当通过依法设立的证券交易系统进行。

转让方为上市公司控股股东，应当将股份转让方案报财政部门审批后实施。转让方为上市公司参股股东，在一个完整会计年度内累计净转让股份（累计减持股份扣除累计增持股份后的余额，下同）比例未达到上市公司总股本 5% 的，由转让方按照内部决策程序决定，并在每年 1 月 10 日前将上一年度转让上市公司股份的情况报财政部门；达到或者超过上市公司总股本 5% 的，应当事先将转让方案报财政部门批准后实施。

转让方采取大宗交易方式转让上市公司股份的，股份转让价格不得低于该上市公司股票当天交易的加权平均价格；当日无成交的，不得低于前一个交易日的加权平均价格。

3. 国有资产直接协议转让。

符合国家有关规定对受让方有特殊要求、控股（集团）公司进行内部资产重组或其他特殊原因的，经国务院批准或者财政部门批准，转让方可以采取直接协议转让方式转让非上市企业国有产权和上市公司国有股份。

非上市企业产权直接协议转让的价格不得低于经核准或者备案的资产评估结果；转让方直接协议转让上市公司股份的，转让价格应当按照上市公司股份转让信息公告日（经批准不须公开股份转让信息的，以股份转让协议签署日为准）前 30 个交易日每日加权平均价格的加权平均价格或者前一个交易日加权平均价格孰高的原则确定。

六、清算收入

国有企业清算收入包括国有独资企业清算收入（扣除清算费用）和国有控股、参股企业国有股权（股份）分享的公司清算收入（扣除清算费用）。

纳入中央国有资本经营预算实施范围的中央企业（即一级企业，不含金融企业）的清算收入及公司制企业清算时国有股权、股份分享的清算收入，按实际取得的收入扣除清算费用后全额上交。一级企业下属的子公司的清算收入，计入一级企业的当期损益不单独收取。

中央级事业单位所属国有企业清算收入，按清算组或者管理人提交的的企业清算报告核定的清算净收入（扣除清算费用）全额收取。

七、国有资本收益申报

国有资本收益申报是国有资本收益收取工作的重要环节，依法申报并上交国有资本收益是国有企业应尽的义务，是落实国有资本出资人权益的重要体现。

中央部门（机构）根据财政部通知要求，组织所属（或监管）中央企业申报国有资本收益。地方国有企业国有资本经营收入的申报管理办法由各地自行规定。

（一）申报地点

中央企业根据财政部通知要求，向中央部门（机构）和驻地财政专员办申报国有资本收益，并如实填写中央企业国有资本收益申报表。中国烟草总公司、中国邮政集团公司、中国铁路总公司直接向财政部和财政部驻北京市财政监察专员办事处申报国有资本收益。

（二）申报时间

（1）应交利润：每年 5 月 31 日前，由中央企业按照净利润和规定的上交比例一次申报，并附送经依法审计的年度合并财务会计报告。

（2）国有股股利、股息：在股东会或者股东大会（没有设立股东会或者股东大会的为董事会）表决日起 30 个工作日内，由中央企业据实申报，并附送经依法审计的年度合并财务会计报告和股东会或股东大会决议通过的利润分配方案。

（3）国有产权转让收入：在签订产权转让合同之日起30个工作日内，由中央企业据实申报，并附送产权转让合同和经核准或备案的资产评估报告。

（4）企业清算收入：在清算组或者管理人编制剩余财产分配方案之日起30个工作日内，由清算组或者管理人据实申报，并附送经审计的清算报告，涉及资产评估项目应附送经核准或备案的资产评估报告。

（5）其他国有资本收益：在收益确定之日起30个工作日内，由有关单位申报，并附送有关经济事项发生和金额确认的资料。

国有独资企业拥有全资公司或者控股子公司、子企业的，应当由集团公司根据国有独资企业经依法审计的年度合并财务会计报告反映的归属于母公司所有者的净利润为基础申报。

八、国有资本收益核定

（一）核定依据

中央企业国有资本收益区别以下情况核定：

（1）应交利润，根据中央企业经依法审计的年度合并财务会计报告反映的归属于母公司所有者的净利润和规定的上交比例计算核定；企业计算当年应交利润时，可从净利润中扣除以前年度未弥补亏损和提取的法定公积金。

国有独资企业调整以前年度损益的，应相应补交或抵减应交利润。

国有控股、参股企业应当依法分配年度净利润。当年不予分配的，应当说明不分配的理由和依据，并出具股东会或者股东大会的决议。

（2）国有股股利、股息，根据国有控股、参股企业利润分配方案中确定的国有股获得的股利、股息全额核定。

（3）国有产权转让收入，根据企业产权转让协议和资产评估报告等资料计算的转让净收入（扣除转让费用）全额核定。

（4）企业清算收入，根据清算组或者管理人提交的企业清算报告计算的清算净收入（扣除清算费用）全额核定。

（5）其他国有资本收益，根据有关经济行为的财务会计资料核定。

中央事业单位所属国有控股、参股企业的国有股股利、股息，根据国有控股、参股企业当年可供国有投资者分配利润和规定的上交比例计算核定。如企业利润分配方案确定的实际分配国有股股利、股息低于计算核定金额，则按实际分配的国有股股利、股息核定。

（二）核定时间

中央部门（机构）应当在收到所属（或监管）中央企业上报的国有资本收益申报表及相关材料之日起15个工作日内提出初审意见，报送财政部复核。

驻地财政专员办应当在收到中央企业上报的国有资本收益申报表及相关资料之日起15个工作日内提出审核意见，报送财政部。

财政部向中央部门（机构）提出复核意见；中央部门（机构）根据财政部复核意见向所属（或监管）中央企业下达国有资本收益上交通知。

财政部根据北京财政专员办审核意见，向中国烟草总公司、中国邮政集团公司、中国铁路总公司下达国有资本收益上交通知。

地方国有企业国有资本经营收入的申报管理办法由各地自行规定。

九、国有资本收益缴库管理

国有资本经营收入由财政部门、国有资产监管机构收取、组织上交。

中央企业应在收到中央部门（机构）国有资本收益上交通知和驻地财政专员办开具的《非税收入一般缴款书》之日起15个工作日内，上交国有资本经营收入。

中央企业当年应交利润应当在申报日起 4 个月内交清，其中，应交利润在 10 亿元以下（含 10 亿元）的，须一次交清；应交利润在 10 亿元以上、50 亿元以下（含 50 亿元）的，可分两次交清；应交利润在 50 亿元以上的，可分三次交清。

中央企业上交的国有资本经营收入，使用政府收支分类科目中的“10306 国有资本经营收入”下相关目级科目核算。

对隐瞒、挪用、拖欠、不交或少交以及违规审核国有资本收益的行为，依照《中华人民共和国预算法》《财政违法行为处罚处分条例》的相关规定进行处理处罚。

地方国有企业国有资本经营收入收取的具体办法由财政部门会同国有资产监管机构等有关部门制订，报本级人民政府批准后施行。企业按规定应上交的国有资本经营收入，应及时、足额直接上交财政。

【政策依据】

详见表 7-1。

表 7-1　文件汇总

序号	文　号	文件名
1	国发〔2007〕26 号	国务院关于试行国有资本经营预算的意见
2	财企〔2013〕191 号	中央级事业单位所属国有企业国有资本收益收取有关问题的通知
3	财企〔2014〕59 号	关于进一步提高中央企业国有资本收益收取比例的通知
4	财政部令第 54 号	金融企业国有资产转让管理办法
5	财资〔2016〕32 号	关于印发《中央企业国有资本收益收取管理办法》的通知
6	财预〔2017〕133 号	关于印发《中央国有资本经营预算编报办法》的通知

【随堂练习】

一、单选题

1. 烟草企业应交利润的收取比例为（　　）。

A. 5%　　B. 15%　　C. 25%　　D. 35%

答案：C

2. 中央企业应在收到中央部门（机构）国有资本收益上交通知和驻地财政专员办开具的《非税收入一般缴款书》之日起（　　）个工作日内，上交国有资本经营收入。

A. 5　　B. 10　　C. 15　　D. 30

答案：C

3. 中央企业当年应交利润应当在申报日起（　　）个月内交清。

A. 1　　B. 2　　C. 3　　D. 4

答案：D

4. 国有资本收益申报时间为每年（　　）前。

A. 3 月 31 日　　B. 4 月 30 日

C. 5 月 31 日　　D. 6 月 30 日

答案：C

二、多选题

1. 下列各项中属于国有资本的特征有（　　）。

A. 国有资本是属于国家的一种财产权利

B. 国有资本是国家向企业实施投资的行为而产生的一种财产权利

C. 国有资本是能不断产生投资回报的一种财产权利

D. 国有资本是可以实施依法转让的一种财产权利

答案：ABCD

2. 按政府收支预算科目划分，国有资本经营收入包括（　　）。

A. 利润收入　　　　　　　　B. 国有股股利、股息收入

C. 国有产权转让收入　　　　D. 企业清算收入

E. 国有资本经营收入退库　　F 国有企业计划亏损补贴

答案：ABCDEF

三、判断题

1. 国有资本经营收入，也称经营性国有资本收益，是指国家以国有资本所有者身份，凭借其对国有资产的所有权或出资所有权，从国有资产经营收入中取得的各项收益，包括国有资本经营、转让、清算等形成的财政预算收入。（　　）

答案：正确。

2. 国有资本经营收入由财政部门、国有资产监管机构收取、组织上交。（　　）

答案：正确。

3. 央企业当年应交利润在 10 亿元以上、50 亿元以下（含 50 亿元）的，须一次交清。（　　）

答案：错误。（说明：应交利润在 10 亿元以下（含 10 亿元）的，须一次交清。）

4. 国有企业上缴利润收入具有无偿性和一定程度的强制性，但不具有固定性。（　　）

答案：正确。

【案例分享】

多名国企领导干部违规经营投资被追究责任

为守好国有资产保值增值不流失的防线，河南省国资委、河南省纪委驻国资委检查组2018年以来加大对省属企业领导干部投资收购决策中的违规行为查处力度，其中驻委纪检组已实施6起纪律审查和监察调查。

典型案件包括：河南省国有资产经营集团有限公司原董事长李桔因违规决定直接投资购买基金产品3.33亿元、私设小金库等违规行为被依法开除公职；豫龙同力水泥有限公司原总经理张伟在投资收购某水泥建材公司过程中，擅自决策以5 500万元先定价后审计评估，造成国有资产损失765万余元，被依法移送司法机关追究刑事责任；河南省建设集团有限公司原副总经理董少佳因违法侵占公司财产、违规退还投标保证金等行为，被依法移交司法机关追究刑事责任。

河南省国资委介绍，河南对各省属企业普遍建立和完善了相应的经营管理制度和责任追究制度。按照损失程度和影响，对单笔资产损失价值在500万元以下的一般资产损失、500万元以上1 000万元以下的较大资产损失和1 000万元以上的重大资产损失，分别进行相应责任追究。2018年以来，仅省属“三煤一钢”实施责任追究100余人次，处理违规违纪人员53人。

（资料来源：新华网［OL］. http://www.xinhuanet.com/2018-05/10/c_1122812247.htm.）

【延伸阅读】

试点探路"管资本" 国投亮出转型"成绩单"

作为我国首批国有资本投资公司改革试点单位之一，国家开发投资公司近日亮出了2016年经营"成绩单"：全年完成经营收入984亿元，实现利润180亿元，同比增长9%，利润规模创下历史新高。

除了经营业绩，以"管资本"为核心，人们所关注的国有资本投资运营的新模式、新机制等转型探索，也随着"成绩单"公布更加清晰。

在实业投资方面，国投坚持有进有退，向事关国家安全和国计民生的"命脉"与民生领域集中。

一方面，国投将3 000万吨煤炭产能整体移交中煤集团。这项规模约500亿元的业务剥离是企业历史上力度最大的结构调整。在"去产能"攻坚战中，国投也成为首家完成煤炭业务整合的中央企业。

国投董事长王会生表示，公司还决定未来停止布局新的火电项目，重点发展水电、风电、光伏等清洁能源。例如，国投交通以28亿元入股川气东送管道项目，成功进入管道运输新领域。

另一方面，企业开始以绿地投资、并购重组等多种方式涉足养老、大健康和环保产业，寻求新的增长点。其中值得关注的是，国投以基金业务为主体，打造前瞻性、战略性产业投资平台。

2015年底，国投将分散在不同板块的基金业务，组建成国投创新、国投创益、国投创业、国投创合、海峡汇富5个基金管理公司和1个股权投资公司，全面覆盖风险投资（VC）、私募股权投资（PE）和政策性专项基金等领域。

2016年，国投又发起设立先进制造产业基金、重大科技成果转化基金、新兴产业创投引导基金、央企贫困地区产业基金等。

2016 年底，国投共管理基金 44 只，基金种类覆盖企业生命全周期，总规模达到 1 465 亿元，成为管理基金规模最大的中央企业。通过市场化运作，现有基金规模可撬动约 5 000 亿元社会资本进入新兴产业。

此外，针对试点过程中暴露的其他问题，国投开展了总部职能优化、完善大监督体系、实施分类授权改革以及建立改革容错纠错机制等，取得了初步成效。

中国国际经济交流中心产业规划部副部长李金波表示，向“管资本”转变，意味着国资监管机构将回归其“监管”本位，主要负责制定规则、当好裁判，国有资本投资、运营公司则按照市场化原则、依据产权纽带和资本回报要求，依法对投资形成的股权进行价值管理、有序进退，促进国有资本合理流动。

（资料来源：新华网［OL］. http://finance.jrj.com.cn/2017/01/12145221960497.shtml.）

关于 2017 年中央国有资本经营预算的说明

一、基本情况说明

（一）编制范围

2017 年中央国有资本经营预算编制范围包括国资委监管企业 102 户、所属企业 33 户，最高人民检察院所属企业 2 户，教育部所属企业 368 户，工业和信息化部所属企业 83 户，民政部所属企业 5 户，司法部所属企业 1 户，财政部所属企业 1 户，环境保护部所属企业 3 户，水利部所属企业 8 户，农业部所属企业 5 户，商务部所属企业 1 户，文化部所属企业 10 户，卫生计生委所属企业 6 户，新闻出版广电总局所属企业 1 户，体育总局所属企业49户，国家林业局所属企业1户，国家旅游局所属企业2户，国家机关事务管理局所属企业1户，国家海洋局所属企业2户，民航局所属企业9户，国家文物局所属企业1户，中直管理局所属企业2户，共青团中央所属企业3户，中国文联所属企业5户，中国国际贸易促进委员会所属企业24户，财政部代表国务院履行出资人职责的中央文化企业110户，以及中国烟草总公司、中国邮政集团公司和中国铁路总公司等。

（二）主要财务指标

根据2016年12月份国有及国有控股企业（不含金融企业）财务快报，中央企业资产总额694 789亿元，同比增长7.7%；负债总额476 526亿元，同比增长8.2%；所有者权益总额218 263亿元，同比增长6.6%；2016年实现利润总额15 259亿元，同比下降4.7%；实现净利润10 747亿元，同比下降7.3%；实现归属于母公司所有者的净利润7 114亿元，同比下降10.5%。

其中，已纳入中央国有资本经营预算编制范围的中央企业资产总额686 043亿元，同比增长7.7%，占全部中央企业的98.7%；负债总额471 579亿元，同比增长8.2%，占全部中央企业的99%；所有者权益总额214 464亿元，同比增长6.5%，占全部中央企业的98.3%；2016年实现利润总额14 980亿元，同比下降4.8%，占全部中央企业的98.2%；实现净利润10 520亿元，同比下降7.6%，占全部中央企业的97.9%；实现归属于母公司所有者的净利润6 907亿元，同比下降10.9%，占全部中央企业的97.1%。

二、收入预算

按照《财政部关于进一步提高中央企业国有资本收益收取比例的通知》

（财企〔2014〕59 号）和《财政部关于印发〈中央企业国有资本收益收取管理办法〉的通知》（财资〔2016〕32 号）等规定，纳入 2017 年中央国有资本经营预算实施范围的中央企业税后利润（净利润扣除以前年度未弥补亏损和提取的法定公积金）的收取比例分为五类执行：第一类是烟草企业，收取比例为 25%；第二类是石油石化、电力、电信、煤炭等资源型企业，收取比例为 20%；第三类是钢铁、运输、电子、贸易、施工等一般竞争型企业，收取比例为 15%；第四类是军工企业、转制科研院所、中国邮政集团公司、中国铁路总公司、中央文化企业、中央部门所属企业，收取比例为 10%；第五类是政策性企业，免交当年应交利润。符合小型微型企业规定标准的国有独资企业，应交利润不足 10 万元的，比照第五类政策性企业，免交当年应交利润。

2017 年中央国有资本经营收入预算数为 1 290 亿元，比上年执行数（下同）减少 140.17 亿元，下降 9.8%。主要原因是卷烟消费税调整以及石油石化、电力等行业企业经济效益下滑。其中：（1）利润收入预算数为 1 170 亿元，减少 82.65 亿元，下降 6.6%。其中，第一类企业 350 亿元，减少 22.93 亿元，下降 6.1%，占中央企业税后利润收取额的 29.9%；第二类企业 459.88 亿元，减少 50.69 亿元，下降 9.9%，占中央企业税后利润收取额的 39.3%；第三类企业 275.91 亿元，减少 9.61 亿元，下降 3.4%，占中央企业税后利润收取额的 23.6%；第四类企业 84.21 亿元，增加 0.58 亿元，增长 0.7%，占中央企业税后利润收取额的 7.2%。（2）股利、股息收入预算数为 100 亿元。（3）产权转让收入预算数为 20 亿元，为国有股减持收入。加上上年结转收入 128.03 亿元，2017 年中央国有资本经营预算收入总规模为 1 418.03 亿元。

三、支出预算

2017 年中央国有资本经营预算支出集中用于保障党中央、国务院已确定项目，着力推进供给侧结构性改革和解决国有企业历史遗留问题，加快深化国企国资改革等方面，进一步引导优化国有资本布局结构，增强国有经济的竞争力、控制力和影响力。

1. 2017 年中央国有资本经营支出预算数为 1 161.03 亿元，比上年减少 289.58 亿元，下降 20%。具体如下：

（1）中央国有资本经营本级支出预算数为 1 047.03 亿元，增加 109.95 亿元，增长 11.7%。其中：①国有股减持补充社保基金支出预算数为 29.34 亿元。②解决历史遗留问题及改革成本支出预算数为 510.4 亿元，增加 227.16 亿元，增长 80.2%。主要包括“三供一业”移交补助支出、国有企业棚户区改造支出、化解过剩产能及处置僵尸企业人员安置支出、离休干部医药费补助支出等。③国有企业资本金注入支出预算数为 322.65 亿元，减少 76.35 亿元，下降 19.1%。其中，国有经济结构调整支出预算数为 193 亿元，用于支持装备制造业发展、中央文化企业产业升级与发展等；前瞻性战略性产业发展支出预算数为 110 亿元，用于国家集成电路产业投资基金注资等支出；对外投资合作支出预算数为 5.65 亿元，用于支持农业对外合作等；其他国有企业资本金注入支出预算数为 14 亿元，用于支持中央企业安全生产能力建设。④国有企业政策性补贴支出预算数为 70 亿元。⑤其他国有资本经营支出预算数为 114.64 亿元。

（2）中央对地方国有资本经营预算转移支付支出预算数为 114 亿元，减少 399.53 亿元，下降 77.8%。其中：①“三供一业”移交补助支出预算数为 110 亿元，对中央下放企业职工家属区“三供一业”的分离移交费用给予适当补助。②其他国有企业资本金注入支出预算数为 4 亿元，支持国家级应急救援队（基地）建设和运行。

2. 国有资本经营预算调出资金预算数为 257 亿元，增加 11 亿元，增长 4.5%。调入一般公共预算用于保障和改善民生。

对国企违规经营投资责任追究问题的思考

近年来，因国有企业负责人失职渎职、违规经营投资决策而导致国有资产损失的案件频发。2016 年 8 月，国务院办公厅印发《关于建立国有企业违规经营投资责任追究制度的意见》（以下简称《关于责任追究制度的意见》）。找到国有企业违规经营投资的动因，进一步完善国有资产监管，防止国有资产流失，对于推动国有企业深化改革、提高经营管理水平具有重要意义。

从追责问责的角度分析违规经营投资的原因

国有企业经营投资责、权、利不对等的原因主要有：一是长期以来，一些国有企业经营投资出现巨额亏损，国企高管却可全身而退，这种权责不对等的局面，让国企高管们在经营投资决策时多了几分“任性”。二是国有企业领导人员考核机制有待完善，缺乏有效激励机制，导致其主观上缺乏尽职履责、科学决策的动力。三是缺乏常态化、可操作的追责问责机制。《关于责任追究制度的意见》出台之前，对于国有企业负责人追责问责虽有相关规范，但由于配套措施没能及时跟上，因此缺乏可操作性，存在惩处力度不够、威慑力不足、落实不到位等问题。

落实国有企业违规经营投资追责问责的建议

1. 加强追责问责机制建设，构建权责清晰、约束有效的经营投资责任追究体系。

首先，要加强国资委、国有企业党委对违规经营投资责任追究的统一领导，强化党委的主体责任，由党委出台具体的具有可操作性的追责问责办法。一是明确国有企业负责人在经营投资活动中必须履行的职责，细化各类经营投资责任清单，明确岗位职责和履职程序；二是清晰规范违规经营投资责任追究的范围、依据、程序、方式、标准、职责等，使违规经营投资责任追究工作有章可循；三是建立重大决策终身责任追究制度，明确决策事项的履职记录、决策损失及过错的认定；四是建立追责问责的长效机制和配套制度，建立责任倒查机制，使追责问责常态化。

其次，在国有企业内部，要在党委的领导下，明确内部监管部门职责。一是监事会、内部审计、财务等部门要强化对权力集中、资金密集、资源富集、资产聚集部门、岗位、子企业的监督。对发现的问题及整改情况要及时通报纪检监察、组织人事等部门，该移交司法机关的，要及时坚决移交。二是纪检监察、组织人事等部门要切实履行好追责问责的职责，及时将追责问责的情况向党委及出资人汇报；要建立监督成果利用机制，定期将监督成果利用、追责问责情况回复有关部门；对于该追责问责的事项敷衍不追，查处不力的，要承担相应的失职渎职责任。

2. 分级分类论定责任，加大对责任领导的追究力度，加大对违反“三重一大”[1]制度的责任追究力度。

要分级分类论定责任，恰当公正地处理相关责任人。所称“分级”，是指按国资监管的要求，由各级履行出资人职责的机构（或国有企业）党委组织开展违规经营投资追责问责工作；所称“分类”，是指在追责问责的过程中注意区分主观故意、渎职失职、工作疏忽、隐匿不报、积极整改等不同情况，通过绩效考核、扣减长期激励、组织处理、干部任免、纪律处分、移送司法机关等手段来进行追责问责。

除对直接责任人追究直接责任之外，还应加大对主管（分管）领导的领导责任追究力度。通过强化国有企业负责人的经营投资决策责任意识，促使其钻研市场经营、业务管理，提高预测判断、运作操控能力，提高科学决策、民主决策、依法决策的能力和水平。

[1] “三重一大”，即重大决策事项、重大人事任免、重大项目安排和大额资金运作，简称“三重一大”。

此外，还应加大对违反“三重一大”制度的责任追究力度。企业的重大经营投资事项如果不能按照“三重一大”制度来决策，必然形成决策中的缝隙与漏洞，失去决策过程监督，给企业带来损失。因此，要进一步强化“三重一大”制度执行，加大对因违反“三重一大”制度给企业造成损失的责任追究力度，促进国有企业领导人员廉洁从业、规范决策行为、提高决策水平、防范决策风险。

3. 加强各级履行出资人职责的机构对企业战略的审核管理，提高国有企业科学决策水平，从源头上防止国有资产损失。

企业战略指引企业发展，各级履行出资人职责的机构要加大对国有企业战略规划的管控，引导企业依据战略规划，专注于主业，进行专业化经营，对于非主业投资，尤其是跨行业投资要严格论证。

此外，国有企业做投资决策时还要仔细识别、评估项目投资可能遇到的各类风险，做好风险应对准备；要正确判断企业自身的能力，如是否具有相应的项目运营管理能力、人才储备、技术能力、融资能力、风险防控能力等，以自身的能力为基础进行科学决策。

4. 将责任意识、风险意识纳入企业文化建设范畴，大力培育企业责任文化。

企业文化是依存于企业而存在的共同价值观念的组合，是一个企业的“基因”。国有企业的负责人对企业文化建设起着至关重要的作用，将责任意识、风险意识纳入企业文化建设范畴，有助于企业建立尽责履职的文化氛围，对企业加强决策管理，提高决策水平，防止国有资产流失将起到积极作用。

5. 建立起科学有效的考评和激励机制，做到权责利统一。

站在理性经济人的角度看，通过追责问责提高违规决策的成本，虽然能够在一定程度上遏制国有企业领导人员的违规决策行为，但相对于科学有效的激励机制，作用并不十分明显。因此要把权力、责任和利益结合起来，建立起科学有效的考评和激励机制，使国有企业领导人员在承担责任的同时，也能够谋求正当的利益，建立健康发展的长效机制。结合正在推动的混合所有制改革，应探索管理层持股、项目跟投等高管激励措施，让责权利统一，促进国有企业科学决策，促进国有资产保值增值。

（资料来源：新华网［OL］. http://www.xinhuanet.com//local/2017-04/27/c_129575586.htm.）

第八章

其他收入

本章思维导图

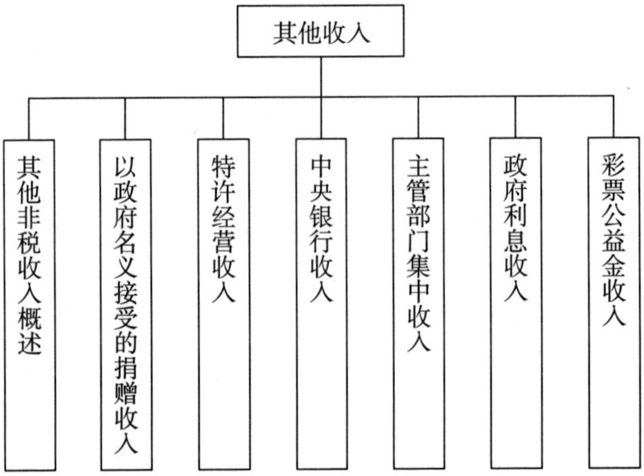

其他收入
其他非税收入概述
以政府名义接受的捐赠收入
特许经营收入
中央银行收入
主管部门集中收入
政府利息收入
彩票公益金收入

第八章　其他收入

内容提要

本章主要内容包括以政府名义接受的捐赠收入、特许经营收入、中央银行收入、主管部门集中收入、政府利息收入、彩票公益金收入六部分。较为详细地介绍了以政府名义接受的捐赠收入的概念、捐赠资金收支管理、监督管理等。对特许经营收入、中央银行收入、主管部门集中收入、政府利息收入、彩票公益金收入的概念、内容、征收管理进行了概述。

【学习要点】

一、其他非税收入概述

其他非税收入，包括其他纳入非税收入管理的资金，主要包括5项资金：①以政府名义接受的捐赠收入；②特许经营收入，即特许经营权有偿出让或者转让收入；③中央银行收入，即中国人民银行按规定上缴国家的利润；④主管部门集中收入，即中央和地方政府主管部门从下属单位集中的收入；⑤政府利息收入，即税收和非税收产生的利息收入。

二、以政府名义接受的捐赠收入

（一）相关概念

捐赠收入是政府非税收入的有效补充，按来源可分为国内捐赠和国外捐赠。国内捐赠反映来自国内单位和个人的捐赠收入，国外捐赠反映来自外国政府和非政府机构的捐赠收入。捐赠收入按用途可分为定向捐赠和非定向捐赠，定向捐赠即针对某一特定事项或特定项目的捐赠。

根据相关文件规定，以政府名义接受的捐赠收入是指以各级政府、国家机关、实行公务员管理的事业单位、代行政府职能的社会团体以及其他组织名义接受的非定向捐赠货币收入，不包括定向捐赠货币收入、实物捐赠收入以及以不实行公务员管理的事业单位、不代行政府职能的社会团体、企业、个人或者其他民间组织名义接受的捐赠收入。

以政府名义接受的非定向捐赠收入属于政府非税收入，是政府财政收入的一部分，属于国家财政资金，必须全额上缴财政，纳入预算管理。

（二）捐赠资金收支管理

以政府名义接受的非定向捐赠收入属于政府非税收入，应严格按照政府非税收入管理规定和财政部政府收支分类科目的要求，各受捐单位接收后，全额通过“政府非税收入征缴系统”，纳入财政一般预算，及时足额上缴财政，严格执行“收支两条线”。

以政府名义接受的非定向捐赠收入，其支出应全额纳入财政预算，财政部门按照专项资金的管理办法，会同受捐主管部门明确捐赠资金使用范围及使用对象，与相关财政资金统筹使用，安排专项资金项目预算，从而充分落实捐赠者的意愿，发挥捐赠资金的社会效益。

（三）捐赠收入票据管理

接受政府性捐赠收入必须按规定使用财政票据，对以政府名义接受的非定向捐赠收入，原则上采取直接缴款方式，直接缴入同级财政，通常使用《非税收入一般缴款书》。

（四）监督管理

捐赠收入资金要坚持公开原则，提高捐赠资金收支的透明度。各单位应建立健全内部规章制度，切实加强对捐赠收入的收缴、使用管理，严禁转移、截留、挪用捐赠收入，确保捐赠资金按规定的用途合理使用。接受捐赠单位要适时通报或公示捐赠资金收入、管理、使用情况，接受捐赠者、财政、审计和社会各方面的监督。

（五）接受政府性捐赠收入的部门单位和个人应禁止的行为

主要包括：私分、隐瞒、滞留、截留、坐支、挪用、冒领以及其他形式占有捐赠收入；未经批准，将捐赠收入存入私自开设的账户，或以私人名义存入银行，或将捐赠收入转交给不实行公务员管理的事业单位、不代行政府职能的社会团体、企业、个人或者其他民间组织管理；违规对捐赠收入提取管理费；政府性捐赠收入用于投资建设项目或采购物资、商品，未履行基本建设程序和政府建设项目管理规定，或未实行政府采购；违反财政票据管理规定；其他违反财经纪律的行为。

三、特许经营收入

（一）概念

特许经营收入是指国家依法特许企业、组织或个人垄断经营某种产品或服务而获得的收入，属于政府非税收入的重要组成部分。特许经营收入主要包括烟草专卖收入、酒类产品专卖收入、免税商品专营收入、货币发行收入、印钞造币收入、纪念邮票（纪念币）发行收入、食盐批发专营收入等。

（二）特许经营收入的征收管理

根据《政府非税收入管理办法》的规定，特许经营收入的征收主管部门是各级财政部门，由财政部门直接征收或者由财政部门委托的部门和单位征收。其批准设立依照国务院和省级人民政府及其财政部门的规定执行。依照《政府非税收管理办法》的规定，特许经营收入应当全部上缴国库，通过国库单一账户体系收缴、存储、退付、清算及核算。特许经营收入应纳入一般公共预算收入，由各级财政部门按照规定统筹使用，用于政府购买公共产品和服务的支出。

（三）票据管理

特许经营权在内的非税收入的票据管理，作为执行“收支两条线”管理的关键环节，在《政府非税收入管理办法》中着重强调并提出构建规范的票据管理体系，票据由执收单位向同级财政部门申领并向非税收入缴纳义务人开具。要加强非税收入政策执行情况的监督检查，依法处理非税收入违法违规行为。

四、中央银行收入

（一）概念

中国人民银行是中华人民共和国的中央银行。中国人民银行在国务院领导下，制定和执行货币政策，防范和化解金融风险，维护金融稳定。除此之外，中国人民银行也为中央人民政府以及商业银行、各支付机构等金融机构服务，从而收取一定的费用和利息。中央银行收入属于一般公共预算收入。中央银行收入包括中央银行按规定上缴国家的利润收入以及其他收入。其他收入指的是中国人民银行开展其他各项业务活动取得的收入。

中国人民银行的收入来源，主要有以下几类：一是再贴现和再贷款的利息收入，指中国人民银行向商业银行进行再贴现和发放贷款，获取的利息收入。二是证券买卖收入。中央银行持有的证券一般都是信用等级比较高的政府证券。中央银行持有证券和从事公开市场业务不是为了盈利，而是通过证券买卖对货币供应量进行调节，而中央银行买卖证券，也会获得收入。三是外汇交易收益。中国人民银行持有、管理、经营国家外汇储备，通过在外汇市场的吞吐外汇，促进外汇储备的保值、增值。四是收费收入。中国人民银行向各商业银行、支付机构、其他组织提供金融服务，会收取一定的费用。

（二）中央银行收入的征收管理

根据《政府非税收入管理办法》的规定，中央银行收入按照相关法律、法规和规章的规定征收。

五、主管部门集中收入

（一）概念

主管部门集中收入主要是指国家机关、实行公务员管理的事业单位、代行政府职能的社会团体及其他组织集中所属事业单位收入，这部分收入必须经同级财政部门批准。今后，随着事业单位改革的深入进行，主管部门应与事业单位财务彻底脱钩，逐步取消主管部门集中事业单位收入。主管部门集中收入属于一般公共预算收入。

（二）征收管理

根据《政府非税收入管理办法》的规定，主管部门集中收入按照同级人民政府及其财政部门的管理规定征收或者收取。

六、政府利息收入

（一）概念

政府财政资金产生的利息收入是指税收收入和非税收入产生的利息收入，按照中国人民银行规定计息，统一纳入政府非税收入的管理范围。政府利息收入属于一般公共预算收入。政府利息收入包括税收收入产生的利息以及非税收入产生的利息。

（二）征收管理

根据《政府非税收入管理办法》的规定，政府利息收入按照同级人民政府及其财政部门的管理规定征收或者收取。

七、彩票公益金收入

彩票公益金收入，是指按照国家规定发行彩票销售收入扣除返奖奖金、发行经费后的净收入。彩票公益金专项用于社会福利、体育等社会公益事业，不得用于平衡财政一般预算。彩票公益金的分配政策，由国务院财政部门会同国务院民政、体育行政等部门提出方案，报国务院批准后执行。

（一）彩票公益金收入的征收管理

（1）彩票公益金收入按照层级可以分为中央彩票公益金收入和地方彩票公益金收入。

彩票公益金收入按照50:50的比例在中央和地方进行分配。中央留成的彩票公益金收入按60%、30%、5%和5%的比例，在社会保障基金、专项公益金、民政部和国家体育总局之间进行分配。地方留成的彩票公益金收入，坚持根据彩票发行宗旨使用。

（2）彩票公益金的收缴管理。彩票公益金由各省、自治区、直辖市彩票销售机构（以下简称彩票销售机构）根据国务院批准的彩票公益金分配政策和财政部批准的提取比例，按照每月彩票销售额据实结算后分别上缴中央财政和省级财政。逾期未兑奖的奖金由彩票销售机构上缴省级财政，全部留成地方使用。

上缴省级财政的彩票公益金，由各省、自治区、直辖市人民政府财政部门（以下简称省级财政部门）负责执收，具体收缴程序按照省级财政部门的有关规定执行。省级财政部门应当于年度终了后30日内，向财政部报送《彩票公益金统计报表》。专员办和省级财政部门应当于年度终了后30日内，完成对上一年度应缴中央财政和省级财政彩票公益金的清算及收缴工作。

（二）彩票公益金的监督管理

彩票销售机构应当严格按照规定缴纳彩票公益金，不得拒缴、拖欠、截留、挤占、挪用彩票公益金。彩票公益金的使用部门、单位，应当按照同级财政部门批准的项目资金使用计划和预算执行，不得挤占挪用彩票公益金，不得改变彩票公益金使用范围。省级以上财政部门应当加强对彩票公益金筹集、分配、使用的监督检查，保证彩票公益金及时、足额上缴财政和专款专用。

中央和地方各级彩票公益金的管理、使用单位，应当每年向社会公告上年度彩票公益金的使用规模、资助项目和执行情况。

【政策依据】

详见表 8-1。

表 8-1 文件汇总

序号	项目名称	文号	文件名
1	特许经营权收入	财综〔2004〕53 号	财政部关于加强政府非税收入管理的通知
		财税〔2016〕33 号	政府非税收入管理办法
2	中央银行收入	财综〔2004〕53 号	财政部关于加强政府非税收入管理的通知
		财税〔2016〕33 号	政府非税收入管理办法
			中央人民银行 2018 年收支预算
3	主管部门集中收入	财综〔2004〕53 号	财政部关于加强政府非税收入管理的通知
		财税〔2016〕33 号	政府非税收入管理办法
4	政府利息收入	财综〔2004〕53 号	财政部关于加强政府非税收入管理的通知
		财税〔2016〕33 号	政府非税收入管理办法
5	彩票公益金收入	国务院令第 554 号	彩票管理条例
		财综〔2007〕55 号	关于加强彩票发行销售管理促进彩票市场健康发展的通知
		财政部 民政部 国家体育总局令第 67 号	彩票管理条例实施细则
		财政部令第 68 号	事业单位财务规则
		财综〔2012〕89 号	彩票机构财务管理办法
		财综〔2012〕15 号	彩票公益金管理办法

【随堂练习】

一、单选题

1. 捐赠收入是政府非税收入的有效补充，按来源可分为国内捐赠和国外捐赠。国内捐赠反映来自国内单位和个人的捐赠收入，国外捐赠反映来自外国政府和（　　）的捐赠收入。

A. 个人　　B. 企业

C. 非政府机构　　D. 社会组织

答案：C

2. 以政府名义接受的非定向捐赠收入属于（　　），是政府财政收入的一部分，属于国家财政资金，必须全额上缴财政，纳入预算管理。

A. 税收收入　　B. 政府非税收入

C. 政策收入　　D. 利润收入

答案：B

3. 特许经营收入属于（　　）收入。

A. 特殊公共预算　　B. 特别公共预算

C. 一般公共预算　　D. 规划外公共预算

答案：C

4. 中国人民银行也为中央人民政府以及各商业银行、各支付机构等金融机构服务，从而收取一定的费用和（　　）。

A. 保证金　　B. 利息　　C. 手续费　　D. 服务费

答案：B

二、多选题

1. 根据相关文件规定，以政府名义接受的捐赠收入是指以（　　）名义接受的非定向捐赠货币收入。

A. 各级政府

B. 国家机关

C. 实行公务员管理的事业单位

D. 代行政府职能的社会团体及其他组织

答案：ABCD

2. 捐赠收入资金要坚持公开原则，扩大捐赠资金收支的透明度。各单位应建立健全内部规章制度，切实加强对捐赠收入的收缴、使用管理，严禁（　　）捐赠收入，确保捐赠资金按规定的用途合理使用。

A. 转移　　B. 借用

C. 截留　　D. 挪用

E. 滥用

答案：ACD

3. 特许经营收入是指国家依法特许企业、组织或个人垄断经营某种产品或服务而获得的收入，属于政府非税收入的组成部分，主要包括（　　）等。

A. 烟草专卖收入　　B. 酒类产品专卖收入

C. 免税商品专营收入　　D. 货币发行收入

E. 印钞造币收入　　F. 纪念邮票（纪念币）发行收入

答案：ABCDEF

4. 中国人民银行的收入来源，主要有（　　）。

A. 再贴现和再贷款的利息收入　　B. 证券买卖收入

C. 外汇交易收益　　D. 收费收入

答案：ABCD

5. 按照类型划分，彩票公益金收入可以分为（　　）。

A. 福利彩票公益金收入　　B. 特殊彩票公益金收入

C. 体育彩票公益金收入　　D. 公益彩票公益金收入

E. 其他彩票收入

答案：ACE

三、判断题

1. 以政府名义接受的捐赠收入，必须坚持自愿原则，不能违背公众的意愿以向社会摊派的方式收取。（　　）

答案：正确。

2. 当前的捐赠收入纳入财政管理，由财政部门向捐赠单位和个人出具非税收入专用捐赠发票，捐赠企业可凭此收据按规定比例进行税前扣除。（　　）

答案：错误。

3. 财政根据捐赠者意愿，必须在规定时间内划拨到接受单位。不得将以政府名义接受的捐赠收入转交不代行政府职能的社会团体、企业、个人或者其他民间组织管理。（　　）

答案：正确。

4. 政府性捐赠收入的使用，必须严格按照国家规定的用途，但可按实际情况灵活使用，不必专款专用。（　　）

答案：错误。

5. 根据《政府非税收入管理办法》的规定，特许经营收入的征收主管部门是各级财政部门，由财政部门直接征收或者由财政部门委托的部门和单位征收。（　　）

答案：正确。

6. 依照《政府非税收管理办法》的规定，特许经营收入应当全部上缴国库，通过国库单一账户体系收缴、存储、退付、清算及核算。特许经营收入应纳入一般公共预算收入，由各级财政部门按照规定统筹使用，用于政府购买公共产品和服务的支出。(　　)

答案：正确。

7. 中央银行收入包括中央银行按规定上缴国家的利润收入以及其他收入。其他收入指的是中国人民银行开展其他各项业务活动取得的收入。(　　)

答案：正确。

8. 中央银行持有的证券一般都是信用等级比较高的企业证券。中央银行持有证券和从事公开市场业务不是为了盈利，而是通过证券买卖对货币供应量进行调节，而中央银行买卖证券，也会获得收入。(　　)

答案：错误。

9. 主管部门集中收入主要是指国家机关，实行国务员管理的事业单位、代行政府职能的社会团体及其他组织集中所属事业单位收入，这部分收入必须经同级财政部门批准。(　　)

答案：正确。

10. 今后随着事业单位改革的深入进行，主管部门应与事业单位财务彻底脱钩，逐步取消主管部门集中事业单位收入。(　　)

答案：正确。

11. 政府财政资金产生的利息收入是指税收收入和非税收入产生的利息收入，按照中国人民银行规定计息，统一纳入政府非税收入的管理范围。(　　)

答案：正确。

12. 政府利息收入包括税收收入产生的利息以及非税收入产生的利息。(　　)

答案：正确。

13. 体育彩票公益金收入是指经国务院批准，从体育彩票奖金中按照规定比例提取的专项用于发展体育事业的资金。(　　)

答案：错误。

14. 彩票公益金是按照规定比例从彩票发行销售收入中提取的，专项用于社会福利、体育等社会公益事业的资金。逾期未兑奖的奖金纳入彩票公益金。彩票公益金纳入政府性基金预算管理，专款专用，结余结转下年继续使用。(　　)

答案：正确。

15. 彩票公益金专项用于社会福利、体育等社会公益事业，可用于平衡财政一般预算。(　　)

答案：错误。

16. 1994 年诞生了福彩，1987 年诞生了体彩。(　　)

答案：错误。

17. 国际上，彩票是博彩业的重要组成部分，但与一般而言的赌博有核心区别，这个核心区别就体现在彩票的公益性质上。(　　)

答案：正确。

四、问答题

1. 台湾发行的公益彩券有何借鉴价值？

答案：虽然台湾地区 1999 年才开始发行公益彩券，比大陆的体彩和福彩都要晚，但有三点非常值得我们学习。

（1）台湾的彩票发行是政府用招投标方式做的，不是政府直接发行。

（2）台湾对于公益彩券回馈金（相当于大陆的彩票公益金）的要求是：资讯要公开，运用要考核。如台北市，有三个考核方：市议会、单位自身、民间组织的社会福利委员会。

（3）关于具体公益彩券回馈金的使用，除了法定要求的外，常邀请民间组织来讨论哪些是当下急需做的，比如 2013 年的使用方向就包括了导盲犬的采购、给街头乞丐提供沐浴车等。

2. 请说说彩票资金构成。

答案： 彩票资金的构成如下图所示。

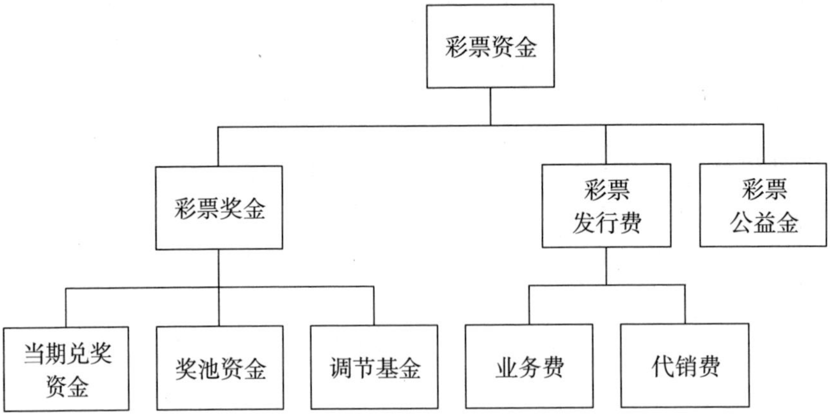

【案例分享】

利用微信朋友圈非法经营香烟案

微信朋友圈的广泛使用促生了快捷、方便、低成本的微商行业。但是并非所有商品都能通过微商进行销售，销售部分未经许可的商品可能被判犯非法经营罪。银州法院近日便审理了一起该类案件，被告人在没有取得烟草专卖局颁发的香烟生产、批发、零售许可证的情况下，利用朋友圈非法贩卖香烟最终获刑。

被告人夏某某在 2015 年 12 月至 2016 年 11 月期间，注册了昵称“烟味萦绕”“此号不接单、不收款”微信账号，利用微信朋友圈发布销售香烟的图片和消息，买家将收货地址、联系电话、姓名通过该微信发送给夏某某，并通过微信、支付宝转账的方式支付购烟款，夏某某随后将款项及发货地址转发至其上家，由上家将香烟通过快递发货销售给买家。被告人夏某某以此非法获利共计人民币 2 万余元。经铁岭里田会计司法鉴定所鉴定：夏某某用手机微信方式销售香烟交易额总计人民币 1 679 238.22 元；外调协查回函确认销售香烟交易额 22 158 元。

银州区法院经审理认为，被告人夏某某违反国家烟草专卖法管理规定，非法经营烟草专卖品，情节特别严重，其行为已构成非法经营犯罪，应予处罚；公诉机关指控成立，该院予以支持；被告人夏某某及其辩护人提出指控犯罪数额不准确等意见，因被告人夏某某在侦查机关的供述与相关证人证言及聊天记录截图、微信转账付款明细相吻合，且有审计报告予以佐证，足以认定指控事实清楚、证据确实、充分，有事实及法律依据，该院对其此辩解不予采纳；被告人夏某某在庭审中自愿认罪，可酌情从轻处罚，故依法判决被告人夏某某犯非法经营罪，判处有期徒刑五年六个月，并处罚金人民币 60 000 元。

经办法官据此提示广大群众：我国有许多资源、物品实行的是政府特许经营制度，即部分特殊商品必须由政府专营或经政府授权才能买卖。其中，销售烟草必须遵守烟草专卖法的有关规定，法律法规严禁通过微信等互联网形式销售卷烟，对涉案数额较大的，将依法追究其刑事责任。

此案也是利用网络犯罪的一个典型案例。生财不仅要有道还要守法，发达的信息网络不应成为打法律擦边球甚至犯罪的工具。被告人夏某某正是因以为微信是管控的薄弱环节，可以逃避侦查才铤而走险的。再者，对法律认识错误不影响定罪量刑，故尽管夏某某辩称自己不知道微信上买烟犯法，也不能逃脱法律责任，最终获刑。

（资料来源：辽宁省人民法院［OL］. http://lnfy.chinacourt.org/public/detail.php?id=9061.）

购买免税商品入境后售卖，涉走私被判刑

近日，由宁夏回族自治区银川市人民检察院向法院提起公诉的宁夏首

例网店商家走私案，经法院审理作出一审判决。该案共有6名涉案人员，为牟取非法利益，逃避海关监管，走私普通货物，该团伙通过网店进行销售，偷逃海关应缴税额人民币400余万元。

2012年6月以来，被告人唐某亮及妻子韩某雇佣多名人员在韩国免税店大量采购宝格丽、蒂芙尼等品牌的首饰、化妆品、包等货物，多次采取行李夹藏的方式，将货物从全国多个航空口岸走私入境，偷逃海关关税，由雇佣人员将货物快递回设在无锡的仓库，并通过网店在国内进行销售。

经法院审理查明，唐某亮负责管理两家网店，同时负责在韩国采购货物、组织货源，雇佣“水客”进行走私。被告人杨某协助唐某亮管理两家网店的经营，通过快递收取走私入境的货物，统计采购货物明细并发送给在韩国采购的“水客”进行采购，将走私入境的货物销售给国内客户。唐某亮雇佣被告人单某负责在韩国采购，组织货源，同时为前往韩国采购的“水客”提供住宿、交通、翻译、询价等帮助。“水客”杨某某受唐某亮雇佣，前往韩国采购货物，杨某某采取行李藏匿的方式逃避海关检查，从银川河东机场入境。因其采取小额多次、蚂蚁搬家的方式逃避海关监管，未被当场查获。被告人郭某主要在网店中从事客服工作。

2016年8月，唐某亮指派郭某到韩国采购，8月12日郭某在通过行李夹藏方式走私宝格丽、蒂芙尼等品牌的首饰从银川河东机场入境时被当场查获。

2016年8月14日，唐某亮向无锡海关缉私分局投案。在唐某亮的协助下，其余犯罪嫌疑人先后到无锡海关缉私分局投案，本案得以侦破。通过并案，由银川市人民检察院负责审查起诉，检方以唐某亮、单某等6人涉嫌走私普通货物罪向法院起诉。

一审法院认定，6名被告人系共同犯罪，被告人唐某亮系网店负责人，负责组织、策划、指挥走私犯罪活动，在共同犯罪中起主要作用，系主犯。唐某亮劝说同案犯投案，系立功，依法可以从轻或减轻处罚。其余5名被告人在唐某亮的安排下，或在韩国负责采购货物，或负责统计采购货物明细，或通过行李夹藏方式带货入境以及负责销售走私货物，在共同犯罪中起次要作用，系从犯，依法应当从轻、减轻处罚或者免除处罚。

最终，法院一审判决唐某亮犯走私普通货物罪，判处有期徒刑 6 年，并处罚金 50 万元，判决其余 5 名被告人犯走私普通货物罪，均判处缓刑，并处罚金 3 万 ~ 30 万元不等。

（资料来源：北青网［OL］. https://baijiahao.baidu.com/s?id=1597324572791786690&wfr=spider&for=pc.）

彩票公益金曾经去向成谜

2014 年审计署 18 个特派办全体出动，一个特派办负责一个省，对全国共计 18 个省开展彩票资金审计工作。值得关注的是，此次审计行动并非审计机关的例行工作，也不在上一年年底的审计工作计划中，而是“临时追加的项目”。有地方审计人士称，之所以临时追加，和前段时间被媒体曝光的奢华黄山福彩培训基地有关。

2015 年“十一”期间，山西彩民身着卡通服饰领走 5.2 亿元福彩大奖，把对彩票行业舞弊的质疑推向顶峰。以 2004 年“西安宝马彩票案”为标志，彩票行业的整体信用度持续下滑，但神奇的是，国家的彩票收入却连年增长。对于诸多的疑似舞弊的案例，囿于证据缺失，也只能空有怀疑。

把握不准的东西，我们先不谈，可以谈一件明确且要紧的事：2014 年超过 6 000 亿元的彩票公益金到底用在了什么地方？之所以说 6 000 亿元的彩票公益金总体上去向成谜，主要有两个原因。其一是“公益金总额到底有多少搞不清楚”。根据《国务院关于进一步规范彩票管理的通知》规定，彩票返奖率不得低于 50%，彩票公益金不得低于 35%，发行费不得高于 15%。“不得低于 35%”本来只是设定了一个最低的标准，但据福彩中心

《彩票资金是如何构成的》一文，在实际执行中，所有彩票的资金构成比例统一定为：返奖奖金占 50%，彩票公益金占 35%，彩票发行费占 15%。更夸张的是，之后的足彩和一些即开型的彩票，其中的彩票公益金才提取 28%。“6 000 元亿彩票公益金”的说法是按照 35% 的提取比例估算出来的，实际上有多少不得而知。公益金提取比例降低，不是好的趋势，这是对公益彩票公益性的一种弱化。

其二是“公开了等于没公开”。如天津市财政局公布的《2013 年度彩票公益金筹集分配使用情况公告》中，2013 年度总额达 89 409 万元的彩票公益金使用情况，只是极其粗线条地列出了公益金都用在哪些大项目上以及项目总金额：

1. 全民健身工程建设 6 466 万元；

2. 备战第十二届全国运动会经费补助 5 000 万元；

3. 第十二届全国运动会奖励经费 3 000 万元；

4. 资助青少年业余训练、校园足球、青少年俱乐部建设等 1 510 万元；

5. 蓟县训练基地、天津网球中心等体育设施建设和维修 5 241 万元；

6. 资助区县全民健身活动等经费 964 万元；

7. 资助全市群众体育活动、全民健身组织建设 734 万元；

8. 承办全国及国际体育比赛 1 107 万元；

9. 资助高水平体育后备人才基地 275 万元；

10. 开展体育场地普查 78 万元；

11. 资助残疾人体育活动及体育扶贫项目 190 万元；

12. 体育场馆建设 19 125 万元。

细看疑问丛生，比如“开展体育场地普查 78 万元”是什么意思？“资助区县全民健身活动等经费 964 万元”都用在了哪些地方？这种公开和告诉大家“1 亿由 10 个 1 000 万组成”一样毫无价值。

在局部可以看清去向的地方，更是问题重重。最被大众忽视的彩票公益金用途，居然用来填补社保基金的亏空。

在 2013 年中央本级政府性基金支出决算表中，彩票公益金决算总数为 303.08 亿元（见表 8–2），其中用于补充全国社会保障基金的比例超过 90%。而用于社会福利、体育事业的决算数仅为 2.64 亿元、3.10 亿元，其他用于教育、残疾人、农村医疗救助等事业的彩票公益金也仅为 8.72 亿元、4.16 亿元、1.00 亿元。

表 8–2　彩票公益金决算明细表

项　目	预算数	决算数	决算数为预算数的 %	决算数为上年决算数的 %
彩票公益金安排的支出	319.14	303.08	95.0	113.9
用于补充全国社会保障基金的彩票公益金支出	176.65	276.65	100.0	114.7
用于社会福利的彩票公益金支出	2.32	2.64	113.8	109.1
用于体育事业的彩票公益金支出	2.97	3.10	104.4	104.0
用于教育事业的彩票公益金支出	8.50	8.72	102.6	103.2
用于红十字事业的彩票公益金支出	2.81	2.81	100.0	94.6
用于残疾人事业的彩票公益金支出	4.10	4.16	101.5	167.1
用于农村医疗救助的彩票公益金支出	1.00	1.00	100.0	200.0
用于文化事业的彩票公益金支出	3.00	3.00	100.0	150.0
用于法律援助的彩票公益金支出	1.00	1.00	100.0	100.0
用于其他社会公益事业的彩票公益金支出	16.79			

在这张决算表中，用于补充全国社会保障基金的比例超过 90%。实际上，从 2002 年开始，中央每年都分配彩票公益金给全国社会保障基金，用于补充社会保障基金的不足。并且分配的比例连年增长，迄今为止，彩票公益金累计拨入社会保障基金金额已超过 1 420 亿元。每年都有巨额彩票公益金被拨入社保基金。二者之间有什么关联呢？全国社会保障基金由

国务院于2000年设立，主要用于满足今后人口老龄化高峰时期的社会保障需要。多年来，一直有关于社保基金缺口的报道，尤其是养老保障金方面。早在2004年，时任劳动和社会保障部部长郑斯林便透露，我国养老保险个人账户“空账”运行规模已超过6 000亿元，并以每年1 000亿元的规模在扩大。大多数学者认为，这种“空账”是由于1997年养老保险制度改革之时，政府没有承担相应的转制成本，个人账户中的资金很多被挪用去发放退休人员的养老金导致的。对于这种做法，首都经贸大学李红霞教授直言，彩票公益金应该更多地用于公益事业，至于社保基金的缺口，应该由政府财政通过变卖部分闲置资产的方式去补上。

如果彩票公益金大量填充社保基金，必然会使福利及体育事业的资助力度减小，违背“扶老、助残、救孤、济困”的宗旨。况且，根据河南财经学院彩票研究所的数据，中国彩票的最主力购买者是农民工，而社保基金又恰恰是和这群人最无关系的，把农民工的钱，花在和他们无关的社保基金上，这是什么逻辑？更夸张的是，彩票公益金部分被用于建楼、补偿拆迁、发工资。无论是中国福利彩票还是体育彩票，对外宣称的设立初衷，都是“带有明确的公益性质”。

但是，2004年的审计报告显示，国家体育总局带头用2.9亿元彩票公益金建设了大楼，用1.5亿元公益金发放部门工资。在地方层面，安徽审计局出具的报告显示，2008—2010年中，福彩公益金用于帮助弱势群体的比例仅为49%、9%和34%，余下的资金用途五花八门，包括建设福彩中心大楼、军人接待中心、政府办公大楼、补贴拆迁补偿款及城市绿化费用等；上海市审计局报告显示，2009年该市用于体育场馆改造的公益金共1 643万元，但有543万元实际用在了场馆办公房的改造。

彩票具有合法性，根本上是因为公益。而体彩和福彩的最大公益性，就体现在对彩票公益金的使用上。如果偏离了用途，彩票就有脱离其合法性的危险。

有些人批评，中国人买彩票的时候，极少是带着要做慈善的心理，而就是一种赌徒心态，这在本质上从最开始就背离了彩票业的初衷。但问题在于，只有彩票公益金使用分配得当、透明公开，让公民看到和自己的利益有密切联系，相关的公民教育才能进行下去。

（资料来源：http://view.news.qq.com/original/intouchtoday/n3001.html.）

【延伸阅读】

政府不宜接受企业捐赠

绍兴县安昌镇的 5 家印染企业出资 15.5 万元，购买了一艘 7 米长的快艇，送给镇政府，用于监督辖区内企业的排污情况。这个被当地政府称为“企业自愿加强环保监督”的善举引发了争议：处于监督与被监督的关系，政府能直接接受企业的集体捐赠吗？这样的公共产品投入为什么不使用政府财政收入？政府部门在涉及捐赠企业的环保监督时，会不会因此而“手下留情”呢？（7 月 14 日《钱江晚报》）

政府执法，是为了保障公共利益，也就是为了保护不特定人的利益，因此，执法设施的购买以及由此产生的执法成本，都应当由公共财政埋单。之所以如此，是为了保障执法的中立性。如果执法者接受执法对象的捐赠，会让人感觉执法者和执法对象有勾结之嫌，执法的公正性必然受到怀疑。

《中华人民共和国捐赠法》规定：“公益性社会团体和公益性非营利的事业单位可以依照本法接受捐赠。”虽然法律未禁止政府部门接受捐赠，但政府无论做任何事，都必须有法律的明确授权，这是政府行为的边界。就是说，对于政府部门而言，“法无授权不可为”，这和对公民的要求——“法无禁止即可为”正好相反。安昌镇主要领导所谓接受企业捐赠“没有法律障碍”的说法是站不住脚的。

法律之所以没有授权政府可以随意接受企业捐赠，并不是偶然的。首先，政府不应当成为接受捐赠的对象，因为其活动都有公共财政“量入为出”予以保障；其次，政府接受捐赠，必然影响中立者的形象，影响公共政策的制订和执法活动的公正性；最后，如果政府可以接受捐赠，政府也许会利用权力要求企业和个人进行“捐赠”，从而导致“被捐赠”现象的发生，侵害民间利益。这种担忧并非多余，现实中，一些政府机构要求下辖企业捐资的现象绝非少见。

政府和社会的关系，其实是公共服务和公共产品的提供与购买的关系，企业和民众通过税收购买政府的公共服务，政府取得税收，向社会提供服务。而这种购买，只能通过税收这一制度化途径进行，除此之外向企业和公民收取任何钱物的行为都有滥用权力之嫌，也缺乏法律依据。

（资料来源：网易新闻［OL］. http://news.163.com/10/0716/08/6BMVPV4J00014AED.html.）

烟草暴利在哪里

尽管各国烟草税种不同、税率不一，但对烟草制品所征税收大都远远高于其他制品。中国烟草总公司的年收入是多少？看完下面的数据你就知道烟草暴利在哪里了。

中国烟草总公司 2011 年业绩在兴业银行的定增公告中公布于众。公告显示，中国烟草总公司 2010 年总资产为 9 699.2 亿元，营业收入为 7 704.4 亿元，净利润为 1 177.0 亿元。烟酒店利润怎么样？平均下来，中国烟草总公司每日可赚 3.2 亿元。

2013 年烟草行业实现税利 9 559.86 亿元，新增 910.47 亿元，增长 10.53%，上缴财政总额 8 161.22 亿元，新增近 1 000 亿元，增长 13.9%。利润率为 15%。

2014 年烟草行业工商税利达到 10 517.6 亿元，同比增加 957.7 亿元，增长 10.02%；上缴财政总额 9 110.3 亿元，同比增加 949.1 亿元，增长 11.63%。利润率为 13%。

2015 年烟草行业实现税利总额 11 436 亿元，同比增加 919 亿元，同比增长 8.73%；上缴财政总额 10 950 亿元，同比增加 1 840 亿元，同比增长 20.2%。利润率为 4.3%。

如果烟草公司上市的话，中国烟草才是市值第一，一年上税 1 万亿元。2014 年央企利润榜上，中国烟草总公司以 1 649.40 亿元的利润收入名列榜首，成最赚钱央企，相当于每天净赚 4.52 亿元。中石油以 1 024 亿元紧随其后，中国移动名列第三。

烟草行业属于国家专营控制行业，烟草专卖收入属于特许经营收入的一部分。

（资料来源：中国香烟网 . https://www.cnxiangyan.com/article/4029.html.）

彩票销售收入暴涨 20 倍　秒杀 BAT 三大互联网巨头

自 2000 年以来，中国的彩票销售收入有了迅猛的增长。2000 年中国彩票销售收入约为 181 亿元，到 2014 年时达到约 3 823 亿元的峰值，十多年间增长了超过 20 倍。

受有关部门叫停互联网代销彩票业务的影响，2015 年彩票销售收入出现了下跌，但总金额仍然达到了 3 678 亿元，这一金额远超中国三大互联网巨头 BAT 2015 年的营收总额。面包财经翻查腾讯、阿里巴巴和百度的财报发现，2015 财年三家公司总收入合计约 2 700 亿元人民币，还不到彩票收入的 75%。

在 2014 年之前的几年，中国彩票收入增幅相当可观，即便是金融海啸爆发，也没有受到实质性的影响。从 2008 年到 2014 年，历年彩票销售收入增速都超过了 15%，远高于同期 GDP 的增速，2014 年销售增速更是超过 30%。即便经历了 2015 年的下降，当年的彩票收入仍然相当于 2008 年的 3.47 倍。

目前，中国彩票根据种类不同奖金比例有所差别，但总奖金额均超过 50%。乐透数字型彩票，奖金总额为销售收入的 50%；以即开型彩票和中福在线为主的视频型彩票，奖金总额为销售收入的 65%；以足球彩票为主的竞猜型彩票，奖金总额为销售收入的 69%。

不过，由于弃奖的存在，实际发放的奖金会略少于设定的比例。统计数据显示，2014 年有 16.79 亿元彩票奖金被放弃，其中广东省弃奖奖金最多，达到 1.92 亿元。逾期未兑奖的奖金将进入彩票公益金。

（资料来源：中华网 . 面包财经 . 中国彩票收入超 3 600 亿怎么分你知道吗?［EB/OL］.https://economy.china.com/qqjj/11173322/20160531/22766026.html,2016-05-31 07：00：07.）

第九章

社会保险基金

本章思维导图

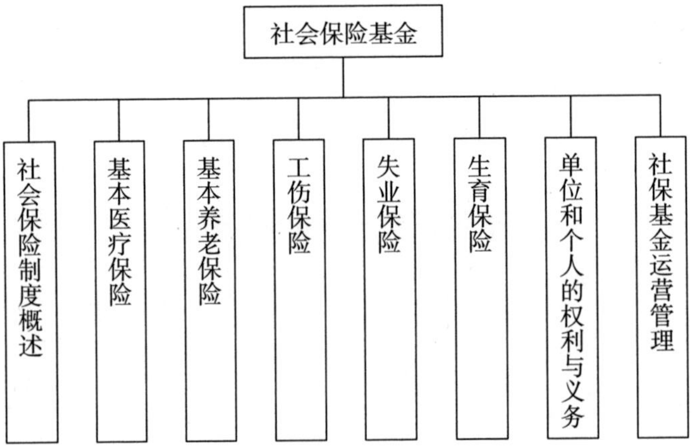
社会保险基金
社会保险制度概述
基本医疗保险
基本养老保险
工伤保险
失业保险
生育保险
单位和个人的权利与义务
社保基金运营管理

第九章　社会保险基金

内容提要

本章主要介绍社会保险基金的相关知识、内容以及社会保险基金的运营管理。

【学习要点】

一、社会保险制度概述

社会保险制度，就是以社会的力量保证全体社会成员至少都达到最低生活、医疗水平而形成的一种社会制度，是包括老年退休保险制度、失业保险制度、医疗保险制度、伤残人保险制度等在内的一系列社会福利计划。

权利和义务对等，是社会保险制度的鲜明特点。社会保险作为一种社会制度，其主要特征包括以下四个方面：以社会安全为目标、以社会立法为手段、以社会公平为原则、以人道主义为本色。

社会保障制度坚持广覆盖、保基本、多层次、可持续的方针，社会保险水平应当与经济社会发展水平相适应。

《中华人民共和国宪法》第十四条、第四十五条规定，公民在年老、疾病或者丧失劳动能力的情况下，有从国家和社会获得物质帮助的权利；国家建立健全同经济发展水平相适应的社会保障制度。

我国的主要社会保险主要包括养老保险、医疗保险、失业保险、工伤保险和生育保险。

（1）社会保险的特点：①社会共济；②责任分担；③国家干预和主导。

（2）社会保险的功能：①防范风险，包括人身风险与工作风险；②维稳功能；③有利于实现社会公平；④有利于劳动力的再生产。

二、基本养老保险

（一）基本养老保险相关概念

基本养老保险是按国家法律法规政策规定，为保障广大离退休人员基本生活需要而强制实施的一种养老保险制度。

基本养老保险基金指依照国家法律、法规，向用人单位和参保个人筹集的养老保险费、政府拨款，以其资金运营收益、滞纳金和罚款收入等形成的一种专项基金。

企业职工基本养老保险基金实行“省级统筹，中央调剂”，城乡居民社会保险基金实行“县区级统筹”，机关事业单位基本养老保险基金实行“同级统筹”。

（二）基本养老保险征缴对象

（1）企业职工基本养老保险。在中华人民共和国境内的用人单位和职工应当参加企业职工基本养老保险。无雇工的个体工商户、未在用人单位参加职工基本养老保险的非全日制从业人员以及其他灵活就业人员可以参加企业职工基本养老保险，由个人按照国家规定缴纳基本养老保险费。

（2）城乡居民养老保险。城乡居民养老保险指年满 16 周岁（不含在校学生），非国家机关和事业单位工作人员及不属于职工基本养老保险制度覆盖范围的城乡居民，可以在户籍地参加城乡居民养老保险。

（3）机关事业单位基本养老保险。按照党的十八大和十八届三中、四中全会精神，为统筹城乡社会保障体系建设，建立更加公平、可持续的养老保险制度，国务院决定改革机关事业单位工作人员养老保险制度。对象为公务员法管理的单位、参照公务员法管理的机关（单位）、事业单位及其编制内的工作人员。

（三）基本养老保险费计算

1. 企业职工基本养老保险费。

（1）企业职工基本养老保险费计费依据。

用人单位应当按照国家规定的本单位职工工资总额的比例缴纳基本养老保险费，计入基本养老保险统筹基金。职工应当按照国家规定的本人工资的比例缴纳基本养老保险费，计入个人账户。无雇工的个体工商户、未在用人单位参加基本养老保险的非全日制从业人员以及其他灵活就业人员参加基本养老保险的，应当按照国家规定缴纳基本养老保险费［《国务院关于完善企业职工基本养老保险制度的决定》（国发〔2005〕38 号）规定，灵活就业人员月缴费基数不低于当地上年度在岗职工平均工资］，分别计入基本养老保险统筹基金和个人账户。

（2）企业职工基本养老保险费费率。

单位部分：用人单位缴纳基本养老保险费的比例，一般不超过企业工资总额的 20%，具体比例由省、自治区、直辖市人民政府确定。职工个人：按照本人缴费工资的 8% 缴费，计入个人账户。无雇工的个体工商户、灵活就业人员的缴费比例为 20%，其中 8% 计入个人账户。

2. 城乡居民养老保险费。

（1）个人缴费，采取定额缴费。缴费标准目前设为每年 100 元、200

元、300 元、400 元、500 元、600 元、700 元、800 元、900 元、1 000 元、1 500 元、2 000 元 12 个档次，省（自治区、直辖市）人民政府可以根据实际情况增设缴费档次，最高缴费档次标准原则上不超过当地灵活就业人员参加职工基本养老保险的年缴费额，并报人力资源和社会保障部备案。人力资源和社会保障部会同财政部依据城乡居民收入增长等情况适时调整缴费档次标准。参保人自主选择档次缴费，多缴多得。

（2）特殊规定：新农保或城居保制度实施时，已年满 60 周岁符合规定条件的，不用缴费，可从参保登记的次月起按月领取基础养老金；距领取年龄不足 15 年的，应按年缴费，也允许补缴，累计缴费不超过 15 年；距领取年龄超过 15 年的，应按年缴费，累计缴费不少于 15 年，若中断缴费，累计缴费不足 15 年的应补足 15 年，补缴部分不享受政府补贴。

3. 机关事业单位基本养老保险。

机关事业基本养老保险费由单位和个人共同负担。单位缴纳基本养老保险费的比例为本单位工资总额的 20%，个人缴纳基本养老保险费的比例为本人缴费工资的 8%，由单位代扣。个人工资超过当地上年度在岗职工平均工资 300% 以上的部分，不计入个人缴费工资基数；低于当地上年度在岗职工平均工资 60% 的，按当地在岗职工平均工资的 60% 计算个人缴费工资基数。

三、基本医疗保险

（一）基本医疗保险相关概念

基本医疗保险是为补偿劳动者因疾病风险造成的经济损失而建立的一项社会保险制度。

基本医疗保险基金是指国家为保障参保职工的基本医疗待遇，由医疗保险经办机构按国家有关规定，向参保单位和参保职工筹集的用于职工基本医疗保险的专项基金。

基本医疗保险基金原则上以地级以上行政区（包括地、市、州、盟）为统筹单位，也可以县（市）为统筹单位。

（二）基本医疗保险征缴对象

1. 职工基本医疗保险。

职工应当参加职工基本医疗保险，由用人单位和职工按照国家规定共同缴纳基本医疗保险费；无雇工的个体工商户、未在用人单位参加职工基本医疗保险的非全日制从业人员以及其他灵活就业人员根据自愿原则，可以参加职工基本医疗保险的，由其个人缴纳基本医疗保险费。

2. 城乡居民基本医疗保险。

（1）城镇居民基本医疗保险参保范围。不属于城镇职工基本医疗保险制度覆盖范围的中小学阶段的学生（包括职业高中、中专、技校学生）、少年儿童和其他非从业城镇居民都可自愿参加城镇居民基本医疗保险。

（2）新型农村合作医疗是指由政府组织、引导、支持，农民自愿参加，个人、集体和政府多方筹资，以大病统筹为主的农民医疗互助共济制度，采取个人缴费、集体扶持和政府资助的方式筹集资金。

（三）基本医疗保险费计算

1. 职工（含机关事业单位）基本医疗保险。

企业缴费依据是全部职工月工资总额，职工缴费依据是个人月工资总额。基本医疗保险费由用人单位和职工双方共同负担，用人单位缴费比例控制在职工工资总额的6%左右，职工缴费比例一般为本人工资收入的2%；无雇工的个体工商户、未在用人单位参加职工基本医疗保险的非全日制从业人员以及其他灵活就业人员根据自愿原则，可以参加职工基本医疗保险的，由其个人缴纳基本医疗保险费。参加职工基本医疗保险的个人，达到法定退休年龄时累计缴费达到国家规定年限的，退休后不再缴纳基本医疗保险费，按照国家规定享受基本医疗保险待遇；未达到国家规定年限的，可以缴费至国家规定年限。

2. 城乡居民基本医疗保险。

城镇居民基本医疗保险实行个人缴费和政府补贴相结合的筹资方式，以个人缴费为主，政府给予适当补贴。对于享受最低生活保障或重度残疾的未成年人参保所需的个人缴费部分，由政府给予补贴。

四、工伤保险

（一）工伤保险相关概念

工伤保险是国家或企业对因生产负伤、致残而中断生活来源的劳动者，或劳动者因工死亡后无生活来源的遗属提供生活保障、医疗保障、经济补偿和职业康复等物质帮助的一种社会保险制度。

工伤保险基金是为了实施社会化的工伤保险而设立的基金，根据社会统筹支付项目费用和业务管理经费的开支金额，按“以支定收，留有储备”原则筹集。

工伤保险费率根据各行业工伤风险类别和伤亡事故及职业病发生频率分别确定，按照全部职工工资总额一定比例计提，以后根据各企业工伤事故及职业病实际发生情况进行调整。

《中华人民共和国社会保险法》第六十四条第三款明确规定：“基本养老保险基金逐步实行全国统筹，其他社会保险基金逐步实行省级统筹，具体时间、步骤由国务院规定。”

（二）工伤保险费征缴对象

工伤保险费的征缴对象为中华人民共和国境内的用人单位和个人。由用人单位缴纳工伤保险费，职工不缴纳工伤保险费。

（三）工伤保险费计算

1. 企业缴费依据。

企业缴费依据是全部职工月工资总额。工伤保险实行用人单位单方缴费制度，用人单位为本单位职工缴纳工伤保险费，职工不缴纳工伤保险费，职工在受到工伤事故伤害时由工伤保险基金为其支付相应的工伤保险待遇。

2. 费率。

按照《国民经济行业分类》（GB/T 4754—2011）对行业的划分，根据不同行业的工伤风险程度，由低到高，依次将行业工伤风险类别划分为一类至八类，分别控制在该行业用人单位职工工资总额的 0.2%、0.4%、0.7%、0.9%、1.1%、1.3%、1.6%、1.9% 左右。

通过费率浮动的办法确定每个行业内的费率档次。一类行业分为三个档次，即在基准费率的基础上，可向上浮动至 120%、150%，二类至八类行业分为五个档次，即在基准费率的基础上，可分别向上浮动至 120%、150% 或向下浮动至 80%、50%。

3. 单位费率的确定与浮动。

统筹地区社会保险经办机构根据用人单位工伤保险费使用、工伤发生率、职业病危害程度等因素，确定其工伤保险费率，并可依据上述因素变化情况，每一至三年确定其在所属行业不同费率档次间是否浮动。

4. 费率报备制度。

各统筹地区确定的工伤保险行业基准费率具体标准、费率浮动具体办法，应报省级人力资源社会保障部门和财政部门备案并接受指导。省级人力资源社会保障部门、财政部门应每年将各统筹地区工伤保险行业基准费率标准确定和变化以及浮动费率实施情况汇总报人力资源和社会保障部、财政部。

五、失业保险

（一）失业保险相关概念

失业保险指劳动者暂时失去工作，致使工资收入中断而失去维持生计来源，并在重新寻找新的就业机会前，从国家或社会获得物质帮助以保障基本生活的一种社会保险制度。

失业保险基金是国家通过立法建立的支付失业保险待遇的资金，主要用于保障失业人员基本生活的支出，包括支付失业保险金，支付领取失业保险金期间的医疗补助金，支付领取失业保险金期间死亡的失业人员的丧葬补助金和其供养的配偶、直系亲属的抚恤金等。由单位和职工缴纳的失业保险费、失业保险基金的利息、财政补贴和其他资金构成。

失业保险基金在直辖市和设区的市实行全市统筹；其他地区的层次由省、自治区、直辖市人民政府规定。

（二）失业保险费征缴对象

中华人民共和国境内的用人单位和个人。

（三）失业保险费计算

（1）计费依据。企业缴费依据是全部职工月工资总额，职工缴费依据是个人月工资总额。

（2）费率。企业缴费费率是 2%；职工缴费费率是 1%。

六、生育保险

（一）生育保险相关概念

生育保险指劳动者因生育子女导致劳动中断，由此从社会获得物质帮助的一种社会保险制度。其作用是在女职工妊娠、分娩和机体恢复整个过程中，为其提供身体保健、医疗服务及有薪假期，从而体现国家和社会对妇女在这一特殊时期给予的保障。

生育保险执行属地原则。如福建省规定，城镇职工生育保险在设区的市实行统筹，执行“统一参保范围、统一缴费标准、统一待遇水平、统一基金管理、统一经办流程、统一信息管理”的原则。

（二）生育保险征缴对象

中华人民共和国境内的用人单位和个人。由用人单位按照国家规定缴纳生育保险费，职工不缴纳生育保险费。

（三）生育保险费计算

1. 计费依据。

企业缴费依据是全部职工月工资总额。生育保险根据“以支定收，收支基本平衡”的原则筹集资金，由企业按照其工资总额的一定比例向社保经办机构缴纳生育保险费，建立生育保险基金。

2. 费率。

生育保险费的提取比例由当地政府根据计划内生育人数和生育津贴、生育医疗费等项费用确定，并可根据费用支出情况适时调整，但最高不得超过工资总额的 1%。企业缴纳的生育保险费作为期间费用处理，列入企业管理费用。

七、单位和个人的权利与义务

（一）用人单位的权利与义务

（1）权利：免费向社保经办机构查询、核对其缴费记录，要求社保经办机构提供社保咨询等相关服务。

（2）义务：一是缴费义务。职工基本养老保险、职工基本医疗保险、失业保险的缴费义务由用人单位与职工共同承担，工伤保险、生育保险的缴费义务全部由用人单位承担。二是登记义务。三是申报和代扣代缴义务。用人单位应当自行申报、按时足额缴纳社会保险费，非因不可抗力等法定事由不得缓缴、减免，职工应缴纳的社会保险费由用人单位代扣代缴，用人单位应当按月将缴纳社会保险费的明细情况告知劳动者本人。

（二）个人的权利与义务

（1）权利：一是依法享受社会保险待遇；二是监督本单位为其缴费情况；三是免费向社保经办机构查询、核对其缴费和享受社会保险待遇记录，要求社保经办机构提供社保咨询等相关服务。

（2）义务：一是缴费义务；二是登记义务，自愿参加社会保险的无雇工的个体工商户、未在用人单位参加社会保险的非全日制从业人员以及其他灵活就业人员，应当向社保经办机构申办社会保险登记，失业人员应当持本单位为其出具的终止或解除劳动关系证明，及时到指定的公共就业服务机构办理失业登记。

（三）用人单位和个人的申请救济权利

（1）用人单位和个人有权对违反社会保险法律、法规的行为进行举报、投诉。

（2）用人单位或者个人认为社会保险费征收机构的行为侵害自己合法权益的，可以依法申请行政复议或者提起行政诉讼；对社会保险经办机构不依法办理社会保险登记、核定社会保险费、支付社会保险待遇、办理社会保险转移接续手续或者侵害其他社会保险权益的行为，可以依法申请行政复议或者提起行政诉讼。

（3）个人与所在用人单位发生社会保险争议的，可以依法申请调解、仲裁或提起诉讼；用人单位侵害个人社会保险权益的，个人也可以要求社会保险行政部门或者社会保险费征收机构依法处理。

八、社保基金运营管理

社保基金投资运营是在保证对被保险人实施经济补偿和拨付的基础上，将形成结余的资金投入资本市场，以实现社保基金的保值和增值。目前参与投资运营的主要是养老保险基金。

（一）社保基金投资运营的必要性

（1）消除物价上涨造成基金实际贬值的问题；

（2）顺应社保待遇标准提高的要求；

（3）满足人们平均寿命延长对社保基金同步增长的需求。

（二）社保基金的投资运营管理

（1）申请办理社保基金投资管理业务应具备以下条件：①在中国注册，经中国证监会批准具有基金管理业务资格的基金管理公司及国务院规定的其他专业性投资管理机构。②基金管理公司实收资本不少于 5 000 万元人民币，在任何时候都维持不少于 5 000 万元人民币的净资产。其他专业性投资管理机构需具备的最低资本规模另行规定。③具有 2 年以上的在中国境内从事证券投资管理业务的经验，且管理审慎，信誉较高。具有规范的国际运作经验的机构，其经营时间可不受此款的限制。④最近3年没有重大的违规行为。⑤具有完善的法人治理结构。⑥有与从事社保基金投资管理业务相适应的专业投资人员。⑦具有完整有效的内部风险控制制度，内设独立的监察稽核部门，并配备足够数量的称职的专业人员。

（2）社保基金投资管理人履行下列职责：①按照投资管理政策及社保基金委托资产管理合同，管理并运用社保基金资产进行投资；②建立社保基金投资管理风险准备金；③完整保存社保基金委托资产的会计凭证、会计账簿和年度财务会计报告15年以上；④编制社保基金委托资产财务会计报告，出具社保基金委托资产投资运作报告；⑤保存社保基金投资记录15年以上；⑥社保基金委托资产管理合同规定的其他职责。

（3）社保基金投资的范围限于银行存款、买卖国债和其他具有良好流动性的金融工具，包括上市流通的证券投资基金、股票，信用等级在投资级以上的企业债、金融债等有价证券。理事会直接运作的社保基金的投资范围限于存放银行、在一级市场购买国债，其他投资需委托社保基金投资管理人管理和运作并由社保基金托管人托管。社保基金投资管理人与社保基金托管人须在人事、财务和资产上相互独立，其高级管理人员不得在对方兼任任何职务。理事会持有的国债在二级市场的交易，需委托符合《社保基金投资管理办法》第九条规定的专业性投资管理机构办理。

划入社保基金的货币资产的投资，按成本计算，应符合下列规定：①银行存款和国债投资的比例不得低于50%。其中，银行存款的比例不得低于10%。在一家银行的存款不得高于社保基金银行存款总额的50%。②企业债、金融债投资的比例不得高于10%。③证券投资基金、股票投资的比例不得高于40%。

【政策依据】

详见表 9–1。

表 9–1　文件汇总

序号	项目名称	文号	文件名
1	社会保险基金	主席令第 35 号（2010 年）	中华人民共和国社会保险法
		国务院令第 259 号	社会保险费征缴暂行条例
2	基本养老保险	国发〔1997〕26 号	国务院关于建立统一的企业职工基本养老保险制度的决定
		国发〔2005〕38 号	国务院关于完善企业职工基本养老保险制度的决定
		国发〔2018〕18 号	关于建立企业职工基本养老保险基金中央调剂制度的通知
		国发〔2014〕8 号	国务院关于建立统一的城乡居民基本养老保险制度的意见
		国发〔2015〕48 号	国务院关于印发基本养老保险基金投资管理办法的通知
3	基本医疗保险	国发〔2016〕3 号	国务院关于整合城乡居民基本医疗保险制度的意见
		人社部发〔2009〕67 号	人力资源社会保障部 财政部关于进一步加强基本医疗保险基金管理的指导意见
4	工伤	国务院令第 375 号	工伤保险条例
		劳动和社会保障部令第 17 号	工伤认定办法
		劳社部发〔2003〕29 号	关于工伤保险费率问题的通知
		国务院令第 586 号	国务院关于修改《工伤保险条例》的决定
		人社部发〔2013〕34 号	人力资源社会保障部关于执行《工伤保险条例》若干问题的意见
5	失业	国务院令第 258 号	失业保险条例
		劳动和社会保障部令第 8 号	失业保险金申领发放办法
6	生育保险	劳部发〔1994〕504 号	企业职工生育保险试行办法

续表

序号	项目名称	文号	文件名
7	权力和义务	劳动和社会保障部令第 13 号	社会保险行政争议处理办法
		劳动和社会保障部令第 16 号	社会保险稽核办法
		人力资源和社会保障部令第 20 号	社会保险费申报缴纳管理规定
		劳动和社会保障部令第 1 号	社会保险登记管理暂行办法
		劳动和社会保障部令第 11 号	社会保险基金监督举报工作管理办法
		劳动和社会保障部令第 12 号	社会保险基金行政监督办法
		劳动和社会保障部令第 3 号	社会保险费征缴监督检查办法

【随堂练习】

一、单选题

1. 社会保障的本质是一种社会福利。应该说社会保障是一项共济性事业。其基本特征有三个：强制性、基本性、(　　)。

A. 公益性　　B. 稳定性　　C. 社会性　　D. 明确性

答案：B

2. 社会保险基金是指为了保障保险对象的社会保险待遇，按照(　　)，由缴费单位和缴费个人分别按缴费基数的一定比例缴纳以及通过其他合法方式筹集的专项资金。

A. 国际惯例　　B. 国家法律、法规

C. 部门规章　　D. 地方规定

答案：A

3. 我国的社会保险基金分为基本养老保险基金、失业保险基金、基本医疗保险基金、工伤保险基金、生育保险基金等，其中（ ）收支规模最大，支付时间最长。

A. 基本养老保险基金　　B. 失业保险基金

C. 基本医疗保险基金　　D. 工伤保险基金

答案：A

4. 社会保险基金的筹资模式一般分为现收现付制、完全积累制和部分积累制，我国的基本养老保险制度采取的是（ ）的筹资模式。

A. 现收现付制　　B. 完全积累制

C. 部分积累制　　D. 以“横向收支平衡”为原则

答案：A

5. 社会保险基金按险种分别建账，（ ）。

A. 分账核算，专款专用，自求平衡，不得相互挤占和调剂

B. 统一核算，专款专用

C. 统一核算，自求平衡

D. 分账核算，相互调剂

答案：C

6.（ ）主管全国社会保险基金监督工作。县级以上地方各级人民政府人力资源社会保障部门主管本行政区域内的社会保险基金监督工作。

A. 财政部　　B. 社会保险经办机构

C. 劳动保障部　　D. 全国社会保障基金理事会

答案：D

7. 根据《国务院关于完善企业职工基本养老保险制度的决定》，为与做实个人账户衔接，从 2006 年 1 月 1 日起，个人账户的规模统一由本人缴费工资的 11% 调整为（ ），全部由个人缴费形成，单位缴费不再划入个人账户。

A. 4%　　B. 8%　　C. 20%　　D. 5%

答案：B

8. 根据《国务院关于完善企业职工基本养老保险制度的决定》，城镇个体工商户和灵活就业人员参加基本养老保险的缴费基数为（　　），缴费比例为 20%，其中 8% 计入个人账户，退休后按企业职工基本养老金计发办法计发基本养老金。

A. 社会平均工资　　B. 当地上年度在岗职工平均工资

C. 个人当月收入　　D. 个人所得税缴费基数

答案：B

9.《国务院关于建立统一的企业职工基本养老保险制度的决定》规定，养老保险基金结余额，除预留相当于两个月的支付费用外，应全部（　　）和存入专户，严格禁止投入其他金融和经营性事业。

A. 办理定期存款　　B. 办理活期存款

C. 购买国家债券　　D. 购买有价证券

答案：C

10. 城乡居民养老保险费采取个人缴费，定额缴费。缴费标准目前设为（　　）个档次，省（自治区、直辖市）人民政府可以根据实际情况增设缴费档次，最高缴费档次标准原则上不超过当地灵活就业人员参加职工基本养老保险的年缴费额，并报人力资源和社会保障部备案。

A. 12　　B. 14　　C. 18　　D. 20

答案：A

11. 地方政府对参保人的缴费补贴，全部计入个人账户。地方人民政府应当对城乡居民养老保险参保人缴费给予补贴，对选择最低档次标准缴费的，补贴标准不低于每人每年（　　）元。

A. 20　　B. 30　　C. 40　　D. 60

答案：B

12. 基本医疗保险基金由统筹基金和个人账户构成。职工个人缴纳的基本医疗保险费，全部计入个人账户。用人单位缴纳的基本医疗保险费分为两部分，一部分用于建立统筹基金，一部分划入个人账户。划入个人账户的比例一般为（　　）左右，具体比例由统筹地区根据个人账户的支付范围和职工年龄等因素确定。

A. 用人单位缴费的 10%　　B. 用人单位缴费的 20%

C. 用人单位缴费的 30%　　D. 用人单位缴费的 40%

答案： C

13. 医疗保险统筹基金设有起付标准和最高支付限额，起付标准原则上控制在当地职工年平均工资的（　　）左右，最高支付限额原则上控制在当地职工年平均工资的 4 倍左右。起付标准以下的医疗费用，从个人账户中支付或由个人自付。

A. 10%　　B. 20%　　C. 8%　　D. 15%

答案： A

14. 按照《国务院关于建立城镇职工基本医疗保险制度的决定》，基本医疗保险基金当年筹集的部分按照（　　）计息。

A. 活期存款利率　　B. 3 个月期整存整取银行存款利率

C. 3 年期零存整取储蓄存款利率　　D. 优惠利率

答案： A

15. 统筹地区应设立由（　　）参加的医疗保险基金监督组织，加强对基本医疗保险基金的社会监督。

A. 有关部门代表和用人单位代表

B. 有关部门代表、用人单位代表、医疗机构代表

C. 有关部门代表、用人单位代表、医疗机构代表、工会代表和有关专家

D. 政府有关部门代表、用人单位代表、工会代表和有关专家

答案： C

16.《关于加强城镇职工基本医疗保险个人账户管理的通知》规定，人力资

源社会保障部门对违反规定向参保职工提供医疗保障以外产品或服务的定点医疗机构和定点零售药店，要按有关规定和定点协议进行处理，情节严重的要（　　）。

A. 严厉批评　　B. 限期整改

C. 暂停其定点资格　　D. 取消其定点资格

答案：D

17. 基本医疗保险费由用人单位和职工双方共同负担，用人单位缴费比例控制在职工工资总额的（　　）左右，职工缴费比例一般为本人工资收入的 2%。

A. 5%　　B. 6%　　C. 7%　　D. 8%

答案：B

18. 下列关于工伤保险费的叙述中正确的是（　　）。

A. 用人单位应当按时缴纳工伤保险费，职工个人不缴费

B. 用人单位和职工个人应当按时缴纳工伤保险费

C. 工伤保险费由职工个人缴纳

D. 工伤保险费由国家财政拨款和职工个人缴纳共同形成

答案：A

19. 按照《国民经济行业分类》（GB/T 4754—2011）对行业的划分，根据不同行业的工伤风险程度，由低到高，依次将行业工伤风险类别划分为一类至（　　）类。

A. 二　　B. 五　　C. 七　　D. 八

答案：D

20. 按照《失业保险条例》的规定，城镇企业事业单位按照本单位工资总额的 2% 缴纳失业保险费。城镇企业事业单位职工按照本人工资的（　　）缴纳失业保险费。

A. 1%　　B. 2%　　C. 4%　　D. 6%

答案：A

21. 生育保险基金的筹集和使用，实行财务预、决算制度，由（　　）作出年度报告，并接受同级审计监督。

A. 社会保险经办机构　　B. 人力资源社会保障部门

C. 财政部门　　D. 计划生育部门

答案：A

22. 生育保险费的提取比例由当地政府根据计划内生育人数和生育津贴、生育医疗费等项费用确定，并可根据费用支出情况适时调整，但最高不得超过工资总额的（　　）。

A. 0.5%　　B. 1%　　C. 1.5%　　D. 2%

答案：B

23. 国家机关和其他由财政负担工资的用人单位，生育保险缴费比例按照本单位上年度职工月平均工资的（　　）确定。

A. 0.5%　　B. 1%　　C. 1.5%　　D. 2%

答案：A

24.（　　）有权对社会保险基金收支、管理方面的违法违纪行为进行检举、控告。

A. 公民　　B. 法人

C. 社会组织　　D. 公民、法人和其他社会组织

答案：D

25. 社保经办机构应当自收到用人单位设立申请之日起（　　）日内予以审核，符合要求的，予以登记，发给社保登记证件。

A. 10　　B. 15　　C. 20　　D. 25

答案：B

26. 用人单位不办理社会保险登记的，由社会保险行政部门责令限期改正；逾期不改正的，对用人单位处应缴社会保险费数额一倍以上（　　）倍以

下的罚款。

A. 两　　B. 三　　C. 四　　D. 五

答案：B

27. 用人单位未按规定申报应缴纳的社会保险费数额的，按照该单位上月缴费额的（　　）确定应缴数额。

A. 110%　　B. 120%　　C. 130%　　D. 140%

答案：A

28. 用人单位未按时足额缴纳社会保险费的，由社会保险费征收机构责令限期缴纳或者补足，并自欠缴之日起，按日加收万分之五的滞纳金；逾期仍不缴纳的，由有关行政部门处欠缴数额一倍以上（　　）倍以下的罚款。

A. 一　　B. 二　　C. 三　　D. 四

答案：C

29. 按照党中央、国务院决策部署，（　　）前要完成社会保险费和第一批非税收入征管职责划转交接工作。

A. 2018 年 12 月 1 日　　B. 2018 年 12 月 10 日

C. 2018 年 12 月 20 日　　D. 2019 年 1 月 1 日

答案：B

二、多选题

1. 社会保险制度的方针包括（　　）。

A. 广覆盖　　B. 均贫富

C. 多层次　　D. 保稳定

E. 保基本　　F. 可持续

答案：ACEF

2. 社会保险的功能有（　　）。

A. 防范风险，包括人身风险与工作风险　　B. 社会共济

C. 责任分担　　D. 维稳功能

E. 利于实现社会公平　　F. 利于劳动力的再生产

答案：ADEF

3.2018 年 3 月，党的十九届三中全会审议通过的《关于深化党和国家机构改革的决定》明确：为提高社会保险资金征管效率，将（　　）交由税务部门统一征收，赋予了税务部门新的时代重任和使命担当。

A. 基本医疗保险费　　B. 工伤保险费

C. 失业保险费　　D. 住房公积金

E. 城乡居民养老保险费　　F. 企业年金

答案：ABCE

4. 享受基本养老保险待遇的条件有（　　）。

A. 必须达到法定退休年龄

B. 职工达到法定退休年龄但缴费不足 15 年的，可以一次性缴纳 15 年费用后享受相关待遇

C. 累计最低缴费满 15 年

D. 缴满 15 年就可以不缴费享受相关待遇

答案：ABC

5. 下列关于基本养老保险的描述中正确的有（　　）。

A. 用人单位缴纳基本养老保险费的比例，一般不超过企业工资总额的 20%，具体比例由地级以上人民政府确定。

B. 职工个人按照本人缴费工资的 8% 缴费，计入个人账户，月缴费工资超过当地职工平均工资 300% 以上的部分，不计入个人缴费工资基数。

C. 灵活就业人员参加基本养老保险的缴费基数为当地上年度职工月平均工资，缴费比例为 20%，其中 8% 计入个人账户。

D. 个人账户储存额由职工个人缴的全部保险费（8%）、无雇工个体工商

户和灵活就业人员缴的基本养老保险费中划转 6% 计入的部分、个人账户储存额的利息等组成。

答案：BC

6. 根据《国务院关于建立统一的企业职工基本养老保险制度的决定》，基本养老保险基金必须（　　）。

A. 实行“收支两条线”管理　　B. 保证专款专用

C. 全部用于职工养老保险　　D. 严禁挤占挪用和挥霍浪费

答案：AD

7. 我国现行的基本医疗保险种类有（　　）。

A. 职工基本医疗保险　　B. 新型农村合作医疗保险

C. 城镇居民基本医疗保险　　D. 城乡居民基本医疗保险

答案：ABCD

8. 我国基本医疗保险实行异地就医结算办法，（　　）。

A. 参保人员短期出差、学习培训或度假等期间，在异地发生疾病并就地紧急诊治发生的医疗费用，一般在治疗地报销相关费用。

B. 参保人员因当地医疗条件所限需异地转诊的，医疗费用结算按照参保地有关规定执行。

C. 异地长期居住的退休人员在居住地就医，常驻异地工作的人员在工作地就医，原则上执行常住地政策。

D. 对经国家组织动员支援边疆等地建设，按国家有关规定办理退休手续后，已按户籍管理规定异地安置的参保退休人员，要探索与当地医疗保障体系相衔接的办法。

答案：BD

9.《关于加强城镇职工基本医疗保险个人账户管理的通知》规定，个人账户基金只能用于支付在定点医疗机构或定点零售药店发生的，符合基本医疗保险（　　）所规定项目范围内的医药费用。

A. 药品目录　　B. 诊疗项目范围

C. 医疗服务设施标准　　D. 社区卫生标准

答案：ABC

10. 职工因某些情形导致本人在工作中伤亡的，不认定为工伤。这些情形包括：（　　）。

A. 丧失享受待遇条件的　　B. 故意犯罪

C. 醉酒或者吸毒　　D. 拒不接受劳动能力鉴定的

E. 拒绝治疗的　　F. 自残或者自杀

答案：BCF

11. 下列各项因工伤发生的费用中，按照国家规定从工伤保险基金中支付的有（　　）。

A. 治疗工伤的医疗费用和康复费用

B. 住院伙食补助费

C. 到统筹地区以外就医的交通食宿费

D. 治疗工伤期间的工资福利

E. 五级、六级伤残职工按月领取的伤残津贴

F. 安装配置伤残辅助器具所需费用

答案：ABCF

12. 工伤保险基金由（　　）构成。

A. 企业缴纳的工伤保险费

B. 工伤保险费滞纳金

C. 工伤保险基金的利息

D. 对企业违反安全生产规定行为的罚款收入

答案：ABCD

13. 按照《国民经济行业分类》（GB/T 4754—2011）对行业的划分，根据不同行业的工伤风险程度，划分了若干费率，下列各费率中属于工伤保险

费率的有（　　）。

A. 0.2%　　B. 0.4%

C. 0.6%　　D. 0.7%

E. 0.8%　　F. 1.1%

答案：ABDF

14. 领取失业保险金的相关期限及待遇为（　　）。

A. 失业人员失业前用人单位和本人累计缴费满 1 年不足 5 年的，领取失业保险金的期限最长为 12 个月

B. 累计缴费满 5 年不足 10 年的，领取失业保险金的期限最长为 18 个月

C. 累计缴费 10 年以上的，领取失业保险金的期限最长为 24 个月

D. 重新就业后，再次失业的，缴费时间重新计算，最长不超过 24 个月

E. 失业保险金的标准，由省、自治区、直辖市人民政府确定，不得低于城市居民平均工资的 60%

答案：ABC

15. 失业人员在领取失业保险金期间有某些情形之一的，停止领取失业保险金，并同时停止享受其他失业保险待遇。这些情形包括：（　　）。

A. 重新就业的，再次失业的

B. 应征服兵役的

C. 移居境外，但仍在境内缴纳相关社保费用的

D. 享受基本养老保险待遇的

E. 无正当理由，拒不接受当地人民政府指定部门或者机构介绍的适当工作或者提供的培训的

答案：BDE

16. 中共中央、国务院《关于进一步做好下岗失业人员再就业工作的通知》规定，中央财政增加的再就业补助资金，主要用于补助（　　）。

A. 小额贷款贴息的全部资金

B. 社会保险补贴的部分资金

C. 职业介绍和再就业培训补贴的部分资金

D. 最低生活保障

答案：ABC

17. 下列关于生育保险的叙述中正确的有（　　）。

A. 生育保险的待遇包括：女职工因怀孕、生育发生的检查费、接生费、手术费、住院费、药费、计划生育手术费。

B. 生育津贴，是指根据国家法律、法规规定对职业妇女因生育而离开工作岗位期间，给予的生活费用。

C. 在实行生育保险社会统筹的地区，由生育保险基金按本单位上年度职工月平均工资的 80% 标准支付，支付期限一般与产假期限相一致，不少于 90 天。

D. 女职工在生育后，给予男职工一个月陪护假期，以照顾生育后的妻子，假期工资照发。

答案：AB

18.《关于加强社会保障基金监督管理工作的通知》规定，各级（　　）要认真履行职责，严格执行有关法规政策，保证基金收支及管理各个环节的正常规范运行。

A. 社会保险费征收机构　　B. 社会保险金发放机构

C. 社会保障基金管理机构　　D. 社会保障基金运营机构

答案：ABCD

19. 社会保险基金收入主要包括（　　）。

A. 社会保险费收入、利息收入　　B. 财政补贴收入、转移收入

C. 上级补助收入、下级上解收入　　D. 其他收入

答案：ABCD

20. 单位、个人挪用失业保险基金的，（　　）。

A. 追回挪用的失业保险基金

B. 有违法所得的，没收非法所得，并入失业保险基金

C. 构成犯罪的，依法追究刑事责任

D. 尚不构成犯罪的，对直接负责的主管人员和其他直接责任人员依法给予行政处分

答案：ABCD

三、判断题

1. 用人单位或者个人认为社会保险费征收机构的行为侵害自己合法权益的，可以依法起诉征收机构。(　　)

答案：错误。

2. 用人单位侵害个人社会保险权益的，个人也可以要求社会保险行政部门或者社会保险费征收机构依法处理。(　　)

答案：正确。

3. 从事井下、高空、高温、特别繁重体力劳动或者其他有害身体健康的工作，男年满 50 周岁、女年满 45 周岁，连续工龄满 10 年的，达到法定退休年龄。(　　)

答案：错误。

4. 城乡居民养老保险指年满 16 周岁（不含在校学生），非国家机关和事业单位工作人员及不属于职工基本养老保险制度覆盖范围的城乡居民，可以在户籍地参加城乡居民养老保险。(　　)

答案：正确。

5. 参保职工退休时未达到国家规定的缴费年限的，可以缴费至国家规定的年限，补缴费用包括其实际缴费年限与国家规定的最低缴费年限相差的期间内，应当由用人单位缴纳的全部医疗保险费用。(　　)

答案：错误。

6. 职工个人缴纳的基本医疗保险费，全部计入个人账户；用人单位缴纳的基本医疗保险费用于建立统筹基金。(　　)

答案：错误。

7. 工伤保险费在行业基准费率的基础上，可上下各浮动两档。上浮第一档为本行业基准费率的130%，第二档为150%；下浮第一档为本行业基准费率的80%，第二档为50%。(　　)

答案：错误。

8. 工伤保险费征缴范围：中华人民共和国境内的用人单位和个人。由用人单位缴纳工伤保险费，职工不缴纳工伤保险费。(　　)

答案：正确。

9. 失业人员的基本医疗保险由失业保险基金负担。失业人员的基本医疗保险费由失业保险基金支付，失业人员无需缴纳基本医疗保险费。(　　)

答案：正确。

10. 目前，公务员和参照公务员法管理的工作人员也已纳入失业保险范围。(　　)

答案：错误。

11. 生育保险征缴范围是中华人民共和国境内的各类企业和国家机关、事业单位、社会团体、民办非企业单位、有雇工的个体工商户及职工均应当参加生育保险，并缴纳生育保险费。(　　)

答案：错误。

12. 享受生育保险待遇的范围包括：参保的职工以及参保职工的未就业配偶。(　　)

答案：正确。

四、计算题

1. 2018 年 8 月，老王工资为 3 000 元，所在的企业 2017 年度工资总额为 135 000 元。9 月，老王年满 60 岁，达到法定退休年龄，退休时户籍所在地是福州，缴养老费 15 年，老王每月按在岗职工月平均工资缴纳，退休时假设老王个人账户储蓄额为 32 556.53 元。

问:（1）老王 2018 年 8 月需要缴纳多少基本养老保险费？（2）老王所在的企业 2017 年度需要缴纳多少基本养老保险费？（福建省 2017 年在岗职工月平均工资为 5 618.33 元，福建省规定用人单位的缴费比例为 18%。）

答案：（1）2012 年《福建省城镇企业职工基本养老保险条例（修正）》第十四条规定："企业、职工以及城镇个体劳动者缴纳基本养老保险费的基数，不得低于省政府公布的当地职工最低工资标准；达到本省上一年度职工月平均工资 300%以上的，按 300%作为缴纳基本养老保险费的基数，300%以上部分不缴纳基本养老保险费。"

根据《福建省关于做好企业职工基本养老保险费征收基数管理问题的通知》（闽人社文〔2014〕364 号）第四条"参保企业职工符合政策性补缴养老保险费的，缴费工资基数应严格按我省现有政策规定执行。《省政府办公厅转发省劳动和社会保障厅财政厅关于新参保企业及其职工补缴基本养老保险费若干问题的补充通知》（闽政办〔2001〕231 号）等文件，对补缴养老保险费的对象、补缴标准已作出规定，即在我省执行企业职工基本养老保险费补缴时，补缴养老保险费的基数按上年度城镇非私营单位在岗职工平均工资的 60% 执行"的相关规定，职工基本养老保险费征收基数分为三档：

①职工工资低于上年度城镇非私营单位在岗职工平均工资 60% 的，以上年度城镇非私营单位在岗职工平均工资的 60% 作为征收基数；

②职工工资高于上年度城镇非私营单位在岗职工平均工资的 60% 的，低于上年度城镇非私营单位在岗职工平均工资 300% 的，以职工的工资作

为征收基数；

③职工工资高于上年度城镇非私营单位在岗职工平均工资 300% 的，以上年度城镇非私营单位在岗职工平均工资的 300% 作为征收基数。

由此得出以下结论：

①老王工资为 3 000 元，福建省 2017 年在岗职工月平均工资为 5 618.33 元，5 618.33 × 60%=3 371>3 000。老王的基本养老保险费征收基数为 3 371.00 元，按照 8% 的比例，应当缴费 269.68 元。

②假设老王的工资金额在 60% × 5 618.33=3 371.00（元）至 300% × 5 618.33=16 854.99（元）之间，老王的基本养老保险费征收基数为老王工资金额，应当缴费：老王工资金额 × 8%。

③假设老王的工资金额≥16 854.99 元，基本养老保险费征收基数为 16 854.99 元，按照 8% 的比例，应当缴费 1 348.40 元。

（2）2012 年《福建省城镇企业职工基本养老保险条例（修正）》第十二条规定："企业按其全部职工月工资总额的 20% 缴纳基本养老保险费，从一九九八年起每两年降低一个百分点，直至 18%。职工个人按其月工资总额的 5% 缴纳基本养老保险费，从一九九八年起每两年提高一个百分点，直至 8%。"

老王所在的企业需要缴纳的基本养老保险费比例为 18%。企业 2017 年度工资总额为 135 000 元，该企业 2017 年度需要缴纳的基本养老保险费为 135 000 × 18%=24 300（元）。

2. 承上题，问：（1）老王 2018 年 8 月需要缴纳多少基本医疗保险费？（2）老王所在的企业 2017 年需要缴纳多少基本医疗保险费？（福建省 2017 年在岗职工月平均工资为 5 618.33 元，福建省规定职工基本医疗保险费率，用人单位费率应控制在 6% 左右，职工费率 2%。）

答案：（1）2012 年《福建省城镇企业职工基本养老保险条例（修正）》第十四条规定："企业、职工以及城镇个体劳动者缴纳基本养老保险费的基数，不得低于省政府公布的当地职工最低工资标准；达到本省上一年度职工月平均工资 300%以上的，按 300%作为缴纳基本养老保险费的基数，300%以上部分不缴纳基本养老保险费。”

《福建省人民政府贯彻国务院关于建立城镇职工基本医疗保险制度的决定的通知》（闽政〔1999〕15 号）第三条第三款规定：“用人单位和职工个人缴纳基本医疗保险费的基数；不得低于当地上年度职工月平均工资的 60%：最高不超过当地上年度职工月平均工资 300%。”

可以得知，职工基本医疗保险费征收基数分为三档：

①职工工资低于上年度城镇非私营单位在岗职工平均工资 60% 的，以上年度城镇非私营单位在岗职工平均工资的 60% 作为征收基数；

②职工工资高于上年度城镇非私营单位在岗职工平均工资的 60% 的，低于上年度城镇非私营单位在岗职工平均工资 300% 的，以职工的工资作为征收基数；

③职工工资高于上年度城镇非私营单位在岗职工平均工资 300% 的，以上年度城镇非私营单位在岗职工平均工资的 300% 作为征收基数。

得出以下结论：

①老王工资为 3 000 元，福建省 2017 年在岗职工月平均工资为 5 618.33 元，5 618.33 × 60%=3 371>3 000。老王的基本医疗保险费征收基数为 3 371.00 元，按照 2% 的比例，应当缴费 67.42 元。

②假设老王的工资金额在 60% × 5 618.33=3 371.00（元）至 300% × 5 618.33= 16 854.99（元）之间，基本医疗保险费征收基数为老王工资金额，应当缴费：老王工资金额 × 2%。

③假设老王的工资金额≥16 854.99 元，基本医疗保险费征收基数为 16 854.99 元，按照 2% 的比例，应当缴费 337.10 元。

（2）《福建省人民政府贯彻国务院关于建立城镇职工基本医疗保险制度的决定的通知》（闽政〔1999〕15 号）第三条第一款规定：“单位缴费。用人单位按其职工工资总额的 6% ~ 7%缴纳基本医疗保险费，确需超过 7%

的，报经省政府批准，但最高不超过 8%。工资总额的构成以国家统计局规定的为准。”

老王所在的企业需要缴纳的基本养老保险费比例为 6%。企业 2017 年度工资总额为 135 000 元，得出该企业 2017 年度需要缴纳的基本养老保险费：135 000 × 6%=8 100（元）。

3. 2018 年 8 月，老王工资为 3 000 元，所在的企业 2017 年度工资总额为 135 000 元。所在企业属于《国民经济行业分类》二类中等风险行业。企业所在统筹地区社会保险经办机构在行业基准费率的基础上，上浮第一档。

问：（1）老王 2018 年 8 月需要缴纳多少工伤保险费？（2）老王所在的企业 2017 年需要缴纳多少工伤保险费？（企业所在统筹地区在岗职工月平均工资为 4 500 元。）

答案：（1）根据《工伤保险条例》第七条“工伤保险基金由用人单位缴纳的工伤保险费、工伤保险基金的利息和依法纳入工伤保险基金的其他资金构成”的规定，老王不需要缴纳工伤保险费。

（2）《关于调整工伤保险费率政策的通知》（人社部发〔2015〕71 号）第二条规定：“关于行业差别费率及其档次确认。不同工伤风险类别的行业执行不同的工伤保险行业基准费率。各行业工伤风险类别对应的全国工伤保险行业基准费率为，一类至八类分别控制在该行业用人单位职工工资总额的 0.2%、0.4%、0.7%、0.9%、1.1%、1.3%、1.6%、1.9% 左右。

通过费率浮动的办法确定每个行业内的费率档次。一类行业分为三个档次，即在基准费率的基础上，可向上浮动至 120%、150%，二类至八类行业分为五个档次，即在基准费率的基础上，可分别向上浮动至 120%、150% 或向下浮动至 80%、50%。”

可以得出，老王所在的企业 2017 年需要缴纳的工伤保险费 =135 000 × 120% × 0.4%=108（元）。

4. 2018 年 8 月，老王工资为 3 000 元，所在的企业 2017 年度工资总额为 135 000 元。企业所在统筹地区实施用人单位及个人的失业保险费率统一，均为 0.5%。

问：（1）老王 2018 年 8 月需要缴纳多少失业保险费？（2）老王所在的企业 2017 年需要缴纳多少失业保险费？（企业所在统筹地区在岗职工月平均工资为 4 500 元。）

答案：（1）《失业保险条例》第二条规定："城镇企业事业单位、城镇企业事业单位职工依照本条例的规定，缴纳失业保险费。"老王 2018 年 8 月需要缴纳失业保险费 =3 000 × 0.5%=15（元）。

（2）老王所在的企业 2017 年需要缴纳的失业保险费 =135 000 × 0.5%=675（元）。

5. 2018 年 8 月，小陈工资为 5 000 元，所在的企业 2017 年度工资总额为 135 000 元。企业所在统筹地区实施生育保险缴费比例按照本单位上年度职工月平均工资的 0.5% 确定。

问：（1）小陈 2018 年 8 月需要缴纳多少生育保险费？（2）小陈所在的企业 2017 年度需要缴纳多少生育保险费？（企业所在统筹地区在岗职工月平均工资为 4 500 元。）

答案：（1）根据《企业职工生育保险试行办法》第四条"职工个人不缴纳生育保险"，小陈不需要缴纳生育保险费。

（2）小陈所在的企业 2017 年度需要缴纳的生育保险费 =135 000 × 0.5%=675（元）。

【案例分享】

未缴社会保险费用人单位须担责

黄某于 2010 年 3 月 1 日进入厦门某工贸有限公司，从事注塑班长职务，并签订期限 2 年的劳动合同（2010 年 3 月 1 日至 2012 年 2 月 28 日）。2010 年 5 月 20 日，黄某以公司没为他办理社保及身体不舒服为理由，向公司提出辞职申请。但公司没有批准，只同意黄某先回家看病，病好了再上班。当年 6 月 4 日，黄某正式离职，6 月 21 日，黄某因头痛到厦门长庚医院就医，经诊断为左侧颞叶多型性神经胶母细胞瘤，当日住院治疗，至 7 月 2 日出院，共花费住院医疗费 28 159 元。

2010 年 6 月，黄某向厦门市湖里区劳动争议仲裁委员会申请仲裁：要求公司为其补缴 2010 年 3—6 月社保费并办理社保卡；由于公司未为其办理社保，公司应按规定承担医疗费、住院费等。黄某同时向湖里区法律援助中心申请法律援助，厦门联合信实律师事务所律师庄华力为黄某提供了法律援助。经调查证实，公司于 2010 年 7 月 2 日在网上申报黄某的失业登记备案，登记的解除关系原因为个人辞职，解除关系时间是 2010 年 6 月 4 日。2010 年 7 月 21 日，在仲裁员的调解下，双方最终达成调解协议：厦门某工贸有限公司当场支付黄某 1 万元，双方的争议就此终结。

解析：《中华人民共和国劳动法》第七十二条规定：用人单位和劳动者必须依法参加社会保险，缴纳社会保险费。第七十三条规定：劳动者退休、患病、负伤、因工伤残或者患职业病、失业、生育，依法享受社会保险待遇。由于黄某在职期间，用人单位未依法为其办理医疗保险，致使其无法享受医疗保险待遇，用人单位应依法承担相应的法律责任。

根据有关规定，单位与参保人员解除劳动关系，或单位参保人员退休、死亡的，应及时到地税管征局办税服务厅办理参保人员减员手续。单位根据员工实际离职时间办理减员申报，当月减员，次月生效，当月的社保费仍需缴纳。也就是说如果厦门某工贸有限公司在 2010 年 6 月为黄某成功办理减员申报，也要 7 月才生效，6 月的社保费用仍需缴纳，黄某仍可以享受医疗保险待遇。

同时，《厦门市外来从业人员基本医疗保险暂行办法》第十条明确规定：外来从业人员的住院医疗费用，先由本人用个人医疗账户或现金支付上年度全市职工平均工资的 5% 之后，其余部分由社会统筹医疗支付 85%，个人现金自付 15%。根据该规定，如果公司曾为黄某投保的话，黄某可获得社会统筹支付的住院医疗费为（28 159–36 456×5%）×85%=22 385.77（元）（厦门市上年度全市职工年平均工资为 36 456 元）。由于公司未依法为黄某办理医疗保险，致使其无法享受医疗保险待遇，其间所发生的医疗费用应由公司承担。

欠缴医保，企业应承担部分医疗费用

李某于 2001 年 2 月入职辽宁某房地产开发公司工作。2010 年该公司通知李某因公司效益不好，暂时放假，李某在家休息，期间未接到单位要求其上班的任何通知。2014 年 10 月李某患病，被告知医疗保险欠费，不能使用医保，李某自行承担医药费。同时，李某发现养老、失业保险也存在欠费的情况。从 2014 年 9 月起，公司未给李某发放工资，李某无奈诉至法院，请求依法判令与该公司解除劳动合同；并支付拖欠的工资共计 18 000 元（自 2014 年 9 月起至 2015 年 9 月止）；为其补缴 2014 年 2 月至 2015 年 9 月期间的养老保险、补缴 2004 年 1 月至 2009 年 6 月期间的医疗保险、补缴 2015 年 2 月至 2015 年 9 月期间的医疗保险、补缴 2009 年 7 月至 2015 年 9 月期间的失业保险，如不能补缴则应赔偿李某上述各项交保险费的实际损失。另李某请求法院依法判令该公司赔偿其医药费 4 440 余元，并向李某支付经济赔偿金 36 000 元。

该房地产开发有限公司辩称，同意与李某解除劳动合同，但其不存在拖欠李某工资的情况；李某于 2014 年 10 月 7 日因住院产生的医药费，不应该由公司承担；李某要求支付经济赔偿金没有法律依据。

经查，李某到该公司工作后任司机一职，并签订了劳动合同。2010 年李某放假在家。2014 年 10 月，李某因“上消化道大出血”至中国医科大学附属第四医院住院治疗，自行支付医疗费 4 440 余元。该公司为李某缴纳养老保险至 2015 年 1 月，失业保险缴至 2009 年 6 月，医疗保险缴纳时间为 2009 年 7 月至 2015 年 1 月。双方一致确认李某每月工资 1 500 元，李某解除劳动合同前 12 个月的平均工资为 1 316.67 元。另查，2014 年 10 月该公司单位医疗保险处于差额欠费状态，李某无法使用医保卡办理住院，2014 年 10 月 9 日，公司缴费后，李某医保卡可正常使用。

解析：该公司辩称，自 2014 年 9 月起，双方已经解除了劳动关系，且于 2014 年 10 月 21 日形成决议经过审批。根据法律规定，因用人单位作出开除、除名、辞退、解除劳动合同等决定而发生劳动争议的，由用人单位负举证责任。但该公司未提供证据证明向李某送达了有关解除劳动合同的通知，或李某的确认签字及原告出具解除劳动合同的证明，且 2014 年 10 月后仍为李某缴纳社会保险，因此应支付 2014 年 10 月至 2015 年 8 月即解除合同前的工资 14 300 元（1 300 元 ×11 个月）。

关于李某要求补缴社会保险的诉讼请求，属于行政管理的范畴，不是单一的劳动者与用人单位之间的社保争议。劳动者请求用人单位为其补缴社会保险费，不属于人民法院民事案件受理范围。而李某要求该公司赔偿其医疗费用，该公司应承担李某的合理损失。因李某未提供其用药明细单，考虑到扣除医保起付标准及个人自付部分，确定该公司应赔偿原告医药费 3 000 元。

关于李某要求该公司支付经济赔偿金的诉讼请求，李某 2001 年 2 月入职至 2015 年 9 月，根据人社部发布的《违反和解除劳动合同的经济补偿办法》及《中华人民共和国劳动合同法》的规定，经济补偿金应分段计算。2008 年 1 月 1 日前，按《违反和解除劳动合同的经济补偿办法》的规定计算，结合李某入职时间，应支付李某 7 个月工资的经济补偿金，结合李某在解除劳动合同前 12 个月的平均工资 1 316.67 元[（1 300 ÷ 11+1 500）

/12]，该公司应支付李某经济补偿金 9 216.69 元（1 316.67 元 ×7 个月）；2008 年 1 月 1 日后至解除劳动合同前的经济补偿金，应按《中华人民共和国劳动合同法》计算，该公司亦应支付李某 8 个月工资的经济补偿金。结合李某在解除劳动合同前 12 个月的平均工资 1 316.67 元，该公司应支付李某经济补偿金 10 533.36 元（1 316.67 元 ×8 个月）。因此，该公司共应支付李某经济补偿金 19 750.05 元。

【延伸阅读】

社会保障制度的起源

社会保障制度起源于 19 世纪末的欧洲工业社会，1601 年英国女王颁行了世界上第一部《济贫法》，这是现代社会保障制度的萌芽。现代社会保障制度的核心是为劳动者提供社会保险，第一个建立社会保险制度的国家是后起的资本主义国家——德国。

德国颁布的《疾病社会保险法》《工伤事故》《老年和残障》，标志着世界上第一个完整的社会保险体系的建立，社保制度产生。1935 年美国国会通过了综合性的《社会保障法》，“社会保障”一词由此产生，标志着现代社会保障制度的形成。目前社会保障制度已推行到全世界的 160 多个国家和地区。建立健全与经济发展水平相适应的社会保障体系，是经济社会协调发展的必然要求，是社会稳定和国家长治久安的重要保证。

（资料来源：https://baike.so.com/doc/2776134–2930207.html.）

我国社会保障制度的变迁

改革开放以来，我国的社会保险制度逐渐完善。1997 年，国务院颁布

《关于建立统一的城镇企业职工基本养老保险制度的决定》；2005 年 12 月，国务院颁布《关于完善企业职工基本养老保险制度的决定》；2009 年 9 月，国务院发布《关于开展新型农村社会养老保险试点的指导意见》；1998 年 12 月，国务院颁布《关于建立城镇职工基本医疗保险制度的决定》；1999 年 1 月，国务院颁布《失业保险条例》；1996 年 8 月，国家劳动部发布《企业职工工伤保险试行办法》；1994 年 12 月，国家劳动部发布《企业职工生育保险试行办法》。这些行政法规和规章的颁布，对于我国社会保险制度的建立和完善起了促进作用。

（资料来源：https://baike.so.com/doc/2776134-2930207.html.）

我国社会保障制度的法律依据

《中华人民共和国社会保险法》是中国特色社会主义法律体系中起支架作用的重要法律，是一部着力保障和改善民生的法律。它的颁布实施，是中国人力资源社会保障法制建设中的又一个里程碑，对于建立覆盖城乡居民的社会保障体系，更好地维护公民参加社会保险和享受社会保险待遇的合法权益，使公民共享发展成果，促进社会主义和谐社会建设，具有十分重要的意义。

（资料来源：https://baike.baidu.com/item/%E4%B8%AD%E5%8D%8E%E4%BA%BA%E6%B0%91%E5%85%B1%E5%92%8C%E5%9B%BD%E7%A4%BE%E4%BC%9A%E4%BF%9D%E9%99%A9%E6%B3%95?fromtitle=%E7%A4%BE%E4%BC%9A%E4%BF%9D%E9%99%A9%E6%B3%95&fromid=8978784.）

养老保险交满 15 年，退休后能领取多少钱呢

在回答这个问题之前，需要先明白两个问题。

1. 我们是如何缴纳养老保险的。

基本养老金由统筹养老金和个人账户养老金组成。用人单位应当按照国家规定的本单位职工工资总额的比例缴纳基本养老保险费，计入基本养老保险统筹基金。职工应当按照国家规定的本人工资的比例缴纳基本养老保险费，计入个人账户。

以北京为例，个人缴纳缴费基数的8%，用人单位缴纳缴费基数的20%。缴费基数最高为上一年在岗职工月平均工资的300%，最低为上一年在岗职工月平均工资的40%，2016年北京在岗职工月平均工资为7 706元/月，所以，缴费基数最高为23 118元，最低为3 082.4元。

2. 养老险需要缴纳15年从何而来。

《中华人民共和国社会保险法》第十六条规定：参加基本养老保险的个人，达到法定退休年龄时累计缴费满15年的，按月领取基本养老金。

参加基本养老保险的个人，达到法定退休年龄时累计缴费不足15年的，可以缴费至满15年，按月领取基本养老金；也可以转入新型农村社会养老保险或者城镇居民社会养老保险，按照国务院规定享受相应的养老保险待遇。

参加基本养老保险的人，累计缴费如果不足15年，建议是缴费满15年后按月领取养老金；如果转入新型农村社会养老保险或者城镇居民社会养老保险，领取的养老金就会大打折扣。当然，15年是最低的累计缴费年限，缴费年限越长，退休后领取的养老金也就会越多。

回到文章的核心，养老保险交满15年，退休后能领取多少钱，退休养老保险是如何计算的?

计算公式如下：

养老金 = 基础养老金 + 个人账户养老金；

基础养老金 = 当地上年度在岗职工月平均工资 ×（1+ 本人平均工资指数）/2 × 本人全部缴费年限 ×1%；

个人账户养老金 = 个人账户储存额 / 本人退休年龄相对应的计发月数；

本人平均工资指数 = 参保人缴费基数与上年平均工资之比的平均值；

退休年龄对应的计发月数，是由国家统一公布，见表 9–2。

表 9–2　退休年龄对应的计发月数

退休年龄	计发月数	退休年龄	计发月数	退休年龄	计发月数
40	233	51	190	62	125
41	230	52	185	63	117
42	226	53	180	64	109
43	223	54	175	65	101
44	220	55	170	66	93
45	216	56	164	67	84
46	212	57	158	68	75
47	208	58	152	69	65
48	204	59	145	70	56
49	199	60	139		
50	185	61	132		

看到上面复杂的计算公式，应该有不少吃瓜群众觉得有点烧脑。为了便于理解，我们以户籍地在北京、工作在北京的老王为例。

假如老王 2016 年工资为 7 706 元 / 月（2016 年北京市在岗职工月平均工资），社保也已经交满 15 年（2002—2016 年），每年老王的工资均为上一年北京市在岗职工月平均工资，且达到 60 岁退休年龄，于 2017 年退休。那老王能领取多少养老金？

表 9–3 显示了老王 2002—2016 年的工资情况和养老金缴纳情况。

表 9-3　老王 2002—2016 年工资及养老金缴纳情况

年份	月平均工资	个人比例	个人缴纳/月	个人缴纳/年	单位比例	单位缴纳/月	单位缴纳/年
2002 年	1 727	8%	138.16	1 657.92	20%	345.4	4 144.8
2003 年	2 004	8%	160.32	1 923.84	20%	400.8	4 809.6
2004 年	2 362	8%	188.96	2 267.52	20%	472.4	5 668.8
2005 年	2 734	8%	218.72	2 624.64	20%	546.8	6 561.6
2006 年	3 008	8%	240.64	2 887.68	20%	601.6	7 219.2
2007 年	3 322	8%	265.76	3 189.12	20%	664.4	7 972.8
2008 年	3 726	8%	298.08	3 576.96	20%	745.2	8 942.4
2009 年	4 037	8%	322.96	3 875.52	20%	807.4	9 688.8
2010 年	4 201	8%	336.08	4 032.96	20%	840.2	10 082.4
2011 年	4 668	8%	373.44	4 481.28	20%	933.6	11 203.2
2012 年	5 223	8%	417.84	5 014.08	20%	1 044.6	12 535.2
2013 年	5 793	8%	463.44	5 561.28	20%	1 158.6	13 903.2
2014 年	6 463	8%	517.04	6 204.48	20%	1 292.6	15 511.2
2015 年	7 086	8%	566.88	6 802.56	20%	1 417.2	17 006.4
2016 年	7 706	8%	616.48	7 397.76	20%	1 541.2	18 494.4

退休时的个人账户中个人缴纳数为 61 497.6 元，假定 2002—2016 年个人账户养老金基准存款利率设为 2.75%，则退休时的个人账户中个人缴纳和利息总和为 73 224.43 元，统筹账户中用人单位缴纳 153 744 元。

基础养老金 =7 706 ×（1+1）/2 × 15 × 1%=1 155.9（元）；

个人账户养老金 =73 224.43/139=526.79（元）；

养老金 = 基础养老金 + 个人账户养老金 =1 155.9+526.79=1 682.69（元）；

也就是说老王退休后每月能领取 1 682.69 元。

每年领取的养老金并不是固定值，因为养老金除了与个人账户养老金有关以外，还与基础养老金有关，在岗职工月平均工资每年均有涨幅，养老金也随之增长。

图 9-1 和 9-2 分别为 2002—2016 年期间北京市在岗职工月平均工资及月平均工资增长率，在此期间退休人员的养老金涨幅与月平均工资增长率有直接关联。

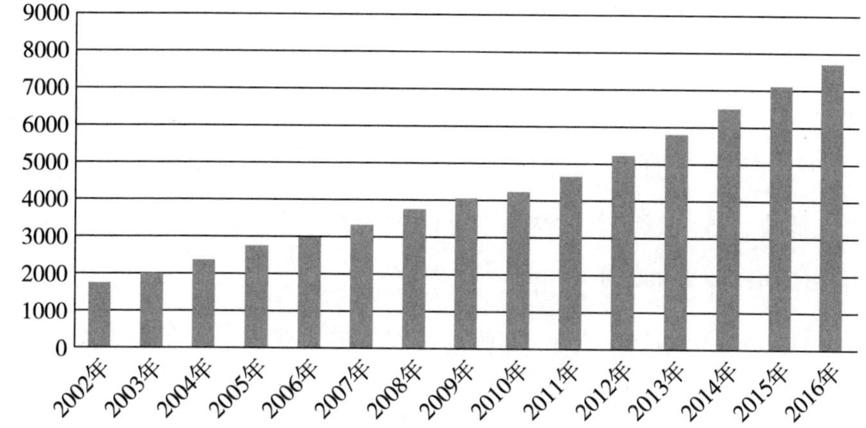

图 9-1　北京市在岗职工月平均工资

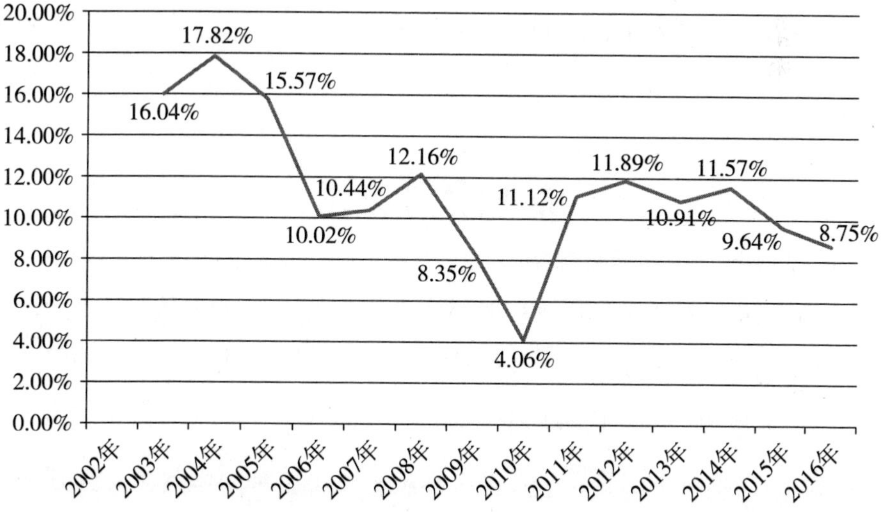

图 9-2　北京市在岗职工月平均工资增长率

根据人社部消息，2017 年退休人员的养老金整体调整增幅为 5.5%。如果对养老金发放情况不太熟悉的话，可能会觉得这是个好消息，退休养老金也是每年会上涨。但如果纵向对比的话就会发现，在 2015 年之前养老金的平均年涨幅都在 10% 以上，2016 年涨幅下降至 6.5%，2017 年涨幅进一步降至 5.5%。

其实养老金涨幅下降是必然趋势，主要有三方面原因：

1. 经济增速放缓。自 2012 年以来，我国就已经告别经济快速增长时期，GDP 增幅由 10% 以上大幅回落，未来经济仍然会面临较大的上行压力。

2. 人口老龄化加重。我国人口老龄化处在不断加速阶段，然而生育率却处在低位，这就意味着缴纳养老保险的人在减少，而领取养老金的退休人员在增加，收入抵不上支出。

3. 社保缴费基数在下降。近两年，为了给企业减负，全国各地社保缴费基数都出现了一定程度的下降，其中下降的大部分都是企业缴存的部分。2016 年，北京、上海、天津、四川、新疆、山西、江西等地的养老保险企业缴存比例均由 20% 下调至 19%。

可以断言，在未来长时间内，养老金将不会再大幅上涨了，而是趋于平稳较低的涨幅。

养老险知识延伸

假定赵老板和老王户籍所在地都是北京，都在 60 岁退休，养老金缴费年限都是 15 年，不同的是两人每月缴费基数不同。老王每月按在岗职工月平均工资缴纳，赵老板每月按 3 倍的在岗职工月平均工资缴纳，退休时假设老王个人账户储蓄额为 a，赵老板个人账户储蓄额则为 $3a$，退休时上年度在岗职工月平均工资假设为 b，赵老板和老王退休分别能领取多少养老金？

老王：

基础养老金 $=b\times(1+1)/2\times15\times1\%=0.15b$

个人账户养老金 $=a/139$

养老金 $=0.15b+a/139$

赵老板：

基础养老金 $=b\times(1+3)/2\times15\times1\%=0.3b$

个人账户养老金 $=3a/139$

养老金 $=0.3b+3a/139$

赵老板养老金 / 老王养老金 $=(0.3b+3a/139)/(0.15b+a/139)$

a、b 均大于 0，根据数学理论，赵老板每月缴费是老王的 3 倍，而退休领取养老金时却小于 3 倍，这样看来缴费多有点“吃亏”，而缴费少占到了“便宜”。确实是这样，社保本身就是“劫富济贫”的一种制度，具有重分配功能，这也是调节贫富差距的一种有效手段。当然缴费多的肯定比缴费少的要多拿养老金，只不过不是按线性比例而已，所以想退休多领养老金，现在还是应积极缴纳养老费用。

假定老王和老赵的户籍均在石家庄，都是 60 岁退休，养老金缴费年限都是 15 年，不同的是老王养老关系在石家庄，老赵养老关系在北京。假设两人每月养老金缴费基数相同，则退休时两人个人账户储蓄额也是一样的，假设为 a，老王和老赵退休分别能领取多少养老金？

北京在岗职工平均月工资是河北省在岗职工平均月工资的 1.7 倍（估值），假设河北为 b，北京则为 $1.7b$。

老王：

基础养老金 $=b\times(1+1)/2\times15\times1\%=0.15b$

个人账户养老金 $=a/139$

养老金 $=0.15b+a/139$

老赵：

基础养老金 =$1.7b\times$（1+1/1.7）/2 × 15 × 1%=$0.20b$

个人账户养老金 =$a/139$

养老金 =$0.20b+a/139$

a、b 均大于 0，根据数学理论，老赵养老金 – 老王养老金 =（$0.20b+a/139$）–（$0.15b+a/139$）=$0.05b$。

在发达地区办理领取养老金会更高，但有缴费年限要求，必须缴费满 10 年。具体规定如下：

（1）养老保险关系在户籍地的，按当地规定领取；

（2）不在户籍地的，在累计缴费满 10 年的地区领取；

（3）不在户籍地，且缴费不满 10 年的，转回上一缴满年限地领取；

（4）不在户籍地，且在多地累计缴费年限不满 10 年的，按户籍地按规定领取；

（5）不在户籍地，且在多地累计缴费年限满 10 年的，按最后一个缴费地领取。

退休时想多领取养老金，该如何破解？

（1）增加个人缴费，个人缴费越多，用人单位补贴也越多；

（2）增加缴费年限；

（3）在发达地区办理退休，基础养老金与退休地区在职职工平均工资有关；

（4）不要提前退休，退休年龄直接影响计发月数。

（资料来源：https://zhuanlan.zhihu.com/p/31567628.）

税务机关征收社会保险费

税务机关统一征收社会保险费，是完善我国社会保障体系、提升社会保险费征缴效能的重大决策。新的征管领域，给税务机关带来新的挑战。

与税收的无偿性和强制性不同，社会保险费鼓励缴费有偿，多缴多得，长缴多得。诸如城乡居民基本养老保险等制度，实行政府主导和居民自愿相结合。此类缴费人并不受无偿性和强制性制约。社会保险费以自然人为重要管理对象，特别是灵活就业人员、城乡居民，个人缴费并无任职企业可供源泉控管，这些都将考验税务机关征管能力。

从流程设计来看，税务机关征收社会保险费，只是社会保障体系的一个重要节点，之前的参保登记和之后的待遇发放、基金监管分属社保经办、财政等部门。与税务机关垂直管理不同，人社、财政部门多是属地管理，各地区各层级往往自成体系，各地税务机关如何实现与这些部门的高效信息交换和征管协作，是一种考验。

面对各级党委政府的信任、实体企业和缴费人的期盼，平稳过渡是重中之重，既要提升缴费人的获得感，又不能扰动经济正常运行。《中国企业社保白皮书 2017》显示，2017 年我国社保缴费基数合规企业占比仅为 24.1%，如何发挥税务机关的征管优势，既有效提高合规性，又呼应缴费人的诉求，避免企业负担大起大落，税务机关任重道远。

征管手段上实施柔性化改造。提高税务机关工作方式的适应性，在尊重社会保险费征缴规律的基础上，实现征缴模式的平稳过渡。依托基层组织的征收架构，分类施治，摸清费源底册，加强宣传辅导，回应公众需求，增强客户黏性，提高参保缴费意愿，打造共建共治的征缴共同体。

征缴方式上实施便捷化服务。针对大量的缴费个人和海量的征缴数据，要改变“一刀切”的管理方式，借鉴个人所得税征管经验，优化流程，对职工社保实施规范化征缴，对城乡居民和灵活就业人员实施社会化征缴，综合采取简并征期、委托代征、网上申报和移动支付等方式，持续降低制度化交易成本，为缴费人提供柔性化的便民服务。

部门协作上实施一体化治理。紧密依靠地方党委政府的组织领导，充分调动财政、人社、医保、卫生和人民银行等各部门积极性，寻找部门合作最大公约数，无缝承接登记数据，高效提供对账信息，将社会保险费征缴环节融入社会保障体系的大格局。

运行机制上实施差别化应对。加快法律法规和规章政策的梳理修订。打造金税工程、金保工程无缝对接的征缴服务和后续管理系统，确保各地税务机关顺利开征、如期扩围和平稳转型。

风险管理上实施针对性防控。税务机关应放大自身征管优势，借助大数据和专业化治理手段，持续提高社保缴费的合规性，化解基金运行风险，保障缴费人合法权益。同时，应通过密切监控征缴运行，分析收入动态，提供决策资政，合理调降费率，实现接稳征好，在确保缴费人福利持续改善的基础上最大限度地释放税务征收的减负红利。

（资料来源：2018 年 8 月 1 日中国税务报国家税务总局无锡市税务局张迪秋。）

社保统一归税务征收的误读

2018 年 8 月 31 日，第十三届全国人大常委会第五次会议表决正式通过个税“起征点”提至 5 000 元。于是，在朋友圈广泛流传着一张降税前后到手工资对比图，降税后到手工资反而比降税前少了。

降税前：5 000元工资 缴纳个税：45元
社保可按最低工资标准1 800元扣除
个人：330元 企业670元
到手剩：4 625元 企业付：5 670

降税后：5 000元工资 缴纳个税0元
社保必须按实际工资缴纳
个人：920元 企业1 860元
到手剩：4 080元 企业付：6 860

图 9-3 网络上流传的对比表

这究竟是怎么一回事？这张图上的计算方法正确吗？

1. 对比图中有计算方式错误。

根据流传出来的对比图，可以看到，同样是 5 000 元工资：

降税前，个人需缴纳个税 45 元，社保扣费按照最低工资 1 800 元扣除，个人缴纳社保 330 元，最终个人到手工资 4 625 元；

降税后，缴纳个税降为 0 元，然而社保必须按照实际工资缴纳，个人需要缴费 920 元，这样一来，到手工资仅剩 4 080 元。

仅从图上的数字来看，到手工资的确变少了。但事实上，这张对比图存在不少错误。

根据降税前（即“起征点”为 3 500 元）的个税计算公式：个税 =（税前工资 –“起征点”–“三险一金”等专项扣除）× 税率，我们可以计算得出，5 000 元工资缴纳的个税并非是 45 元，而是低于 45 元。修订前后的个税税率对比详见表 9–4。

表 9–4 修订前（左）和修订后（右）个税税率表对比

级数	全月应纳税所得额	税率（%）	级数	全年应纳税所得额	税率（%）
1	不超过 1 500 元的	3	1	不超过 36 000 元的	3
2	超过 1 500 元至 4 500 元的部分	10	2	超过 36 000 元至 144 000 元的部分	10
3	超过 4 500 元至 9 000 元的部分	20	3	超过 144 000 元至 300 000 元的部分	20
4	超过 9 000 元至 35 000 元的部分	25	4	超过 300 000 元至 420 000 元的部分	25
5	超过 35 000 元至 55 000 元的部分	30	5	超过 420 000 元至 660 000 元的部分	30
6	超过 55 000 元至 80 000 元的部分	35	6	超过 660 000 元至 960 000 元的部分	35
7	超过 80 000 元的部分	45	7	超过 960 000 元的部分	45

而之所以会计算出个税 45 元［（5 000–3 500）×3%］，是因为没有将“三险一金”进行税前扣除，扣除之后个税将低于 45 元。

2. 此前未实额缴纳社保，到手工资会变少。

需要强调的是，对于一直按照实际工资缴纳社保的人来说，在税前工资没变的情况下，降税后，到手工资其实是增加的，特别是中等以下收入群体获益更大。财政部副部长程丽华表示，月收入在 2 万元以下的纳税人税负可降低 50% 以上。

而网上这张图，其实想反映的是社保转由税务部门征收后，对没有实额缴纳社保的个人收入的影响。

根据《职工基本养老保险个人账户管理暂行办法》，职工本人一般以上一年度本人月平均工资为个人缴费工资基数。而在现实情况中，一些企业不会按照员工的月平均工资来缴纳社保，而是按照当地最低工资或者最低缴费基数来缴纳。

也就是说，对于以前没有按实际工资来缴纳社保的人来说，随着缴费基数的提高，缴纳的社保费会变多，拿到手的工资自然会变少一些。

3. 社保缴费基数提高，长远来看益处大。

虽然以前没有按实际工资来缴纳社保的人到手工资会变少，但也不能说是吃亏了。因为不能只看眼前，不看长远。社保缴费基数提高，社保待遇自然会水涨船高，长远来看是划算的，这将大大增加个人的社保权益。

以养老保险为例，养老保险是多缴多得。缴费基数提高，每月存入个人账户的钱会变多，这样一来退休后的养老金就会变多。

所以，大家一定要搞清楚自己的社保缴费基数，是不是自己的实际工资。如果不是足额缴纳，可以向社保机构投诉。

根据社保法规定，用人单位未按时足额缴纳社会保险费的，由社会保险费征收机构责令其限期缴纳或者补足。

（资料来源：http://www.sohu.com/a/251799502_531758.）

国务院最新会议：降社保税率确保不增加企业负担

2018 年 9 月 18 日，就落实减税降费措施，李克强总理在国务院常务会议上要求各地按照国务院明确的“总体上不增加企业负担”的已定部署，在机构改革中确保社保费现有征收政策稳定，严禁自行对企业历史欠费进行集中清缴，违反规定的要坚决纠正，坚决查处征管中的违法违纪行为。同时，要抓紧研究提出降低社保费率方案，与征收体制改革同步实施。

9 月 19 日，国家税务总局等四部委负责人在答记者问时也强调，为落实国务院常务会议精神，进行社会保险费征管职责划转改革的地方，要遵循弄清接好历史欠费账目、不自行组织开展清欠工作的原则，稳妥处理好历史欠费问题；已负责征收社会保险费的各级税务机关，在社保征收机构改革到位前，要保持现有征收政策不变，不得自行组织开展以前年度的欠费清查；此外，要组织开展督导检查，对违反规定的依法依规坚决纠正和严肃查处。

这些措施的公布有效消除了企业界对社保费征管职责划转和税务部门追征社保可能对经济带来较大不良影响的担忧。

（资料来源：2018 年 8 月 1 日中国税务报国家税务总局山东省税务局陈道胜。）

基本养老保险基金开展中央调剂的影响

中央调剂制度的出台，必然会对正在实施中的社会保险费征管职责划转改革、对已经征收社会保险费的税务机关工作产生重大的影响。

经中央全面深化改革委员会第二次会议审议通过，2018 年 7 月 1 日起，《企业职工基本养老保险基金中央调剂制度》（以下简称中央调剂制度）在全国范围内实施，标志着我国基本养老保险迈出了全国统筹的关键一步。

目前，全国共有22个省（自治区、直辖市、计划单列市，以下简称省份）已经由税务机关征收企业职工基本养老保险费。中央调剂制度的出台，必然会对正在实施中的社会保险费征管职责划转改革、对已经征收社会保险费的税务机关工作造成重大的影响。

当前，养老保险一方面面临着人口老龄化加剧、需求压力持续增长、地区差异较大和部分地区收不抵支不可持续的严峻形势；另一方面面临着降低收费、筹资标准下降的要求。在这种两难背景下，出台养老保险中央调剂制度，目的就是在不增加缴费负担的前提下，尽可能平衡各省份经济不均衡造成的养老保险保障能力不均衡问题，缓解部分省份养老保险基金收不抵支、发不出养老金的风险。

根据中央调剂制度，中央调剂基金从各省份养老保险基金中上解筹集，实行以收定支，当年筹集的资金全部拨付地方，按照离退休人员数平均分配。采取先预缴预拨后清算的办法，资金按季度上解下拨，年终统一结算。其上解和下拨公式如下：

某省份上解额 =（某省份职工平均工资 ×90%）× 某省份在职应参保人数 × 上解比例。

其中，上解比例相对固定，2018年为3%，以后逐年提高。

某省份下拨额 = 某省份离退休人数 × 全国统一计算的人均拨付额。

从上述公式可以得出：

某省份实际调出额 = 某省份上解额 – 某省份下拨额。

如果调出额为正数，则该省份属于贡献省。调出额为负数，则该省份为受益省份。这一指标是各省份最关注的，是中央调剂制度对各省份社会保险费征管造成影响的关键。

决定上解额的关键参数为"上解基数"（某省份职工平均工资 ×90%）和"上解人数"（某省份在职应参保人数）。这两个参数的本质是缴费工资比和缴费人数比。决定下拨额的关键参数为"离退休人数"。

（1）缴费工资比。缴费工资比是实际平均缴费工资占职工平均工资的比重。征缴效率越高，实际平均缴费工资就越高，缴费工资比就越高。因此，上解公式中的“某省份职工平均工资 ×90%”，就是90%的缴费工资比。中央调剂制度明确，职工平均工资口径为统计部门提供的城镇非私营单位和私营单位就业人员加权平均工资。据此分析，无论各省份征缴效率高低，中央都要按照90%的缴费工资比计算上解额。各省份通过加大社会保险费征缴力度，提高实际缴费工资、提升缴费工资比，不会对上解额造成任何影响。这可能会对各省份提高实际缴费工资产生一定的促进作用。特别是对于贡献省份来讲，由于其上解额大于下拨额，为弥补因此产生的缺口，会进一步加大社会保险费征管力度，从而对税务机关征管工作提出更高要求。

（2）缴费人数比。缴费人数比是实际缴费人数占参保人数的比重。中央调剂制度明确，在职应参保人数是计算上解额的重要指标，暂以在职参保人数和国家统计局公布的企业就业人数二者平均值为基数核定。所以，在职参保人数越多，上解额就越高。表面上看，这可能会对各省扩大参保面、增加在职参保人数产生一定抑制作用，至少不会起到明显促进作用。但是，由于上解公式是按照在职应参保人数而非实际缴费人数计算上解额，因此，将会倒逼各省份努力增加实际缴费人数，提升缴费人数比，从而做实在职参保人数，解决部分省份在职参保人数虚高的问题。

（3）离退休干部人数。这是决定某省份能够从中央获得下拨调剂金的关键参数。各省份离退休干部人数越多，获得的下拨数额越大。中央调剂制度明确，各省份离退休人数由人力资源和社会保障部、财政部核定，这样可以有效避免地方为多争取调剂金而将不符合条件人员纳入离退休人员范围。

依据《深化党和国家机构改革方案》和《国税地税征管体制改革方案》，税务机关将成为各项社会保险费的唯一征收主体，在确保中央调剂制度落实中责无旁贷。税务机关应做好以下工作：

（1）依法足额征收各项社会保险费。应当严格执行社会保险法，及时足额征收各项社会保险费，不断提高社会保险费征管效率，从而确保中央调基金顺利上解、可持续上解。

（2）统一各地基本养老保险费率和缴费基数口径。根据《国务院关于建立统一的企业职工基本养老保险制度的决定》（国发〔1997〕26号），对企业缴纳基本养老保险费率只确定了不超过企业工资总额20%的上限，具体由各省份确定。从实际情况看，各省份规定的企业缴纳基本养老保险费率千差万别。根据劳动和社会保障部《关于规范社会保险缴费基数有关问题的通知》（劳社险中心函〔2006〕60号）的规定，“参保单位缴纳基本养老保险费的基数可以为职工工资总额，也可以为本单位职工个人缴费工资基数之和”，“职工本人缴费工资基数可在当地职工平均工资的60%～300%的范围内核定”，由此造成各地缴费基数不一。税务机关统一征收社会保险费后，建议提请有关部门对相关政策规定依法予以修订，在全国范围内统一基本养老保险费率和缴费基数口径。

（3）加强对企业缴费负担的跟踪分析。在严格依法征收的同时，税务机关应加强对企业缴费负担的跟踪分析，防止企业负担上升过快。在此基础上，积极建议党委政府在中央调剂制度框架下，优先通过做实在职参保人数，巩固参保扩面成果来提高社会保险费收入水平；在此基础上再逐步提高缴费工资比，夯实缴费基数，从而稳定企业缴费负担，稳步提高征管效率，力争在不增加社会整体缴费负担的前提下，确保社保资金的安全和可持续增长。

（4）全面做好相关数据交接。建议在社会保险费征管职责划转中，税务机关与人社部门进行全面数据交接，尤其要交接清楚参保人数、缴费人数和实际缴费工资等相关数据，明确各自工作责任，为税务机关落实中央调剂制度奠定坚实基础。

（资料来源：2018年8月1日中国税务报国家税务总局山东省税务局陈道胜。）

附　录

过关测试

非税收入知识测试试卷一

（考试时间：120 分钟）

题号	一	二	三	四	五	总分	核分人
得分							

得分	评卷人

一、单项选择题（共 20 题，每小题 1 分，共 20 分。在每小题列出的选项中只有一个选项是最符合题意的，请将正确选项填在下表相应题号中。）

题号	1	2	3	4	5	6	7	8	9	10
答案										
题号	11	12	13	14	15	16	17	18	19	20
答案										

1. 非税收入的征收通常与政府的社会服务和管理职能结合在一起，有特定的服务与管理对象、征收对象，其收费对象具有特定性，未消费服务或发生受管制行为的单位和个人则不属于征收对象，这体现了非税收入的（　　）特征。

A. 多样性　　B. 固定性　　C. 特殊性　　D. 重要性

参考答案：C

2. 非竞争性和非排他性是公共物品区分于私人物品的主要标志，据此，进一步推演出公共物品的基本特征。下列各项中不属于公共物品特征的是（　　）。

A. 提供目的的营利性　　B. 收费的非排他性

C. 提供成本的非竞争性　　D. 效用的不可分割性

参考答案：A

3. 下列收入中不属于政府性基金收入的是（　　）。

A. 三峡水库库区基金收入　　B. 育林基金收入

C. 废弃电器电子产品处理基金收入　　D. 港口建设费收入

参考答案：B

4. 下列各项中不需要缴纳民航发展基金的是（　　）。

A. 从厦门乘坐国际航班飞往香港旅游的 A 乘客

B. 境内从事快递包裹运输的 B 航空运输公司

C. 境内从事公务飞行的 C 航空公司

D. 境内从事飞行培训的 D 培训企业

参考答案：D

5. 下列各项中需要缴纳文化事业建设费的有（　　）。

A. 月收入 10 万元提供广告代理服务的个人

B. 月收入 10 万元个体户酒吧

C. 月收入 2 万元的广告代理小规模企业

D. 月收入 5 万元的用于粘贴广告的灯箱制作工厂

参考答案：B

6. 下列各项中属于港口建设费征收对象的是（　　）。

A. 对外开放口岸的港口、码头

B. 停靠经对外开放口岸港口辖区范围内所有码头的船舶

C. 经对外开放口岸港口辖区范围内所有码头装卸的货物

D. 经对外开放口岸港口辖区范围内所有码头装卸的货物收货人

参考答案：C

7. 下列关于政府专项收入用途的说法中错误的是（　　）。

A. 教育费附加收入用于支持中央教育事业发展

B. 地方教育附加收入用于支持地方教育事业发展

C. 场外核应急准备收入用于应对核电厂事故发生的应急准备

D. 文化事业建设费收入用于加强社会主义精神文明建设、促进文化事业健康发展

参考答案：A

8. 用人单位申请减免残疾人就业保障金的最高限额不得超过（　　）的保障金应缴额，申请缓缴保障金的最长期限不得超过（　　）。

A. 6 个月，6 个月　　B. 1 年，6 个月

C. 6 个月，1 年　　D. 1 年，1 年

参考答案：B

9. 彩票公益金的分配政策，由国务院财政部门会同国务院（　　）、体育行政等有关部门提出方案，报国务院批准后执行。

A. 民政　　B. 财政　　C. 税务　　D. 办公厅

参考答案：A

10. 征收的水资源费应当全额纳入财政预算，由财政部门按照批准的部门财政预算统筹安排，主要用于水资源的节约、保护和管理，也可以用于水资源的合理开发，由（　　）部门对水资源费使用和管理进行审计监督。

A. 审计机关　　B. 纪检部门　　C. 监察部门　　D. 政府机关

参考答案：A

11. 当事人申请司法救助，下列情形中，属于人民法院应当准予减交诉讼费用的是（　　）。

A. 国家规定的优抚、安置对象　　B. 最低生活保障对象

C. 无固定生活来源的残疾人　　D. 农村特困定期救济对象

参考答案：A

12.（　　）是政府对罚没收入采取的管理原则。

A. 法定原则　　B. 公开原则

C. 公平原则　　D. "收支两条线"原则

参考答案：C

13. 烟草罚没收入（　　）。

A. 全额上缴中央　　B. 50% 上缴中央、50% 缴地方

C. 30% 上缴中央、70% 缴地方　　D. 全额缴地方

参考答案：D

14. 油、气田的作业者违反规定，不按期向税务机关报送油、气田的实际产量和税务机关所需其他有关资料的，税务机关可酌情处以人民币（　　）以下的罚款；隐匿产量的，除追缴应缴纳的矿区使用费外，可酌情处以应补缴矿区使用费（　　）以下的罚款。

A. 1 000 元，1 倍　　B. 3 000 元，3 倍

C. 5 000 元，5 倍　　D. 10 000 元，10 倍

参考答案：C

15. 烟草企业企业应交利润的收取比例为（　　）。

A. 5%　　B. 15%　　C. 25%　　D. 35%

参考答案：C

16. 特许经营收入属于（　　）收入。

A. 特殊公共预算　　B. 特别公共预算

C. 一般公共预算　　D. 规划外公共预算

参考答案：C

17. 行政单位可处置的国有资产范围不包括（　　）。

A. 闲置资产

B. 未超过使用年限无法使用的资产

C. 盘亏、呆账及非正常损失的资产

D. 因技术原因并经过科学论证，确需报废、淘汰的资产

参考答案：B

18. 对现有排污单位取得排污权，采取（　　）出让方式。

A. 定额　　B. 市场公开

C. 合同约定　　D. 招标、拍卖、挂牌

参考答案：A

19. 石油特别收益金实行（　　）。

A. 按月计算、按月申报，按月缴纳

B. 按季计算、按季申报，按季缴纳

C. 按月计算、按月申报，按季缴纳

D. 按月计算、按季申报，按月缴纳

参考答案：D

20.《中华人民共和国公务员法》规定，除原系领导成员外的其他公务员在离职（　　）内，不得到与原工作业务直接相关的企业或者其他营利性组织任职，不得从事与原工作业务直接相关的营利性活动。

A. 一年　　B. 两年　　C. 三年　　D. 五年

参考答案：B

得分	评卷人

二、多项选择题（共15题，每小题2分，共30分。下列各题选项中，至少有两个选项是正确的，多选、少选和错选均不给分。请将正确选项的字母标号填在下表相应题号下。）

题号	1	2	3	4	5	6	7	8
答案								
题号	9	10	11	12	13	14	15	
答案								

1. 下列各项中不属于非税收入的有（　　）。

A. 社会保险费

B. 公安罚没款

C. 土地出让收入

D. 计入缴存人个人账户部分的住房公积金

E. 文化事业建设费

参考答案：AD

2. 政府性基金项目自身的使用范围在现阶段主要包括（　　）等方面。

A. 用作担保发行债券　　B. 归还长期贷款本息

C. 直接投入　　D. 应急处置

E. 政府行政成本

参考答案：ABC

3. 下列运输货物中免征港口建设费的有（　　）。

A. 国际过境货物、国际中转货物

B. 空集装箱（商品箱）

C. 大宗粮食、农药等农用品

D. 渔船捕获的鱼鲜以及同行的防腐用冰和盐

E. 邮政包裹

参考答案：AD

4. 所有缴纳增值税、消费税的单位和个人都是缴纳地方附加教育收入的义务人，这些单位和个人包括（　　）。

A. 境内企、事业单位　　B. 中国国籍自然人个人

C. 外籍个人　　D. 外商投资企业

E. 外国企业

参考答案：ABCDE

5. 凡采伐林木的单位和个人按其林木产品销售收入的一定比例缴纳育林基

金，下列各项中属于上述所指林木产品范围的有（　　）。

A. 木材　　B. 竹材

C. 林副产品　　D. 经济林产品

E. 花卉

参考答案：AB

6. 建立住房基金，应在理顺国家、单位用于住房的各种资金渠道的基础上，立足于原有住房资金的转化，逐步使住房资金的来源和使用（　　）。

A. 合理化　　B. 固定化

C. 规范化　　D. 集约化

E. 节约化

参考答案：ABC

7. 下列各项中属于殡葬服务的基本服务的有（　　）。

A. 遗体接运　　B. 遗体防腐

C. 遗体整容　　D. 遗体火化

E. 骨灰寄存

参考答案：ADE

8. 下列各项中属于执行罚没应遵循原则的有（　　）。

A. 法定原则　　B. 公开原则

C. 公正原则　　D. 公平原则

E. “收支两条线”原则

参考答案：ABCE

9. 下列各项中属于对违反治安管理法规行为的罚没收入的有（　　）。

A. 扰乱公共秩序行为的罚没收入

B. 妨害公共安全行为的罚没收入

C. 交通违章罚没收入

D. 侵犯他人人身权利、财产权利行为的罚没收入

E. 妨害社会管理行为的罚没收入

参考答案：ABDE

10. 行政事业性收费的基本特征包括（　　）。

A. 强制性　　B. 无偿性

C. 固定性　　D. 特定性

E. 补偿性

参考答案：ADE

11. 按政府收支预算科目划分，下列各项中属于国有资本经营收入的有（　　）。

A. 国有股股利、股息收入　　B. 国有产权转让收入

C. 国有企业清算收入　　D. 国有资本经营收入退库

E. 国有企业计划亏损补贴

参考答案：ABCDE

12. 捐赠收入资金要坚持公开原则，提高捐赠资金收支的透明度。各单位应建立健全内部规章制度，切实加强对捐赠收入的收缴、使用管理，严禁（　　）捐赠收入，确保捐赠资金按规定的用途合理使用。

A. 转移　　B. 借用

C. 截留　　D. 挪用

E. 滥用

参考答案：ACD

13. 下列情况中不得批准设立行政事业性收费项目的有（　　）。

A. 行政许可收费没有法律依据但有行政法规依据的

B. 行政机关提供行政许可申请书格式文本的

C. 专门面向学生收费的

D. 违反 WTO 规则的

E. 有关部门和单位自行规定颁发证照的

参考答案：BDE

14. 下列用海项目中依法免缴海域使用金的有（　　）。

A. 军事用海

B. 用于政府行政管理目的的公务船舶专用码头用海

C. 非经营性交通基础设施用海

D. 除避风（避难）以外的其他锚地、出入海通道等公用设施用海

E. 遭受自然灾害或者意外事故，经核实经济损失达正常收益 60% 以上的养殖用海

参考答案：ABC

15. 下列各项中属于其他非税收入的有（　　）。

A. 以政府名义接受的捐赠收入　　B. 特许经营收入

C. 中央银行收入　　D. 广告收入

E. 政府利息收入

参考答案：ABCE

得分	评卷人

三、判断题（共 15 题，每小题 1 分，共 15 分。请将答案填在下表相应题号中，正确的填“对”，错误的填“错”。）

题号	1	2	3	4	5	6	7	8
答案								
题号	9	10	11	12	13	14	15	
答案								

1. 税收收入以筹集满足公共需要的资金为目标，属于一般预算收入，不同税收收入均纳入预算统筹安排；非税收入项目所筹集的资金一般具有明确的用途和范围，属于“专款专用”。（　　）

参考答案：对

2. 凡拥有已投入商业运行的压水堆核电机组的核电厂，应当按规定缴纳乏燃料处理处置基金。（　　）

参考答案：错。（说明：拥有已投入商业运行五年以上压水堆核电机组的核电厂，应当按规定缴纳乏燃料处理处置基金。）

3. 小型水库移民扶助基金收入是各省、自治区、直辖市人民政府通过提高辖区内全部销售电量的电价筹集的。（　　）

参考答案：错。[说明：小型水库移民扶助基金收入是各省、自治区、直辖市人民政府通过提高辖区内全部销售电量（扣除农业生产用电）的电价筹集的。]

4. 教育费附加、地方教育附加属于增值税的附加税费，因此，只要缴纳增值税，则必须缴纳相应的教育费附加和地方教育附加。（　　）

参考答案：错。[说明：小规模纳税人增值税起征点为按月销售额达到3万（按季销售额达到9万），而教育费附加、地方教育附加的起征点为按月销售额超过10万元（按季销售额超过30万元）。]

5. 油价调控风险准备金的缴纳义务人为中华人民共和国境内生产、委托加工和进口汽油、柴油、润滑油等成品油生产经营企业。（　　）

参考答案：错。（说明：缴纳义务人为中华人民共和国境内生产、委托加工和进口汽油、柴油的成品油生产经营企业。）

6. 廉租住房租金用于维护开支范围，包括廉租住房在预定使用期限内正常使用所必须的修理、养护等开支；用于管理开支范围，包括支付廉租住房环境综合治理、绿化、卫生等物业管理费用开支，以及用于支付廉租住房公用水费、电费等开支。（　　）

参考答案：对

7. 防空地下室易地建设费收入属于预算内资金，应全额缴入预算内资金财政专户，实行“收支两条线”管理。（　　）

参考答案：错。（说明：防空地下室易地建设费收入属于预算外资金，应全额缴入预算外资金财政专户。）

8. 罚没收入按照财政收入预算科目设置分类，可分为一般罚没收入、缉私罚没收入、缉毒罚没收入。（ ）

参考答案：对

9. 对中医诊所超出备案范围开展医疗活动检查，发现违法行为的，由所在地县级人民政府中医药主管部门责令改正，没收违法所得，并处一万元以上五万元以下罚款。（ ）

参考答案：错。（说明：对中医诊所超出备案范围开展医疗活动罚没，由所在地县级人民政府中医药主管部门责令改正，没收违法所得，并处一万元以上三万元以下罚款。）

10. 国有资产有偿使用收入是指国家机关、事业单位及其他组织将其占有使用的固定资产、流动资产、无形资产，通过处置、租赁、对外合作、对外服务、对外投资和担保等形式取得的收入。（ ）

参考答案：对

11. 国有企业上缴利润收入具有无偿性和一定程度的强制性，但不具有固定性。（ ）

参考答案：对

12. 政府财政资金产生的利息收入是指税收和非税收产生利息收入，按照中国人民银行规定计息，统一纳入政府非税收入的管理范围。（ ）

参考答案：对

13. 行政事业性收费项目的设立实行中央、省、市三级审批制度。（ ）

参考答案：错。（说明：行政事业性收费项目的设立实行中央和省两级审批制度。）

14. 罚金，是行政处罚手段之一，是行政执法单位对违反行政法规的个人和单位给予的行政处罚。它不需要经人民法院判决，只要行政执法单位依

据行政法规的规定，作出处罚决定即可执行。(　　)

参考答案：错。(说明：罚款，是行政处罚手段之一，是行政执法单位对违反行政法规的个人和单位给予的行政处罚。)

15. 中央企业当年应交利润应当在申报日起 4 个月内一次性交清。(　　)

参考答案：错。[说明：中央企业当年应交利润应当在申报日起 4 个月内交清，其中：应交利润在 10 亿元以下（含 10 亿元）的，须一次交清；应交利润在 10 亿元以上、50 亿元以下（含 50 亿元）的，可分两次交清；应交利润在 50 亿元以上的，可分三次交清。]

得分	评卷人

四、计算题（共 3 题，每小题 5 分，共 15 分）

1. 某电视机生产企业 2018 年 7—9 月销售电视机 10 000 台，取得销售收入 3 000 万元。请计算缴纳废弃电器电子产品处理基金并编制会计分录。

参考答案：10 月应申报废弃电器电子产品处理基金 =10 000 × 13= 130 000（元）。

会计分录：

借：生产成本　　130 000

　贷：应交税费——应交废弃电器电子产品处理基金　　130 000

借：应交税费——应交废弃电器电子产品处理基金　　130 000

　贷：银行存款　　130 000

2. 2018 年 8 月，老王工资为 3 000 元，所在的企业 2017 年度工资总额为 135 000 元。企业所在统筹地区实施用人单位及个人的失业保险费率统一，均为 0.5%。

问：老王 2018 年 8 月需要缴纳多少失业保险费？老王所在的企业 2017 年需要缴纳多少失业保险费？（企业所在统筹地区在岗职工月平均工

资为 4 500 元。）

参考答案：老王 2018 年 8 月需要缴纳失业保险费 =3 000 × 0.5%= 15（元）。

老王所在的企业 2017 年需要缴纳失业保险费 =135 000 × 0.5%= 675（元）。

3. 某市区一家广告设计公司，为增值税一般纳税人，2018 年 8 月发生业务如下：购进广告印刷用纸 10 万元，取得增值税专用发票，税款为 16 000 元；为一竹制品企业设计制作广告，取得广告收入 40 万元，开具增值税专用发票，税款为 24 000 元。9 月申报期，该广告设计公司申报缴纳增值税 8 000 元。请分别计算该公司应缴纳税费中属于专项收入的应纳费额。

参考答案：该公司需缴纳的文化事业建设费、教育费附加、地方教育附加属于政府非税收入中的专项收入。

应缴纳文化事业建设费 =（400 000+24 000）× 3%=12 720（元）；

应缴纳教育费附加 =8 000 × 3%=240（元）；

应缴纳地方教育附加 =8 000 × 2%=160（元）。

得分	评卷人

五、案例分析题（共 2 题，每小题 10 分，共 20 分）

1. 2018 年 1 月 15 日，违法行为人芦某以信访为由采取拉横幅的方式扰乱新乡市政府单位秩序，根据《中华人民共和国治安管理处罚法》第二十三条第一款第（一）项之规定，芦某被新乡市公安局南环分局以扰乱单位秩序行政拘留 10 日，处以罚款 500 元。该笔罚款属于什么类型的罚没收入？

参考答案：扰乱公共秩序行为是指扰乱国家机关、企事业单位、社会团体的生产秩序、经营秩序、教学科研秩序、医疗卫生秩序以及公共场所的活动秩序、公共交通秩序、人民群众的生活秩序等行为。是行为人扰乱公共秩序行为不够刑事处罚，公安机关依照《中华人民共和国治安管理处罚法》和其他法律法规的规定进行罚没处罚而取得的收入，所以该笔罚款为扰乱公共秩序行为的罚没收入。

2. A 广告公司 2018 年 8 月收讫广告服务收入，价税合计 100 万元，取得广告发布者 B 开具的价税合计 30 万元的增值税专用发票，取得 C 广告公司增值税普通发票，金额 5 万元。请计算 A 公司 9 月申报期内应缴的文化事业建设费，并填写《文化事业建设费申报表》。

参考答案：应缴文化事业建设费 =（100−30−5）×3%=1.95（万元）。

填写完成的《文化事业建设费申报表》如下表所示。

文化事业建设费申报表

缴纳人识别号：

缴纳人名称（公章）： 金额单位：元（列至角分）

费款所属期：2018 年 8 月 1 日至 2018 年 8 月 31 日 填表日期：2018 年 9 月 日

<table>
<tr><th colspan="3">项　目</th><th>栏　次</th><th>本月（期）数</th><th>本年累计</th></tr>
<tr><td rowspan="2">计费收入</td><td colspan="2">应征收入</td><td>1</td><td>1 000 000.00</td><td></td></tr>
<tr><td colspan="2">免征收入</td><td>2</td><td></td><td></td></tr>
<tr><td rowspan="8">费额计算</td><td colspan="2">减除项目期初金额</td><td>3</td><td></td><td>——</td></tr>
<tr><td colspan="2">减除项目本期发生额</td><td>4</td><td>350 000.00</td><td></td></tr>
<tr><td rowspan="2">本期减除额</td><td>应征收入减除额</td><td>5</td><td>350 000.00</td><td></td></tr>
<tr><td>免征收入减除额</td><td>6</td><td></td><td></td></tr>
<tr><td colspan="2">减除项目期末余额</td><td>7=3+4−5−6</td><td></td><td></td></tr>
<tr><td colspan="2">计费销售额</td><td>8=1−5</td><td>650 000.00</td><td></td></tr>
<tr><td colspan="2">费率</td><td>9</td><td>3%</td><td>——</td></tr>
<tr><td colspan="2">应缴费额</td><td>10=8×9</td><td>19 500.00</td><td></td></tr>
</table>

应税服务扣除项目清单

缴纳义务人识别号：

缴纳义务人名称（公章）：　　　　　　金额单位：元（列至角分）

费款所属期：2018 年 8 月 1 日至 2018 年 8 月 31 日　　　　填表日期：2018 年 9 月　日

开票方纳税人识别号	开票方单位名称	服务项目名称	凭证种类	凭证号码	金额
A	B	发布费	增值税专用发票		300 000.00
A	C	发布费	增值税普通发票		50 000.00
合计	——	——	——	——	350 000.00

非税收入知识测试试卷二

（考试时间：120 分钟）

题号	一	二	三	四	五	总分	核分人
得分							

得分	评卷人

一、单项选择题（共 20 题，每小题 1 分，共 20 分。在每小题列出的选项中只有一个选项是最符合题意的，请将正确选项填在下表相应题号中。）

题号	1	2	3	4	5	6	7	8	9	10
答案										
题号	11	12	13	14	15	16	17	18	19	20
答案										

1. 政府非税收入票据的主管机关是（　　）。

A. 各级财政部门　　B. 各级税务部门

C. 各级检察机关　　D. 各级人民政府

参考答案：A

2. 以“成本补偿”为原则制定政府性收费标准，规定非税收入收费不能以营利为目的的国家是（　　）。

A. 美国　　B. 中国　　C. 澳大利亚　　D. 韩国

参考答案： C

3. 下列各项中不属于铁路建设基金使用范围的是（　　）。

A. 购置铁路机车车辆

B. 国家计划内的小型铁路项目建设

C. 建设项目的铺底资金

D. 经国务院同意的用于解决铁路科研、文教、卫生、职工住宅等非生产性建设支出

参考答案： B

4. 社会保险基金按险种分别建账，（　　）。

A. 分账核算，专款专用，自求平衡，不得相互挤占和调剂

B. 统一核算，专款专用

C. 统一核算，自求平衡

D. 分账核算，相互调剂

参考答案： C

5. 当事人申请司法救助，下列情形中，属于人民法院应当准予减交诉讼费用的是（　　）。

A. 国家规定的优抚、安置对象　　B. 最低生活保障对象

C. 无固定生活来源的残疾人　　D. 农村特困定期救济对象

参考答案： A。（说明：BCD 属于免交诉讼费用的情形。）

6. 住房公积金管理中心的管理费用，由住房公积金管理中心按照规定的标准编制全年预算支出总额，报本级人民政府财政部门批准后，从住房公积金增值收益中上交本级财政，由（　　）拨付。

A. 上级财政　　B. 本级财政

C. 中央财政　　D. 上级公积金管理中心

参考答案： B

7. 某企业受让一块经营性房地产用地，企业已经签订国有土地使用权出让

合同，合同出让金总额 1 000 万元，但受让后土地长期闲置，按规定应按月缴纳土地闲置费，该企业每月应缴纳土地闲置费（　　）万元。

A. 4　　B. 8　　C. 12　　D. 16

参考答案：C。经营性房地产用地为合同出让金总额的 1.2%。

8. 扰乱公共秩序的行为情节较严重的应（　　）。

A. 处 5 日以上 10 日以下拘留，可以并处 500 元以下罚款

B. 处 10 日以上 15 日以下拘留，并处 500 元以上 1 000 元以下罚款

C. 处 5 日以上 10 日以下拘留，并处 200 元以上 500 元以下罚款

D. 处 10 日以上 15 日以下拘留，并处 500 元以上 2 000 元以下罚款

参考答案：A

9. 转让政府还贷道路收费权收入必须缴入（　　），除用于偿还贷款和有偿集资款外，必须用于公路建设。

A. 国库　　B. 省财政　　C. 市财政　　D. 县财政

参考答案：A

10. 以政府名义接受的非定向捐赠收入属于（　　），是政府财政收入的一部分，属于国家财政资金，必须全额上缴财政，纳入预算管理。

A. 税收收入　　B. 政府非税收入

C. 政策收入　　D. 利润收入

参考答案：B

11. 社会保障的本质是一种社会福利。应该说社会保障是一项共济性事业。其基本特征有三个：强制性、基本性、（　　）。

A. 公益性　　B. 稳定性　　C. 社会性　　D. 明确性

参考答案：B

12. 根据《国务院关于完善企业职工基本养老保险制度的决定》，为与做实个人账户衔接，从 2006 年 1 月 1 日起，个人账户的规模统一由本人缴费工资的 11% 调整为（　　），全部由个人缴费形成，单位缴费不再划入个

人账户。

A. 4%　　B. 5%　　C. 8%　　D. 20%

参考答案：C

13.《关于加强城镇职工基本医疗保险个人账户管理的通知》规定，人力资源社会保障部门对违反规定向参保职工提供医疗保障以外产品或服务的定点医疗机构和定点零售药店，要按有关规定和定点协议进行处理，情节严重的要（　　）。

A. 严厉批评　　B. 限期整改

C. 暂停其定点资格　　D. 取消其定点资格

参考答案：D

14. 中央企业当年应交利润应当在申报日起（　　）个月内交清。

A. 1　　B. 2　　C. 3　　D. 4

参考答案：D

15. 捐赠收入是政府非税收入的有效补充，按来源可分为国内捐赠和国外捐赠，国内捐赠是来自国内单位和个人的捐赠收入，国外捐赠是来自外国政府和（　　）的捐赠收入。

A. 个人　　B. 企业

C. 非政府机构　　D. 社会组织

参考答案：C

16. 申请人应当自收到仲裁委员会受理通知书之日起（　　）日内，按照仲裁案件受理费表的规定预交案件受理费。被申请人在提出反请求的同时，应当按照仲裁案件受理费表的规定预交案件受理费。

A. 5　　B. 10　　C. 15　　D. 20

参考答案：C

17. 国有资本应交利润的申报时间为每年（　　）前。

A. 3 月 31 日　　B. 4 月 30 日　　C. 5 月 31 日　　D. 6 月 30 日

参考答案：C

18. 下列航空旅客中不可免征民航发展基金的是（　　）。

A. 持外交护照乘坐国际及地区航班出境的旅客

B. 10 岁的乘机儿童

C. 乘坐国内支线航班的旅客

D. 公务出行的政府工作人员

参考答案：D

19. 王某、许某和陈某等人在厦门成立了一家海上娱乐有限公司，其公司租用厦门某海域 320 公顷，该海域为一等海域，海域使用金征收标准为每公顷 2.25 万元，按年征收，那么该海上游乐有限公司每年需支付海域使用金（　　）万元。

A. 720　　B. 360　　C. 60　　D. 2.25

参考答案：A。（说明：海域使用金 = 使用海域面积 × 海域使用金征收标准 =320 公顷 ×2.25 万元 / 公顷 =720 万元。）

20.A 广告公司 2018 年 8 月收讫广告服务收入，价税合计 100 万元，取得广告发布者 B 开具的价税合计 30 万元的增值税专用发票，取得 C 广告公司增值税普通发票，金额 5 万元。A 公司 9 月申报期内应缴文化事业建设费（　　）万元。

A. 3　　B. 1.95　　C. 2.1　　D. 2.85

参考答案：B。[说明：应缴文化事业建设费 =（100−30−5）×3%=1.95（万元）。]

得分	评卷人

二、多项选择题（共 15 题，每小题 2 分，共 30 分。下列各题选项中，至少有两个选项是正确的，多选、少选和错选均不给分。请将正确选项的字母标号填在下表相应题号下。）

题号	1	2	3	4	5	6	7	8
答案								
题号	9	10	11	12	13	14	15	
答案								

1. 下列各项中符合国际上对政府收入分类的标准有（ ）。

A. 经常性收入　　B. 非税收入

C. 资本收入　　D. 赠与收入

参考答案：ACD。（说明：国际上对政府收入的分类有经常性收入、资本收入、赠与收入三大类，其中经常性收入又分为税收收入和非税收入，而国外非税收入是政府经常性收入之中的一个概念。）

2. 下列运输货物中免征港口建设费的有（ ）。

A. 国际过境货物、国际中转货物

B. 空集装箱（商品箱）

C. 大宗粮食、农药等农用品

D. 渔船捕获的鱼鲜以及同行的防腐用冰和盐

参考答案：AD

3. 中央水利建设基金的来源有（ ）。

A. 从车辆购置税收入中定额提取

B. 从车船税收入中定额提取

C. 从铁路建设基金收入中提取 3%

D. 从港口建设费收入中提取 3%

参考答案：ACD

4. 建立住房基金，应在理顺国家、单位用于住房的各种资金渠道的基础上，立足于原有住房资金的转化，逐步使住房资金的来源和使用（ ）。

A. 合理化　　B. 固定化　　C. 规范化　　D. 集约化

参考答案：ABC

5. 下列各社会公益性号码中免收码号资源占用费的有（　　）。

A. 火灾报警电话 119　　B. 急救服务电话 120

C. 号码查询电话 114　　D. 交通事故报警电话 122

参考答案：ABD。（说明：匪警电话 110、火灾报警电话 119、急救服务电话 120、交通事故报警电话 122、123 系列以及其他公益服务电话免收码号资源占用费。）

6. 下列各项中属于执行罚没应遵循原则的有（　　）。

A. 法定原则　　B. 公开原则

C. 公正原则　　D. “收支两条线”原则

参考答案：ABCD

7. 根据相关文件规定，以政府名义接受的捐赠收入是指以（　　）名义接受的非定向捐赠货币收入。

A. 各级政府

B. 国家机关

C. 实行公务员管理的事业单位

D. 代行政府职能的社会团体及其他组织

参考答案：ABCD

8. 下列新建民用建筑项目中免收防空地下室易地建设费的有（　　）。

A. 享受政府优惠政策建设的廉租房、经济适用房等居民住房

B. 临时民用建筑和不增加面积的危房翻新改造商品住宅项目

C. 新建幼儿园、学校教学楼、养老院及为残疾人修建的生活服务设施等民用建筑

D. 因遭受水灾、火灾或其他不可抗拒的灾害造成损坏后按原面积修复的民用建筑

参考答案：BD

9. 下列关于教育费附加优惠政策的说法中正确的有（　　）。

A. 三峡工程建设基金免征教育费附加

B. 政府性基金免征教育费附加

C. 对从事生产卷烟和经营烟叶产品的单位免征教育费附加

D. 月营业额 10 万元的纳税人免征教育费附加

参考答案：AD

10. 下列专项收入中从土地出让收益中计提的有（　　）。

A. 教育资金收入　　B. 农田水利建设资金收入

C. 育林基金收入　　D. 森林植被恢复费

参考答案：AB

11. 下列各项中不属于检察院罚没收入的有（　　）。

A. 扰乱公共秩序行为的罚没收入　　B. 撤销案件没收的存款、汇款收入

C. 没收财产收入　　D. 追缴非法所得收入

参考答案：ACD

12. 下列项目投资中主要由中央水利建设基金和地方水利建设基金共同负担的有（　　）。

A. 跨流域、跨省重大水利建设工程

B. 跨国河流、国界河流我方重点防护工程的治理

C. 省内水利工程建设

D. 关系经济社会发展全局的重点水利工程建设

参考答案：AB

13. 领取失业保险金的相关期限及待遇为（　　）。

A. 失业人员失业前用人单位和本人累计缴费满 1 年不足 5 年的，领取失业保险金的期限最长为 12 个月

B. 累计缴费满 5 年不足 10 年的，领取失业保险金的期限最长为 18 个月

C. 累计缴费 10 年以上的，领取失业保险金的期限最长为 24 个月

D. 重新就业后再次失业的，缴费时间重新计算，最长不超过 24 个月

参考答案：ABC

14. 按政府收支预算科目划分，国有资本经营收入包括（　　）。

A. 利润收入　　B. 国有股股利、股息收入

C. 国有产权转让收入　　D. 企业清算收入

参考答案：ABCD

15. 职工因某些情形导致本人在工作中伤亡的，不认定为工伤。这些情形包括（　　）。

A. 丧失享受待遇条件的　　B. 故意犯罪的

C. 醉酒或者吸毒的　　D. 拒不接受劳动能力鉴定的

参考答案：BC

得分	评卷人

三、判断题

（共 15 题，每小题 1 分，共 15 分。请将答案填在下表相应题号中，正确的填“对”，错误的填“错”。）

题号	1	2	3	4	5	6	7	8
答案								
题号	9	10	11	12	13	14	15	
答案								

1. 利用政府信誉取得的非税收入，其最显著特征是满意度、客观性，即社会和群众对政府的满意度，对政府遵从承诺的意愿、能力、行为的评价，既考虑群众的看法和态度，也强调客观后果。（　　）

参考答案：错。（说明：利用政府信誉取得的非税收入，其最显著特征是信任性、客观性。）

2. 城市基础设施配套费是城市人民政府有关部门强制征收用于城市基础设

施建设的专项资金，属于行政事业性收费。(　　)

参考答案：错。(说明：城市基础设施配套费是城市人民政府有关部门强制征收用于城市基础设施建设的专项资金，其在性质上不属于行政事业性收费，而属于政府性基金。)

3. 地方教育附加收入是指各个省按规定征收的专门用于支持地方教育事业发展的专项基金，属地方收入科目，其多征、减征、缓征、停征由各省自行决定。

参考答案：错。(说明：未经财政部或国务院批准，不得擅自多征、减征、缓征、停征。)

4. 住房公积金增值收益全额存入公积金中心在受委托银行开设的住房公积金增值收益专户。住房公积金增值收益专户产生的利息收入全额计入住房公积金增值收益。(　　)

参考答案：对

5. 外交部门的行政事业性收费有认证费(不含加急费)、签证费和驻外使领馆收费。(　　)

参考答案：错。(说明：含加急费。)

6. 诉讼费是指民事、行政等案件的当事人向人民法院提请诉讼或申请执行，依照法律规定缴纳的案件受理费、申请费和其他诉讼费。(　　)

参考答案：对

7. 罚款的标准，有无限额罚款、限额罚款、倍数罚款和比例罚款。(　　)

参考答案：错。(说明：不包括无限额罚款。)

8. 对中医诊所超出备案范围开展医疗活动检查，发现违法行为的由所在地县级人民政府中医药主管部门责令改正，没收违法所得，并处一万元以上三万元以下罚款。(　　)

参考答案：对

9. 原油和天然气的矿区使用费，由财政部门负责征收管理。(　　)

参考答案：错。（说明：由税务机关负责征收管理。）

10. 政府性捐赠收入的使用，必须严格按照国家规定的用途，但可按实际情况灵活使用，不必专款专用。（　　）

参考答案：错。

11. 防空地下室易地建设费收入属于预算内资金，应全额缴入预算内资金财政专户，实行“收支两条线”管理。（　　）

参考答案：错。（说明：属于预算外资金，应全额缴入预算外资金财政专户。）

12. 会计师事务所、律师事务所、资产评估机构等中介服务机构未勤勉尽责，所出具的文件有虚假记载、误导性陈述或者重大遗漏的，责令改正，没收业务收入，暂停或者撤销相关业务许可，并处业务收入 1 倍以上 10 倍以下的罚款。（　　）

参考答案：错。（说明：1 倍以上 5 倍以下的罚款。）

13. 中央银行收入包括中央银行按规定上缴国家的利润收入以及其他收入。其他收入指的是中国人民银行开展其他各项业务活动取得的收入。（　　）

参考答案：对。

14. 从事井下、高空、高温、特别繁重体力劳动或者其他有害身体健康的工作，男年满 50 周岁、女年满 45 周岁，连续工龄满 10 年的，达到法定退休年龄。（　　）

参考答案：错。（说明：从事井下、高空、高温、特别繁重体力劳动或者其他有害身体健康的工作，男年满 55 周岁、女年满 45 周岁，连续工龄满 10 年的。）

15. 目前，公务员和参照公务员法管理的工作人员也已纳入失业保险范围。（　　）

参考答案：错。（说明：目前，公务员和参照公务员法管理的工作人员未纳入失业保险范围。）

得分	评卷人

四、案例分析题（共 11 分，第 1 题 5 分，第 2 题 6 分）

1. 请简述彩票发行机构、彩票销售机构的业务费和彩票公益金的区别。

参考答案：相同点：（1）均属于政府性基金预算收入；（2）计费依据相同，均从彩票销售收入中按照一定比例计提。

不同点：（1）概念不同。彩票发行机构和彩票销售机构的业务费用反映彩票发行机构和彩票销售机构上缴财政的业务费用；彩票公益金收入是指按照国家规定发行彩票销售收入扣除返奖奖金、发行经费后的净收入。（2）缴费对象不同。彩票发行机构和彩票销售机构的业务费用缴费对象为彩票发行机构、彩票销售机构；彩票公益金的缴费对象是彩票销售机构。（3）用途不同。彩票发行机构、彩票销售机构的业务费，专项用于彩票发行销售活动；彩票公益金专项用于社会福利、体育等社会公益事业，不得用于平衡财政一般预算。（4）征收管理不同。彩票发行机构、彩票销售机构应当于每月 15 日前，将上月提取的业务费按规定分别上缴中央财政专户和省级财政专户；彩票公益金为彩票销售机构于每月 5 日前向驻在地专员办报送《上缴中央财政的彩票公益金申报表》及相关材料，申报上月彩票销售金额和应上缴中央财政的彩票公益金金额，于每月 15 日前，按照《非税收入一般缴款书》载明的缴款金额上缴中央财政。

2. 近年来，高等学校违规收费现象屡见不鲜，国家发展改革委等七部委高度重视，在全国部署开展教育收费专项检查行动。在检查工作中，发现部分高校存在如下违规收费情况：（1）某高校 2017 年应招计划内研究生 822 人，实招 656 人，少招 166 人；计划外应招 120 人，实招 306 人，多招 186 人。即该校将 166 名计划内研究生转为计划外并收费，扩大范围收取 220 余万元。（2）某高校未经有权机关审批，自定标准收取第二专业学费，2017 年收取 269 230 元。（3）某高校对八人间宿舍按六人间宿舍标准向学生收取住宿费用，应收每生每年 600 元，实收每生每年 800 元，2016—2017 年超标准收取住宿费 716 400 元；另外该高校利用校园卡收取补办卡手续费，每张卡在补办过程中按 22～23.5 元向学生收取费用，2016—2017 年 9 月间获取差额 20 620 元。（4）某高校以每卡 11 元的标准向学生收取饭卡费（初次办卡的费用），2016—2017 年共计收取 109 263 元。

要求：根据发现的违规收费情况指出具体违反行政事业性收费的行为。

参考答案：

（1）高校按照国家有关法规和政策规定，向经教育行政部门批准招收的各类普通、成人和高等函授教育本专科（高职）生，预科生，专升本学生……各类国家没有安排财政拨款的研究生（包括专业学位研究生，在职攻读硕士、博士学位研究生，申请硕士、博士学位的同等学力人员，示范性软件学院工程硕士研究生，委托培养、自筹经费硕士、博士研究生，研究生课程进修班学生等）；以本硕连读、本硕博连读形式学习的本科阶段的学生……收取学费。计划内研究生属于国家安排财政拨款（国家安排财政拨款不以财政是否真实拨款、是否按人头拨款等为衡量标准，以国家下达的招生计划为准）的研究生，不得收取学费。该高校将计划内研究生名额转为计划外并收费，属于扩大范围收费行为。

（2）高校学费标准按属地化原则管理。国家现行高校收费政策有规定的，执行现行规定；没有规定的，由省级教育行政部门综合考虑实际成本、当地经济发展水平和居民经济承受能力等因素提出意见，报同级价格、财政部门审核，并经省级人民政府批准后执行。该高校未经有权机关审批，自行收取第二专业学费，违反规定，属于违规收费行为。

（3）学校为学生提供的住宿收费，应严格加以控制。住宿费收费标准必须严格按照实际成本确定，不得以营利为目的。该高校对住宿费按照住宿条件划分等级制定相应的收费标准，学校未达到相应等级条件按该等级标准收费，属于超标准收费行为；该高校获取补办卡收益的行为违反非赢利原则，属于违规收费行为。

（4）高等学校除收取学费和住宿费以外，未经财政部、国家发展改革委、教育部联合批准或省级人民政府批准，不得再向学生收取任何费用。如押金、保证金和各类证、卡工本费等，该校收取饭卡（初次办卡）费行为属于自立项目收费，构成违规收费行为。

得分	评卷人

五、计算题（共 2 题，每题 12 分，共 24 分）

1. 2018 年 8 月，老王工资为 3 000 元，所在的企业 2017 年度工资总额为 135 000 元。所在企业属于《国民经济行业分类》二类中等风险行业。企业所在统筹地区社会保险经办机构在行业基准费率的基础上，上浮第一档。

问:（1）老王 2018 年 8 月需要缴纳多少工伤保险费？

（2）老王所在的企业 2017 年需要缴纳多少工伤保险费？（企业所在统筹地区在岗职工月平均工资为 4 500 元。）

参考答案：

（1）根据《工伤保险条例》第七条“工伤保险基金由用人单位缴纳的工伤保险费、工伤保险基金的利息和依法纳入工伤保险基金的其他资金构成”的规定，老王 2018 年 8 月不需要缴纳工伤保险费。

（2）2017 年老王所在的企业 2017 年需要缴纳工伤保险费 = 135 000 × 120% × 0.4%=108（元）。

计算依据是《关于调整工伤保险费率政策的通知》（人社部发〔2015〕71 号）第二条“关于行业差别费率及其档次确认”中“不同工伤风险类别的行业执行不同的工伤保险行业基准费率。各行业工伤风险类别对应的全国工伤保险行业基准费率为，一类至八类分别控制在该行业用人单位职工工资总额的 0.2%、0.4%、0.7%、0.9%、1.1%、1.3%、1.6%、1.9% 左右。

通过费率浮动的办法确定每个行业内的费率档次。一类行业分为三个档次，即在基准费率的基础上，可向上浮动至 120%、150%，二类至八类行业分为五个档次，即在基准费率的基础上，可分别向上浮动至 120%、150% 或向下浮动至 80%、50%”的规定。

2. 某市区一家广告设计公司，为增值税一般纳税人，2018 年 8 月发生业务如下：购进广告印刷用纸 10 万元，取得增值税专用发票，税款为 16 000 元，为一竹制品企业设计制作广告，取得广告收入 40 万元，开具增值税专用发票，税款为 24 000 元。9 月申报期，该广告设计公司申报缴纳增值税 8 000 元，请据此回答下列问题：

（1）该公司需要缴纳的税费中哪些属于政府非税收入中的专项收入？

（2）该公司所缴纳的专项收入其作用是什么？

（3）请分别计算该公司缴纳专项收入的应纳费额。

参考答案：

（1）该公司需缴纳的文化事业建设费、教育费附加、地方教育附加属于政府非税收入中的专项收入。

（2）文化事业建设费是用于加强社会主义精神文明建设、促进文化事业健康发展的专项基金；教育费附加的作用是发展地方性教育事业，扩大地方教育经费的资金来源；地方教育附加是用于支持地方教育事业发展的专项基金。

（3）文化事业建设费 =（400 000+24 000）× 3%=12 720 元；

应缴教育费附加 =8 000 × 3%=240（元）；

应缴地方教育附加 =8 000 × 2%=160（元）。

非税收入知识测试试卷三

（考试时间：120 分钟）

题号	一	二	三	四	五	总分	核分人
得分							

得分	评卷人

一、单项选择题（共 20 题，每小题 1 分，共 20 分。在每小题列出的选项中只有一个选项是最符合题意的，请将正确选项填在下表相应题号中。）

题号	1	2	3	4	5	6	7	8	9	10
答案										
题号	11	12	13	14	15	16	17	18	19	20
答案										

1. 下列各项中不属于政府非税收入管理范围的是（　　）。

A. 国有资产有偿使用收入　　B. 国有资本经营收益

C. 彩票公益金　　D. 住房公积金

参考答案：D

2. 非竞争性和非排他性是公共物品区分于私人物品的主要标志，据此，进一步推演出公共物品的基本特征，下列各项中不属于公共物品特征的是（　　）。

A. 提供目的的营利性　　B. 收费的非排他性

C. 提供成本的非竞争性　　　　　　D. 效用的不可分割性

参考答案：A

3. 下列收入中不属于政府性基金收入的是（　　）。

A. 三峡水库库区基金收入

B. 育林基金收入

C. 废弃电器电子产品处理基金收入

D. 港口建设费收入

参考答案：B

4. 征收农网还贷资金的电网经营企业，按年征收额提取的手续费，并记入企业的（　　）科目。

A. "主营业务成本"　　　　　　B. "其他应付款"

C. "应付工资"　　　　　　D. "财务费用"

参考答案：C

5. 下列关于政府专项收入用途的说法中错误的是（　　）。

A. 教育费附加收入用于支持中央教育事业发展

B. 地方教育附加收入用于支持地方教育事业发展

C. 场外核应急准备收入用于应对核电厂事故发生的应急准备

D. 文化事业建设费收入用于加强社会主义精神文明建设、促进文化事业健康发展

参考答案：A

6. 自工商登记注册之日起（　　）年内，对安排参加人就业未达到规定比例、在职职工总数（　　）人（含）以下的小微企业，免征保障金。

A. 2 年，20 人　　　　　　B. 2 年，30 人

C. 3 年，20 人　　　　　　D. 3 年，30 人

参考答案：C

7. 住房基金是指按国家政策法规和财务制度规定，由国家财政和单位共同

筹集，用于住房建设、(　　)、管理以及资助职工建立住房公积金等方面的专项资金。

A. 建造　　B. 维修　　C. 改装　　D. 重建

参考答案：B

8. 服务中心接受当事人委托，代办签证，必须在受理后的（　　）个工作日内，将代办文件送达有关外国（地区）驻华使（领）馆，负责及时取回，并通知当事人领取。

A. 1　　B. 2　　C. 3　　D. 4

参考答案：B

9. 码号资源占用费按月计费、按季度缴纳。电信业务经营者应在每季度第1个月（　　）前缴纳上季度的码号资源占用费。

A. 3 日　　B. 5 日　　C. 10 日　　D. 15 日

参考答案：C

10. 当事人申请司法救助，下列情形中，属于人民法院应当准予减交诉讼费用的是（　　）。

A. 国家规定的优抚、安置对象　　B. 最低生活保障对象

C. 无固定生活来源的残疾人　　D. 农村特困定期救济对象

参考答案：A。（说明：BCD 选项属于免交诉讼费用的情形。）

11.（　　）是形成财政收入的最基本形式。

A. 国债　　B. 罚没收入　　C. 上交利润　　D. 税收

参考答案：D

12. 扰乱公共秩序的行为情节较严重的应（　　）。

A. 处 5 日以上 10 日以下拘留，可以并处 500 元以下罚款

B. 处 10 日以上 15 日以下拘留，并处 500 元以上 1 000 元以下罚款

C. 处 5 日以上 10 日以下拘留，并处 200 元以上 500 元以下罚款

D. 处 10 日以上 15 日以下拘留，并处 500 元以上 2 000 元以下罚款

参考答案：A

13. 转让政府还贷道路收费权收入必须缴入（　　），除用于偿还贷款和有偿集资款外，必须用于公路建设。

A. 国库　　B. 省财政　　C. 市财政　　D. 县财政

参考答案：A

14. 中央企业当年应交利润应当在申报日起（　　）个月内交清。

A. 1　　B. 2　　C. 3　　D. 4

参考答案：D

15. 特许经营收入属于（　　）收入。

A. 特殊公共预算　　B. 特别公共预算

C. 一般公共预算　　D. 规划外公共预算

参考答案：C

16. 广告收入的缴费对象是（　　）。

A. 利用广告盈利者　　B. 广告制作、发布者

C. 广告投放者　　D. 无线电频率（频谱）资源使用者

参考答案：D

17. 违章罚款必须在当日起（　　）天内缴清罚款，否则逾期会被收取每日（　　）的滞纳金。滞纳金最高不会超过罚款的总金额。

A. 10，2%　　B. 15，3%　　C. 20，4%　　D. 30，5%

参考答案：B

18. 纳税人未按照规定办理税务登记证件验证或者换证手续的，由税务机关责令限期改正，可以处（　　）元以下的罚款；情节严重的，处（　　）的罚款。

A. 1 000，1 000 元以上 5 000 元以下

B. 2 000，1 000 元以上 5 000 元以下

C. 2 000，2 000 元以上 1 万元以下

D. 3 000，3 000 元以上 1 万元以下

参考答案：C

19. 海域使用金统一按照用海类型（ ）、海域等别（ ）以及相应的海域使用金征收标准计算征收。

A. 三类，四等　　B. 四类，五等

C. 五类，六等　　D. 六类，七等

参考答案：C

20. 采矿权人应当于每年的（ ）前缴纳上半年的矿产资源补偿费；于下一年度 1 月 31 日前缴纳上一年度下半年的矿产资源补偿费。

A. 5 月 31 日　B. 6 月 30 日　C. 7 月 31 日　D. 8 月 31 日

参考答案：C

得分	评卷人

二、多项选择题（共 15 题，每小题 2 分，共 30 分。下列各题选项中，至少有两个选项是正确的，多选、少选和错选均不给分。请将正确选项的字母标号填在下表相应题号下。）

题号	1	2	3	4	5	6	7	8
答案								
题号	9	10	11	12	13	14	15	
答案								

1. 非税收入管理体制与税收管理体制一样，不仅必须与社会经济基础相适应，也必须与财政经济管理体制相配套。那么根据非税收入管理体制的内涵与内容，非税收入管理应坚持的原则有（ ）。

A. 统一领导、分级（权）管理的原则

B. 权利与义务相结合的原则

C. 财权、财力与事权相匹配的原则

D. 责、权、利相结合的原则

参考答案：ACD

2. 非税收入是为了满足公共物品需求的一种筹资方式，其具有相应的经济理论基础，下列各项中属于非税收入理论基础的有（　　）。

A. 公共财政理论　　B. 公共事业理论

C. 公共物品理论　　D. 公共需求理论

参考答案：AC

3. 下列运输货物中免征港口建设费的有（　　）。

A. 国际过境货物、国际中转货物

B. 空集装箱（商品箱）

C. 大宗粮食、农药等农用品

D. 渔船捕获的鱼鲜以及同行的防腐用冰和盐

E. 邮政包裹

参考答案：AD

4. 下列各项中属于国有土地使用权出让收入使用范围的有（　　）。

A. 青苗补偿费　　B. 支农支出

C. 土地商业开发支出　　D. 城镇廉租住房保障支出

E. 补助被征地农民医疗保障支出

参考答案：ABD

5. 中央水利建设基金的来源有（　　）。

A. 从车辆购置税收入中定额提取

B. 从车船税收入中定额提取

C. 从铁路建设基金收入中提取 3%

D. 从港口建设费收入中提取 3%

E. 从城市维护建设税中划出不少于 15% 的资金

参考答案：ACD

6. 下列项目投资中主要由中央水利建设基金和地方水利建设基金共同负担的有（　　）。

A. 跨流域、跨省重大水利建设工程

B. 跨国河流、国界河流我方重点防护工程的治理

C. 省内水利工程建设

D. 关系经济社会发展全局的重点水利工程建设

E. 港口工程建设

参考答案：AB

7. 建立住房基金，应在理顺国家、单位用于住房的各种资金渠道的基础上，立足于原有住房资金的转化，逐步使住房资金的来源和使用（　　）。

A. 合理化　　B. 固定化

C. 规范化　　D. 集约化

E. 节约化

参考答案：ABC

8. 高等学校学费按学年或学期收取，不得跨学年预收。学费收取实行（　　）原则。

A. 老生新办法　　B. 新生新办法

C. 老生老办法　　D. 新生老办法

参考答案：BC

9. 下列各项中属于执行罚没应遵循原则的有（　　）。

A. 法定原则　　B. 公开原则

C. 公正原则　　D. 公平原则

E. “收支两条线”原则

参考答案：ABCE

10. 交通罚没收入包括（　　）。

A. 对违反《中华人民共和国道路运输条例》行为的罚没收入

B. 对违反《中华人民共和国安全生产法》行为的罚没收入

C. 对违反《交强险条例》行为的罚没收入

D. 对违反《机动车维修管理规定》行为的罚没收入

E. 对违反《道路运输车辆动态监督管理办法》行为的罚没收入

参考答案：ABDE

11. 矿产资源专项收入主要包括（　　）。

A. 矿产资源补偿费收入　　B. 探矿权采矿权使用费收入

C. 探矿权采矿权出让收益　　D. 探矿权采矿权占用费收入

参考答案：ABCD

12. 下列各项中，属于国有资本的特征有（　　）。

A. 国有资本是属于国家的一种财产权利

B. 国有资本是国家向企业实施投资的行为而产生的一种财产权利

C. 国有资本是能不断产生投资回报的一种财产权利

D. 国有资本是可以实施依法转让的一种财产权利

参考答案：ABCD

13. 捐赠收入资金要坚持公开原则，扩大捐赠资金收支的透明度。各单位应建立健全内部规章制度，切实加强对捐赠收入的收缴、使用管理，严禁（　　）捐赠收入，确保捐赠资金按规定的用途合理使用。

A. 转移　　B. 借用

C. 截留　　D. 挪用

E. 滥用

参考答案：ACD

14. 卫生罚没收入包括（　　）。

A. 对违反《中华人民共和国执业医师法》行为的罚没收入

B. 对违反《中华人民共和国药品管理法》行为的罚没收入

C. 对违反《中华人民共和国精神卫生法》行为的罚没收入

D. 对违反《中华人民共和国禁毒法》行为的罚没收入

E. 对违反《中华人民共和国中医药法》行为的罚没收入

参考答案：ABCDE

15. 下列各项中属于免缴无居民海岛使用金范围的有（　　）。

A. 国防用岛　　B. 公务用岛

C. 旅游用岛　　D. 商业用岛

E 教学用岛

参考答案：ABE

得分	评卷人

三、判断题（共15题，每小题1分，共15分。请将答案填在下表相应题号中，正确的填“对”，错误的填“错”。）

题号	1	2	3	4	5	6	7	8
答案								
题号	9	10	11	12	13	14	15	
答案								

1. 政府非税收入包括行政事业性收费、政府性基金、土地国有资源有偿使用收入、国有资产有偿使用收入、国有资本经营收益、彩票公益金、罚没收入、以政府名义接受的捐赠收入、社会保障基金、住房公积金等。（　　）

参考答案：错

2. 利用政府信誉取得的非税收入，其最显著特征是满意度、客观性，即社会和群众对政府的满意度，对政府遵从承诺的意愿、能力、行为的评价，既考虑群众的看法和态度，也强调客观后果。（　　）

参考答案：对

3. 港口所在地交通运管机构具体负责本港口辖区内港口建设费的征收工作。

参考答案：错。（说明：港口所在地海事管理机构具体负责本港口辖区内港口建设费的征收工作。）

4. 小型水库移民扶助基金收入是各省、自治区、直辖市人民政府通过提高辖区内全部销售电量的电价筹集的。

参考答案：错。［说明：小型水库移民扶助基金收入是各省、自治区、直辖市人民政府通过提高辖区内全部销售电量（扣除农业生产用电）的电价筹集的。］

5. 教育费附加、地方教育附加属于增值税的附加税费，因此，只要缴纳增值税，则必须缴纳相应的教育费附加和地方教育附加。

参考答案：错。［说明：小规模纳税人增值税起征点为按月销售额达到3万（按季销售额达到9万），而教育费附加、地方教育附加的起征点为按月销售额超过10万元（按季销售额超过30万元）。］

6. 彩票公益金是按照规定比例从彩票发行销售收入中提取的，专项用于社会福利、体育等社会公益事业的资金。逾期未兑奖的奖金纳入彩票公益金。彩票公益金纳入政府性基金预算管理，专款专用，结余结转下年继续使用。（　　）

参考答案：对

7. 基本服务收费标准，由各地价格主管部门会同有关部门在成本监审或成本调查的基础上，按照营利原则，根据财政补贴情况从严核定，并适时调整。（　　）

参考答案：错。（说明：按照非营利原则。）

8. 工商机关查获企业违法经营行为并进行处罚取得的罚没收入不属于我国预算收入范围。（　　）

参考答案：错。（说明：属于。）

9. 会计师事务所、律师事务所、资产评估机构等中介服务机构未勤勉尽责，所出具的文件有虚假记载、误导性陈述或者重大遗漏的，责令改正，没收业务收入，暂停或者撤销相关业务许可，并处业务收入 1 倍以上 10 倍以下的罚款。(　　)

参考答案：错。(说明：应处 1 倍以上 5 倍以下的罚款。)

10. 国库存款利息，分财政级次、按日库款余额（日积数）累计积数计算，按年结算利息。(　　)

参考答案：错。(说明：按季。)

11. 中央企业当年应交利润在 10 亿元以上、50 亿元以下（含 50 亿元）的，须一次交清。(　　)

参考答案：错。[说明：应交利润在 10 亿元以下（含 10 亿元）的，须一次交清。]

12. 主管部门集中收入主要是指国家机关、实行公务员管理的事业单位、代行政府职能的社会团体及其他组织集中所属事业单位收入，这部分收入必须经同级财政部门批准。(　　)

参考答案：对

13. 重大水利基金在全国范围内筹集，按照各省、自治区、直辖市扣除国家扶贫开发工作重点县农业排灌用电后的全部销售电量和规定征收标准计征。(　　)

参考答案：错。(说明：重大水利基金在除西藏自治区以外的全国范围内筹集，按照各省、自治区、直辖市扣除国家扶贫开发工作重点县农业排灌用电后的全部销售电量和规定征收标准计征。)

14. 期货公司欺诈客户等违法行为，给予没收违法所得，并处违法所得 1 倍以上 5 倍以下的罚款；没有违法所得或者违法所得不足 5 万元的，并处 5 万元以上 50 万元以下的罚款；情节严重的，责令停业整顿或者吊销期货业务许可证。(　　)

参考答案：错。(说明：没有违法所得或者违法所得不足 10 万元的，并处 10 万元以上 50 万元以下的罚款。）

15. 中央与省、直辖市矿产资源补偿费的分成比例为 5 : 5；中央与自治区矿产资源补偿费的分成比例为 4 : 6。（　　）

参考答案：对

得分	评卷人

四、综合分析题（共 3 题，第一题 6 分，第二、三题各 7 分，共 20 分）

1. 影响非税收入结构指标设计的因素有哪些？

参考答案：政府职能因素、财政体制因素、经济发展因素。

（1）政府职能因素：从政府职能范围来看，政府职能范围的大小，决定了非税收入的来源和使用方向。从政府履行职能的方式来看，政府履行其职能的方式对非税收入的来源与使用也有重大影响。

（2）财政体制因素：一方面，高度集权的管理体制，使地方政府取得非税收入的权限较小，非税收入来源就受到限制；另一方面，税收与非税收管理权限划分上的差异以及收支关系处理上的不同，也对非税收入的来源与使用有着重要影响。

（3）经济发展因素：在经济发展水平较低的阶段，在可能性方面，经济发展水平低，决定了非税收入的来源有限；在必要性方面，非税收入筹集经济发展资金的任务就更紧迫。在经济发展水平较高的阶段，经济发达，生产力水平较高，在可能性方面，决定了非税收入的来源相对比较充足；在必要性方面，为满足日益增长的人民群众的物质文化生活需要使得非税收入筹集社会发展资金的任务更突出。

2. 2017 年 4 月 20 日，根据投诉举报，淮南市食品药品稽查支队对位于潘集区祁集镇曹岗村的某药房开展执法检查。执法人员在该药房二楼三楼的房间发现了大量药品，该药房现场未能提供相关合法购进票据。执法人员对涉嫌从非法渠道购进的血栓心脉宁片、阿司匹林肠溶片等药品进行了现场扣押。经调查，此批扣押的药品是某药房的营业员4月份从朋友手中以低于市场价格回收的，共购进血栓心脉宁片、阿司匹林肠溶片、脑心通胶囊等28种药品，共计402盒，货值金额9 170元。该药房从非法渠道购进药品的行为，违反了《中华人民共和国药品管理法》之规定，市食药监局于2017年4月20日予以立案。依据《中华人民共和国药品管理法》之规定，市食药监局给予该药房没收药品及罚款18 340元的行政处罚。请对该行政处罚行为进行分析。

参考答案：食品药品监督罚没收入是食品药品监督管理部门对违反《中华人民共和国食品安全法》和《中华人民共和国药品管理法》的单位或者个人依法进行罚没处罚取得的收入。违反《中华人民共和国药品管理法》罚没处罚指对未取得《药品生产许可证》、《药品经营许可证》或者《医疗机构制剂许可证》生产药品、经营药品的，生产、销售假药劣药，或者应当知道属于假劣药品而为其提供运输、保管、仓储等便利条件的，对药品检验机构出具虚假检验报告等违法行为进行处罚。如对伪造、变造、买卖、出租、出借许可证或者药品批准证明文件的，食品药品监督管理部门处以没收违法所得，并处违法所得1倍以上3倍以下的罚款；没有违法所得的，处2万元以上10万元以下的罚款；情节严重的，可以吊销卖方、出租方、出借方的《药品生产许可证》《药品经营许可证》《医疗机构制剂许可证》或者撤销药品批准证明文件；构成犯罪的，依法追究刑事责任。对知道或者应当知道属于假劣药品而为其提供运输、保管、仓储等便利条件的，没收全部运输、保管、仓储的收入，并处违法收入50%以上3倍以下的罚款；构成犯罪的，依法追究刑事责任。

3. N公司从事国际油类贸易，2018年8月从美国进口一些油类物质，通过货轮运抵上海，其中包括原油3 000吨，燃料油1 000吨，润滑油500吨，其他非持续性油类物质3 000吨，另有货轮加装的自用燃油5吨。

根据上述材料回答下列问题：

（1）N公司是否需要缴纳船舶油污损害赔偿基金？若需要，请计算其应缴纳金额。

（2）下列情形中，不征收船舶油污损害赔偿基金的有（　　）。

A. 在中华人民共和国管辖水域内接收从海上运输的非持久性油类物质

B. 在中华人民共和国管辖水域内过境运输持久性油类物质

C. 经中华人民共和国管辖水域直接出口境外的持久性油类物质

D. 包装运输的持久性油类物质

（3）N公司发现其7月份多缴船舶油污损害赔偿基金1 000元，应如何办理退付手续？

参考答案：（1）需要。

应缴纳金额为：（3 000+1 000+500）×0.3=1 350（元）。

（2）ABCD

（3）N公司应向负责基金征缴的海事管理机构提出申请并附相关证明材料，海事管理机构按其隶属关系报经交通运输部审核后，由交通运输部报财政部，财政部按照有关规定审核并办理退付。

得分	评卷人

五、计算题（共3题，各题5分，共15分）

1. 将2 000净吨的船舶从宝山引航至江阴（引航里程172千米），应收取多少引航费？如果该船舶在某港港内移泊，应收取多少移泊费？

参考答案：应收取的引航费=2 000净吨 ×（0.405元+0.003 315元/千米 ×172千米）/净吨=1 950.36（元）。

应收取的移泊费=2 000净吨 ×0.29元/净吨=580（元）。

2. 某国有林场2018年销售杉木8 000立方米，取得销售收入560万元，同年，因该林场所在镇政府修建道理占用该林场疏林地 2 000 平方米，该国有林场应缴纳多少育林基金？应缴纳多少森林植被恢复费？由谁向谁缴纳？（疏林地森林植被恢复费征收标准为 6 元 / 平方米）

参考答案：国有林场应缴纳育林基金为 0 元，自 2016 年 2 月 1 日起，将育林基金征收标准降为零，政策依据为《财政部关于取消、停征和整合部分政府性基金项目等有关问题的通知》（财税〔2016〕11 号）；

森林植被恢复费为：2 000 × 6=12 000（元），由镇政府向县林业部门缴纳。

3. 林某在山西大同成立一家铝业开采有限公司，年产铝矿石 300 万吨，每吨价格 260 元，铝矿费率为 2%，核定回采率 80%，实际回采率 78%，则该公司每年应缴纳多少矿产资源补偿费？

参考答案：矿产资源补偿费金额 = 矿产品销售收入 × 补偿费费率 × 开采回采率系数；

开采回采率系数 = 核定开采回采率 / 实际开采回采率。

该公司每年应缴纳矿产资源补偿费 =3 000 000 × 260 × 2% × 80%/78%=1 599.99（万元）。

社会保险相关知识测试试卷

（考试时间：120 分钟）

题号	一	二	三	四	五	总分	核分人
得分							

得分	评卷人

一、单项选择题（共 20 题，每小题 1 分，共 20 分。在每小题列出的选项中只有一个选项是最符合题意的，请将正确选项填在下表相应题号中。）

题号	1	2	3	4	5	6	7	8	9	10
答案										
题号	11	12	13	14	15	16	17	18	19	20
答案										

1.《中华人民共和国社会保险法》由（　　）第十七次会议于 2010 年 10 月 28 日通过。

A. 中共中央政治局　　B. 全国人民代表大会常务委员会

C. 全国人民代表大会　　D. 国务院常务会议

参考答案：B

2. 社会保障的本质是一种社会福利。应该说社会保障是一项共济性事业。基本特征有三个：强制性、基本性、（　　）。

A. 公益性　　B. 稳定性　　C. 社会性　　D. 明确性

参考答案：B

3. 我国的社会保险基金分为基本养老保险基金、失业保险基金、基本医疗保险基金、工伤保险基金、生育保险基金等，其中（　　）收支规模最大，支付时间最长。

A. 基本养老保险基金　　B. 失业保险基金

C. 基本医疗保险基金　　D. 工伤保险基金

参考答案：A

4.（　　）主管全国社会保险基金监督工作。县级以上地方各级人民政府劳动保障行政部门主管本行政区域内的社会保险基金监督工作。

A. 财政部　　B. 社会保险经办机构

C. 劳动保障部　　D. 全国社会保障基金理事会

参考答案：D

5. 根据《国务院关于完善企业职工基本养老保险制度的决定》，为与做实个人账户衔接，从 2006 年 1 月 1 日起，个人账户的规模统一由本人缴费工资的 11% 调整为（　　），全部由个人缴费形成，单位缴费不再划入个人账户。

A. 4%　　B. 8%　　C. 20%　　D. 5%

参考答案：B

6. 根据《中华人民共和国社会保险法》的规定，参加基本养老保险的个人，达到法定退休年龄时，累计缴费满（　　）以上的，按月领取基本养老金。

A. 10 年　　B. 15 年　　C. 20 年　　D. 30 年

参考答案：B

7. 根据《国务院关于完善企业职工基本养老保险制度的决定》，城镇个体工商户和灵活就业人员参加基本养老保险的缴费基数为（　　），缴费比例为 20%，其中 8% 计入个人账户，退休后按企业职工基本养老金计发办法计发基本养老金。

A. 社会平均工资　　B. 当地上年度在岗职工平均工资

C. 个人当月收入　　D. 个人所得税缴费基数

参考答案：B

8. 城乡居民养老保险费采取个人缴费，定额缴费。缴费标准目前设为（　　）个档次，省（自治区、直辖市）人民政府可以根据实际情况增设缴费档次，最高缴费档次标准原则上不超过当地灵活就业人员参加职工基本养老保险的年缴费额，并报人力资源社会保障部备案。

A. 12　　B. 14　　C. 18　　D. 20

参考答案：A

9. 基本医疗保险基金由统筹基金和个人账户构成。职工个人缴纳的基本医疗保险费，全部计入个人账户。用人单位缴纳的基本医疗保险费分为两部分，一部分用于建立统筹基金，一部分划入个人账户。划入个人账户的比例一般为（　　）左右，具体比例由统筹地区根据个人账户的支付范围和职工年龄等因素确定。

A. 用人单位缴费的 10%　　B. 用人单位缴费的 20%

C. 用人单位缴费的 30%　　D. 用人单位缴费的 40%

参考答案：C

10. 医疗保险统筹基金设有起付标准和最高支付限额，起付标准原则上控制在当地职工年平均工资的（　　）左右，最高支付限额原则上控制在当地职工年平均工资的 4 倍左右。起付标准以下的医疗费用，从个人账户中支付或由个人自付。

A. 10%　　B. 20%　　C. 8%　　D. 15%

参考答案：A

11. 统筹地区应设立由（　　）参加的医疗保险基金监督组织，加强对基本医疗保险基金的社会监督。

A. 有关部门代表和用人单位代表

B. 有关部门代表、用人单位代表、医疗机构代表

C. 有关部门代表、用人单位代表、医疗机构代表、工会代表和有关专家

D. 政府有关部门代表、用人单位代表、工会代表和有关专家

参考答案：C

12. 基本医疗保险费由用人单位和职工双方共同负担，用人单位缴费比例控制在职工工资总额的（　　）左右，职工缴费比例一般为本人工资收入的 2%。

A. 5%　　B. 6%　　C. 7%　　D. 8%

参考答案：B

13. 按照《国民经济行业分类》（GB/T 4754—2011）对行业的划分，根据不同行业的工伤风险程度，由低到高，依次将行业工伤风险类别划分为一类至（　　）类。

A. 二　　B. 五　　C. 七　　D. 八

参考答案：D

14. 按照《失业保险条例》的规定，城镇企业事业单位按照本单位工资总额的 2% 缴纳失业保险费。城镇企业事业单位职工按照本人工资的（　　）缴纳失业保险费。

A. 1%　　B. 2%　　C. 4%　　D. 6%

参考答案：A

15. 生育保险费的提取比例由当地政府根据计划内生育人数和生育津贴、生育医疗费等项费用确定，并可根据费用支出情况适时调整，但最高不得超过工资总额的（　　）。

A. 0.5%　　B. 1%　　C. 1.5%　　D. 2%

参考答案：B

16.（　　）有权对社会保险基金收支、管理方面的违法违纪行为进行检举、控告。

A. 公民　　B. 法人

C. 社会组织　　D. 公民、法人和其他社会组织

参考答案：D

17. 社保经办机构应当自收到用人单位设立申请之日起（　　）日内予以审核，符合要求的，予以登记，发给社保登记证件。

A. 10　　B. 15　　C. 20　　D. 25

参考答案：B

18. 用人单位不办理社会保险登记的，由社会保险行政部门责令限期改正；逾期不改正的，对用人单位处应缴社会保险费数额一倍以上（　　）倍以下的罚款。

A. 两　　B. 三　　C. 四　　D. 五

参考答案：B

19. 用人单位未按规定申报应缴纳的社会保险费数额的，按照该单位上月缴费额（　　）确定应缴数额。

A. 110%　　B. 120%　　C. 130%　　D. 140%

参考答案：A

20. 按照党中央、国务院决策部署，（　　）前要完成社会保险费和第一批非税收入征管职责划转交接工作。

A. 2018 年 12 月 1 日　　B. 2018 年 12 月 10 日

C. 2018 年 12 月 20 日　　D. 2019 年 1 月 1 日

参考答案：B

得分	评卷人

二、多项选择题（共 15 题，每小题 2 分，共 30 分。下列各题选项中，至少有两个选项是正确的，多选、少选和错选均不给分。请将正确选项的字母标号填在下表相应题号下。）

题号	1	2	3	4	5	6	7	8
答案								
题号	9	10	11	12	13	14	15	
答案								

1. 社会保险的功能包括（　　）。

A. 防范风险，包括人身风险与工作风险

B. 社会共济

C. 责任分担

D. 维稳功能

E. 利于实现社会公平

参考答案：ADE

2.2018 年 3 月，党的十九届三中全会审议通过的《关于深化党和国家机构改革的决定》明确：为提高社会保险资金征管效率，将（　　）交由税务部门统一征收，赋予了税务部门新的时代重任和使命担当。

A. 基本医疗保险费　　B. 工伤保险费

C. 失业保险费　　D. 住房公积金

E. 城乡居民养老保险费

参考答案：ABCE

3. 按照《中华人民共和国社会保险法》的规定，职工基本养老金根据（　　）等因素确定。

A. 个人累计缴费年限　　B. 缴费工资

C. 个人账户金额　　D. 当地最低工资标准

D. 城镇人口平均预期寿命

参考答案：ABCE

4. 城乡居民基本医疗保险的筹资渠道包括（　　）。

A. 个人缴费　　B. 政府补助

C. 慈善捐款　　D. 集体补助

E. 社区补助

参考答案：AB

5. 根据《国务院关于建立统一的企业职工基本养老保险制度的决定》，基本养老保险基金必须（　　）。

A. 实行“收支两条线”管理　　B. 保证专款专用

C. 全部用于职工养老保险　　D. 严禁挤占挪用和挥霍浪费

E. 每年进行一次审计

参考答案：ABCD

6. 我国现行的基本医疗保险种类有（　　）。

A. 职工基本医疗保险　　B. 新型农村合作医疗保险

C. 城镇居民基本医疗保险　　D. 城乡居民基本医疗保险

E. 事业机关基本医疗保险

参考答案：AD

7. 按照《中华人民共和国社会保险法》的规定，下列医疗费用中不纳入基本医疗保险基金支付范围的有（　　）。

A. 酗酒、自杀造成的医疗费用

B. 应当从工伤保险基金中支付的医疗费用

C. 应当由第三人负担的医疗费用

D. 应当由公共卫生负担的医疗费用

E. 在境外就医的医疗费用

参考答案：BCDE

8. 职工因某些情形导致本人在工作中伤亡的，不认定为工伤。这些情形包括：（　　）。

A. 丧失享受待遇条件的　　B. 故意犯罪的

C. 醉酒或者吸毒的　　D. 拒不接受劳动能力鉴定的

E. 拒绝治疗的

参考答案：BC

9. 下列各项因工伤发生的费用中，按照国家规定从工伤保险基金中支付的有（　　）。

A. 治疗工伤的医疗费用和康复费用

B. 住院伙食补助费

C. 到统筹地区以外就医的交通食宿费

D. 治疗工伤期间的工资福利

E. 五级、六级伤残职工按月领取的伤残津贴

参考答案：ABC

10. 按照《国民经济行业分类》（GB/T 4754—2011）对行业的划分，根据不同行业的工伤风险程度，划分了若干费率，下列各费率中属于工伤保险费率的有（　　）。

A. 0.2%　　B. 0.4%

C. 0.6%　　D. 0.7%

E. 0.8%

参考答案：ABD

11. 领取失业保险金的相关期限及待遇包括：（　　）。

A. 失业人员失业前用人单位和本人累计缴费满 1 年不足 5 年的，领取失业保险金的期限最长为 12 个月

B. 累计缴费满 5 年不足 10 年的，领取失业保险金的期限最长为 18 个月

C. 累计缴费 10 年以上的，领取失业保险金的期限最长为 24 个月

D. 重新就业后再次失业的，缴费时间重新计算，最长不超过 24 个月

E. 失业保险金的标准，由省、自治区、直辖市人民政府确定，不得低于城市居民平均工资的 60%

参考答案：ABC

12. 失业人员在领取失业保险金期间有某些情形之一的，停止领取失业保险金，并同时停止享受其他失业保险待遇。这些情形包括：(　　)。

A. 重新就业的，再次失业的

B. 应征服兵役的

C. 移居境外的，但仍在境内缴纳相关社保费用的

D. 享受基本养老保险待遇的

E. 无正当理由，拒不接受当地人民政府指定部门或者机构介绍的适当工作或者提供的培训的。

参考答案：BDE

13. 下列关于生育保险的说法中正确的有(　　)。

A. 生育保险的待遇包括：女职工因怀孕、生育发生的检查费、接生费、手术费、住院费、药费、计划生育手术费。

B. 生育津贴，是指根据国家法律、法规规定对职业妇女因生育而离开工作岗位期间，给予的生活费用。

C. 在实行生育保险社会统筹的地区，由生育保险基金按本单位上年度职工月平均工资的 80% 标准支付，支付期限一般与产假期限相一致，不少于 90 天。

D. 女职工在生育后，给予男职工一个月陪护假期，以照顾生育后的妻子，假期工资照发。

E. 我国生育保险要求享受对象必须是合法婚姻者，即必须符合法定结婚年龄、按婚姻法规定办理了合法手续，并符合国家计划生育政策等。

参考答案：ABE

14. 社会保险行政部门实施监督检查时，被检查的用人单位和个人应该履行的义务包括：(　　)。

A. 如实提供与社会保险有关的资料　　B. 提供财务报表

C. 提供纳税证明　　　　D. 不得谎报或隐瞒情况

E. 不得拒绝检查

参考答案：ADE

15. 违反社会保险法规定，隐匿、转移、侵占、挪用社会保险基金或者违规投资运营的，应当（　　）。

A. 由社会保险行政部门、财政部门、税务部门、审计机关责令追回

B. 有违法所得，没收非法所得，并入失业保险基金

C. 由社会保险经办机构责令追回

D. 对直接负责的主管人员和其他直接负责人员依法给予处分

E. 由社会保险费征收机构责令追回

参考答案：BD

得分	评卷人

三、判断题（共15题，每小题1分，共15分。请将答案填在下表相应题号中，正确的填“对”，错误的填“错”。）

题号	1	2	3	4	5	6	7	8
答案								
题号	9	10	11	12	13	14	15	
答案								

1. 用人单位或者个人认为社会保险费征收机构的行为侵害自己合法权益的，可以依法起诉征收机构。（　　）

参考答案：错

2. 用人单位侵害个人社会保险权益的，个人也可以要求社会保险行政部门或者社会保险费征收机构依法处理。（　　）

参考答案：对

3. 从事井下、高空、高温、特别繁重体力劳动或者其他有害身体健康的工作，男年满 50 周岁、女年满 45 周岁，连续工龄满 10 年的达到法定退休年龄。(　　)

参考答案：错

4. 城乡居民养老保险指年满 16 周岁（不含在校学生），非国家机关和事业单位工作人员及不属于职工基本养老保险制度覆盖范围的城乡居民，可以在户籍地参加城乡居民养老保险。(　　)

参考答案：对

5. 参保职工退休时未达到国家规定的缴费年限的，可以缴费至国家规定的年限，补缴费用包括其实际缴费年限与国家规定的最低缴费年限相差的期间内，应当由用人单位缴纳的全部医疗保险费用。(　　)

参考答案：错

6. 职工个人缴纳的基本医疗保险费，全部计入个人账户；用人单位缴纳的基本医疗保险费用于建立统筹基金。(　　)

参考答案：错

7. 工伤保险费在行业基准费率的基础上，可上下各浮动两档。上浮第一档为本行业基准费率的 130%，第二档为 150%；下浮第一档为本行业基准费率的 80%，第二档为 50%。(　　)

参考答案：错

8. 工伤保险费征缴对象：中华人民共和国境内的用人单位和个人。由用人单位缴纳工伤保险费，职工不缴纳工伤保险费。(　　)

参考答案：对

9. 失业人员的基本医疗保险由失业保险基金负担。失业人员的基本医疗保险费由失业保险基金支付，失业人员无须缴纳基本医疗保险费。(　　)

参考答案：对

10. 目前，公务员和参照公务员法管理的工作人员也已纳入失业保险范围。

(　　)

参考答案：错

11. 中华人民共和国境内的各类企业和国家机关、事业单位、社会团体、民办非企业单位、有雇工的个体工商户及职工均应当参加生育保险，并交纳生育保险费。(　　)

参考答案：错

12. 享受生育保险待遇的范围包括：参保的职工以及参保职工的未就业配偶。(　　)

参考答案：对

13. 根据《中华人民共和国社会保险法》规定，工会依法维护职工的合法权益，有权参与社会保险重大事项的研究，参加社会保险监督委员会，对与职工社会保险权益有关的事项进行监督。(　　)

参考答案：对

14. 社会保险基金可以用于平衡政府财政预算，但不得用于兴建、改建办公场所和支付人员经费、运行费用、管理费用，或者违反法律、行政法规挪作其他用途。(　　)

参考答案：错

15.《中华人民共和国社会保险法》第八十六条规定：用人单位未按时足额缴纳社会保险费的，由社会保险费主管机构责令限期缴纳或者补足，并自欠缴之日起，按日加收万分之五的滞纳金。(　　)

参考答案：错

得分	评卷人

四、案例分析题（共两题，每题 5 分，合计 10 分）

1. 2014 年 6 月陶小姐来京求职，被一家私营企业录用，经过一段时间的考察，公司决定为她办理户口进京、档案迁移及档案挂靠手续，并和她签订了劳动合同，约定合同试用期 6 个月，合同期为 5 年，合同中还约定了服务期为 5 年，若陶小姐提前解约则要支付违约金 5 000 元 / 年。2014 年 8 月，办完手续的陶小姐开始上班，双方的劳动合同正式开始履行。工作 1 年后，一次偶然的机会，陶小姐发现公司一直没有为其办理社保费缴纳手续。陶小姐向公司人事部门询问，得到的回答是：公司这是为员工考虑，社保费缴了也是进入社会统筹，员工得不了多少。所以公司一不扣员工的工资，二还把该缴的社保费打入工资发给员工，让员工得到更多实惠。陶小姐想，这与自己在报纸上看到的法律规定明显相悖，而且，自己工资里也没有这项收入呀。再联想起自己在公司经历的种种不快，陶小姐渐渐萌生了跳槽的念头，但一想到违约金的约定，陶小姐又不得不打消了这个念头。2015 年的“五一”，朋友聚会上又谈起跳槽这个话题，陶小姐也谈了自己对公司的不满和自己的担忧，朋友的丈夫是律师，指点了她一番。小长假过后一上班，陶小姐就向公司提出补缴社保费的要求，公司表示没有这样的先例，也不能破例。陶小姐随即提出要解除劳动合同，公司方同意了她的要求，表示只要陶小姐支付了违约金就可为她办理退工手续。陶小姐表示，公司不为其缴纳社保费，是公司违法在先，她因此提出解约，自然不承担违约责任。公司方坚持，违约金约定合法有效，陶小姐解约必须承担违约责任。

根据案例回答以下问题：（1）陶小姐是否需要支付违约金？（2）相关法律依据是什么？

参考答案：（1）本案是一起因用人单位不缴社保费而引起的员工解除劳动合同的劳动争议案件。双方争议的焦点在于，用人单位不缴社保费，员工是否有权提出解除劳动合同。

依据我国劳动法的规定，用人单位未按照劳动合同约定支付劳动报酬或者提供劳动条件的，劳动者可以随时提出解除劳动合同。但对于不缴纳或不足额缴纳社会保险费，是否可以视为未按约支付劳动报酬，法律没有做出具体或进一步的规定。但实际生活中，用人单位不缴社保费的情况仍然存在，由此引起的案件也时有发生。

劳动者有权享受社会保障，为劳动者缴纳社会保险费是用人单位的法定义务。根据国家有关社会保险费的规定，用人单位缴纳的社会保险费中除了一部分是国家用于社会统筹外，还有相当一部分是单位代缴计入劳动者个人账户的，本质上属于劳动者个人收入。故用人单位不缴社保费的行为，其性质与不支付劳动报酬相似，应当赋予劳动者合同解除权。同时，社保费的缴纳关系到整个国家社保基金的安全，关系到劳动者年老、失业、医疗时的保障，甚至社会稳定，故对单位应当从严要求。据此，北京市高级人民法院明确：用人单位未依法缴纳社会保险费，劳动者可以随时通知用人单位解除劳动合同，并且劳动者有权要求用人单位补缴社会保险费。

此外，司法实践认为单位出资为外地员工办理落户而签订服务期协议应属有效，但当劳动者因单位不支付社会保险费而单方解除劳动合同的，可不必支付违约金。

据此，本案中陶小姐的请求得到了仲裁委员会和法院的支持。而公司方的败诉也给有类似违法行为的用人单位敲响了警钟。

（2）法律依据。

《中华人民共和国劳动法》第三十二条规定，用人单位未按照劳动合同约定支付劳动报酬或者提供劳动条件的，劳动者可以随时通知用人单位解除劳动合同。

北京市高级人民法院明确：用人单位未依法缴纳社会保险费，劳动者可以随时通知用人单位解除劳动合同，并且劳动者有权要求用人单位补缴社会保险费。

相关提示：

社会保险，是关乎劳动者生老病死的一件大事，是国家要求强制实施的一项社会保障措施。为职工足额缴纳各项社保，是一家单位对国家、对社会、对职工个人甚至对自己都应当承担的一种社会强制性的责任。

2. 老张在某饲料公司已工作了 6 年，2018 年 5 月因阑尾炎复发请病假两个月。上班后公司告知老张，因为这两个月他没工作，所以公司应缴纳的社会保险费应由老张自己全部缴纳，并已从工资中扣除。问：老张未履行劳动义务，是否需要自行缴纳相关社会保险费？公司应该如何处理此事？

参考答案：

《中华人民共和国劳动法》第七十二条规定："用人单位和劳动者必须依法参加社会保险，缴纳社会保险费。"劳动部发布的《关于贯彻执行〈劳动法〉若干问题的意见》第八条规定："请长病假的职工，在病假期间与原单位保持着劳动关系，用人单位应与其签订劳动合同"；第七十四条规定："企业富余职工、请长假人员、请长病假人员、外借人员和带薪上学人员，其社会保险费用仍按规定由原单位和个人继续缴纳，缴纳保险费期间计算为缴费年限"。显然，该公司以老张病假期间没工作为由，让老张把公司应缴纳的社会保险费自己全部缴纳是不对的。按照相关规定，老张请病假两个月是在规定医疗期之内，从病假工资中扣除单位应缴纳的社会保险费，对老张构成"拖欠工资"。

得分	评卷人

五、计算题（共 2 题，第一题 12 分，第二题 13 分，合计 25 分）

1. 2018 年 8 月，老王工资为 3 000 元，所在的企业 2017 年度工资总额为 135 000 元。9 月，老王年满 60 岁，到达法定退休年龄，退休时户籍所在地是福州，缴养老费是 15 年，老王每月按在岗职工月平均工资缴纳，退休时假设老王个人账户储蓄额为 32 556.53 元。问：老王 2018 年 8 月需要缴纳多少基本养老保险费？老王所在的企业 2017 年度需要缴纳多少基本养老保险费？（福建省2017年在岗职工月平均工资为5 618.33元，福建省规定用人单位的缴费比例为18%。）

参考答案：

（1）《福建省城镇企业职工基本养老保险条例（修正）》（2012）第十四条规定："企业、职工以及城镇个体劳动者缴纳基本养老保险费的基数，不得低于省政府公布的当地职工最低工资标准；达到本省上一年度职工月平均工资300%以上的，按300%作为缴纳基本养老保险费的基数，300%以上部分不缴纳基本养老保险费。"

《福建省关于做好企业职工基本养老保险费征收基数管理问题的通知》（闽人社文〔2014〕364号）第四条规定："参保企业职工符合政策性补缴养老保险费的，缴费工资基数应严格按我省现有政策规定执行。《省政府办公厅转发省劳动和社会保障厅财政厅关于新参保企业及其职工补缴基本养老保险费若干问题的补充通知》（闽政办〔2001〕231号）等文件，对补缴养老保险费的对象、补缴标准已作出规定，即在我省执行企业职工基本养老保险费补缴时，补缴养老保险费的基数按上年度城镇非私营单位在岗职工平均工资的60%执行。"

可以得知，职工基本养老保险费征收基数分为三档：

①职工工资低于上年度城镇非私营单位在岗职工平均工资60%的，以上年度城镇非私营单位在岗职工平均工资的60%作为征收基数；

②职工工资高于上年度城镇非私营单位在岗职工平均工资的60%，低于上年度城镇非私营单位在岗职工平均工资300%的，以职工的工资作为征收基数；

③职工工资高于上年度城镇非私营单位在岗职工平均工资300%的，以上年度城镇非私营单位在岗职工平均工资的300%作为征收基数；

老王工资为3 000元，福建省2017年在岗职工月平均工资为5 618.33元，$5\ 618.33 \times 60\% = 3\ 371 > 3\ 000$。老王的基本养老保险费征收基数为

3 371.00 元，按照 8% 比例，应当缴费 269.68 元。

（2）《福建省城镇企业职工基本养老保险条例（修正）》（2012）第十二条规定：企业按其全部职工月工资总额的 20% 缴纳基本养老保险费，从 1998 年起每两年降低一个百分点，直至 18%。职工个人按其月工资总额的 5% 缴纳基本养老保险费，从 1998 年起每两年提高一个百分点，直至 8%。

老王所在的企业需要缴纳的基本养老保险费比例为 18%。企业 2017 年度工资总额为 135 000 元，得出该企业 2017 年度需要交纳基本药老保险费为 135 000 × 18%=24 300（元）。

2. 某正处级干部，男性，1956 年 6 月出生，1976 年 12 月参加工作，2016 年 6 月年满 60 周岁办理退休。工作年限 39 年 7 个月，其中 2014 年 9 月底之前的视同缴费年限 37 年 10 个月，实际缴费年限 1 年 9 个月。2014 年 9 月底职务工资为 830 元，级别工资档次为十五级八档，级别工资为 1 314 元。请问该名干部退休后能够领取多少养老金？（2013、2014、2015 年福建省社平工资分别为 4 111 元、4 520 元、4 893 元。该同志 2014、2015、2016 年的缴费基数分别为 9 477.25 元、10 150.83 元、12 247.33 元。）

参考答案：

（1）老办法养老金待遇标准：

级别工资 1 379（十五级九档）× 0.9=1 241.10（元）；职务工资 830 × 0.9=747（元）；离退休生活补贴 3 828 元；特区津贴 504 元；总计：6 321 元。

在此基础上加发：离退休生活补助 452 元；住房补贴 812.76 元，合计 7 585.76 元。

（2）新办法养老金待遇标准：养老金 = 基础养老金 + 个人账户养老金 + 过渡性养老金 + 职业年金。

①基础养老金 =（参保人员退休时本省上年度在岗职工月平均工资＋本人指数化月平均缴费工资）÷ 2 × 缴费年限 × 1%。

本人指数化月平均缴费工资＝参保人员退休时本省上年度在岗职工月

平均工资 × 本人平均缴费工资指数。

本人平均缴费工资指数＝（视同缴费指数 × 视同缴费年限＋实际平均缴费指数 × 实际缴费年限）÷ 缴费年限。

本人实际平均缴费工资指数为各年度实际缴费指数的平均值，即：本人平均缴费工资指数＝（$X_n/C_{n-1}+X_{n-1}/C_{n-2}+\cdots\cdots X_{2016}/C_{2015}+X_{2015}/C_{2014}+X_{2014}/C_{2013}$）/$N$；实缴指数＝（$X_n/C_{n-1}+X_{n-1}/C_{n-2}+\cdots\cdots X_{2016}/C_{2015}+X_{2015}/C_{2014}+X_{2014}/C_{2013}$）/$N_{实缴}$。

其中，X_n、X_{n-1}、… X_{2014} 为参保人员退休当年至 2014 年相应年度本人各月缴费工资基数之和；C_{n-1}、C_{n-2}、… C_{2013} 为参保人员退休上一年至 2013 年相应年度本省在岗职工平均工资；$N_{实缴}$为参保人员实际缴纳养老保险费年限。

根据上述分析计算如下：

A. 该同志 2014 年缴费基数 X_{2014} 为 9 477.25，对应的福建省社会平均工资 C_{2013} 为 4 111，2014 年缴费指数 X_{2014} / C_{2013}=2.305 3。

同理得出 2015、2016 年缴费指数为 2.245 8 和 2.503 0。

则平均实际缴费工资指数 =（2.305 3+2.245 8+2.503 0）/3=2.351 4。

B. 视同缴费指数。对照福建省公布的指数表，其十五级九档对应的指数为 1.838，在此基础上 ×1.3，其指数为 2.389 4。

C. 平均缴费指数 =（视同缴费指数 × 视同缴费年限＋实际平均缴费指数 × 实际缴费年限）÷ 缴费年限 =（2.389 4×37.833 3+2.351 4×1.75）/ 39.583 3=2.387 7。

D. 指数化月平均工资平均缴费指数 × 参保人员退休时本省上年度在岗职工月平均工资 =2.387 7×4 893=11 683.02（元）。

因此，基础养老金 =（参保人员退休时本省上年度在岗职工月平均工资＋本人指数化月平均缴费工资）÷2× 缴费年限 ×1%=（4 893+11 683.02）÷2×39.58×1%=3 280.39（元）；

②个人账户养老金＝退休时本人基本养老保险个人账户累计储存额 ÷ 计发月数。

个人账户储存额 = 每个月缴费基数 ×0.08，按年计息。

各年缴费基数	缴费比例	缴费月数	当年缴费额
9 477.25	0.08	3	2 274.54
10 150.83	0.08	12	9 744.80
12 247.33	0.08	6	5 878.72
缴费总额			17 898.06

该同志个人账户储存额 =17 898.06；计发月数：139。

个人账户养老金：17 898.06/139=128.76（元）。

③过渡性养老金＝参保人员退休时本省上年度在岗职工月平均工资 × 本人视同缴费指数 × 本人视同缴费年限 ×1.3% 过渡系数。

对照福建省公布的指数表，其十五级九档对应的指数为 1.838，在此基础上 ×1.3，其指数为 2.389 4。

4 893×2.389 4×37.833 3×1.3%=5 750.18（元）。

④职业年金 = 职业年金账户储存额 ÷ 计发月数。

各年缴费基数	缴费比例	缴费月数	当年缴费额
9 477.25	0.12	3	3 411.81
10 150.83	0.12	12	14 617.20
12 247.33	0.12	6	8 818.08
缴费总额			26 847.08

职业年金账户储存额 = 每个月缴费基数 ×0.12，按年计息。

职业年金月标准 =26 847.08/139=193.14（元）。

根据以上计算汇总如下：

新办法月养老金待遇标准为：3 280.49+128.76+5 750.18+193.14= 9 352.57（元）；在此基础上加发：离退休生活补助 452 元；住房补贴

812.76 元。合计 10 617.33 元。

（3）10 年过渡期内的老办法月养老金待遇标准 =（$A \times M + B + C$）× $\prod_{n=2015}^{N}(1+C_{n-1})$

其中 A 为（2014 年 9 月的职务工资 830+ 级别工资 1 314）；

M 为 0.9；

B 为生活性补贴 3 828；

C 为特区津贴 504；

D；国办发〔2015〕3 号文件规定增加的基本退休费 460。

$\prod_{n=2015}^{N}(1+C_{n-1})$为工资增长率，为 6%

因此，10 年过渡期内的老办法月养老金待遇标准为：[（830+1 314）× 90%+3 828+504+460］×1.06=6 721.6×1.06=7 124.90（元）；

在此基础上加发：离退休生活补助 452 元；住房补贴 812.76 元。合计 8 389.66 元。

（4）新办法月养老金待遇标准 –10 年过渡期内的老办法月养老金待遇标准 =9 352.57–7 124.90=2 227.67（元）；

实际计发月养老金 =7 124.90+2 227.67×20%=7 570.44（元），增加 445.54 元。

另外，离退休生活补助 452 元、住房补贴 812.76 元仍由原渠道继续发放，该同志每月实际领取的养老金待遇为：7570.44+452+812.76= 8 835.2（元）。

（5）结论如下：

老办法：合计 7 585.76 元；

新办法：合计 10 617.33 元；

10 年过渡期内的老办法：合计 8 389.66 元；

最终发放：8 835.20 元。

“财税优学堂”简介

党的十九大提出要注重培养领导干部的专业能力、专业精神，习近平总书记还特别在十九大报告中指出，要关心和爱护青年，为他们实现人生出彩搭建舞台。同时，国家税务总局也在力推全国税务领军人才培养规划，要打造一支让党放心让人民满意的税务铁军，在时代的背景下，税务干部培训事业如火如荼。然而，由于目前税务干部队伍具有结构的多样性和培训需求层次性等特点，在行业的税收专业领域尤其是房地产建筑行业仍缺乏专家型税收人才。福建省税务干部学校蔡少优副校长本着为税务干部培训事业、为打造税务铁军添砖加瓦的初衷，以“精准培训”为理念，打破传统培训模式，创建 16 个财税技能体验馆，搭建“财税优学堂”学习平台，推出“师带徒、徒辅师”的新模式。

该模式下，蔡少优老师以培养房地产、建筑业税务精英为己任，不收取任何培训费用，免费为学徒适度开放导师集毕生心血研究创建的房地产、建筑业财税技能体验馆，具体包括：房地产建筑业财税图书馆、土地增值税清算实战馆、房地产建筑业财税精品微课馆、经济合同涉税审核对抗馆、企业涉税仿真案例馆、纳税申报实战技能馆、税务应对文书示范馆、房地产建筑业流程馆、企业税负测算馆、涉税风险控制馆、税收筹划实战馆等 16 大财税馆藏资源。蔡少优老师将尽其所能对学徒因材施教，因岗施教，因需施教，传道、授业、解惑。

既拜其师，当执其礼，导师不需要“束脩”，只需要学徒一起携手共同研究开发房地产建筑业涉税哈佛式情景案例或税务法律案例，一起开发课题或课件，编著财税图书，或共同解决涉税争议案件，仅此而已。

“财税优学堂”的宗旨是：助力优化税收营商环境，宣传税法，培养专业人才。本着自愿原则，优学堂非常欢迎热爱学习且有志成为建筑业房地产业专家型税务骨干的税务人员加入。

优学堂的培训模式是：“线上＋线下”问道、闻道、悟道。

1. 问道——对争议、困惑亿道专家团队集体攻关破译

税务人员在日常工作中难免碰到疑难问题，可能是财税政策理解上的困惑，也可能是棘手的税企争议难题。学员拜师后，导师将组建学员交流群（微信或 QQ），学员日常工作中碰到难题需要问道的，可以在“线上”交流，其他师兄弟参谋，导师点拨；也可以“线下”问道，和导师预约好时间，来厦门煮茶倾谈。

2. 闻道——来福建厦门学习导师财税实战经验，实地体悟财税技能体验馆 16 大馆藏资源

闻道即学，导师授之鱼，亦授之以渔。蔡少优老师创建的财税技能体验馆 16 个分馆，内容涵盖“土地增值税清算审核”“经济合同涉税审核对抗”“房地产建筑业流程”“税企风险控制”“企业税负测算”“涉税文书示范”等重要内容，馆内文书案卷均为实例，数据来源真实可靠，案情文件全面详实，是财税人员最为宝贵的第一手学习资源。财税技能体验馆以实景、实战、实操为特点，由导师进行“哈佛式”分析，带学员实操演练，具体形式流程如下：

（1）导师提供相关实情实景案例；

（2）导师给出若干个问题，并提供案例导读；

（3）学员静心阅读、思考；

（4）导师点拨、指导；

（5）学员寻找解决方案；

（6）导师解析、评判并给出参考答案；

3. 悟道——体悟、感悟（线上、线下均可，可灵活安排）

闻道容易悟道难。只靠学而不能悟是得不到道的。导师注重引导学员在实操中进行思考，点拨学员感悟，如设计以下演练模式操练学员：

（1）任务：寻找解决突出问题的有效措施；

（2）要求：独立思考，静默三分钟，每人写下三条解决措施；

（3）目标：轮流发言两分钟；

（4）互动：确认三条最有效措施；

（5）成果：形成相关方案。

俗话说"师傅领进门，修行在个人"，个人收获多少取决于悟，蔡少优老师以实例实操引导学员去体悟，传道授业解惑之余点拨学员去感悟，让学员在悟中修成一双能洞明财税问题本质的慧眼，在悟中炼就一把破解疑难问题的思维利剑。